期货交易之路

彭冬初 著

南方出版传媒
广东经济出版社
·广州·

图书在版编目（CIP）数据

期货交易之路／彭冬初著. —广州：广东经济出版社，2019.6

ISBN 978－7－5454－6338－5

Ⅰ.①期… Ⅱ.①彭… Ⅲ.①期货交易－基本知识 Ⅳ.①F830.93

中国版本图书馆 CIP 数据核字（2018）第 132323 号

出 版 人：李 鹏
责任编辑：赖芳琨 周伊凌
责任技编：许伟斌
QIHUO JIAOYI ZHI LU

出版发行	广东经济出版社（广州市环市东路水荫路 11 号 11～12 楼）
经销	全国新华书店
印刷	佛山市浩文彩色印刷有限公司 （南海区狮山科技工业园 A 区兴旺路 6 号）
开本	730 毫米×1020 毫米 1/16
印张	15.5
字数	229 000 字
版次	2019 年 6 月第 1 版
印次	2019 年 6 月第 1 次
书号	ISBN 978－7－5454－6338－5
定价	78.00 元

如发现印装质量问题，影响阅读，请与承印厂联系调换。
发行部地址：广州市环市东路水荫路 11 号 11 楼
电话：（020）38306055 邮政编码：510075
邮购地址：广州市环市东路水荫路 11 号 11 楼
电话：（020）37601950 营销网址：**http://www.gebook.com**
广东经济出版社新浪官方微博：**http://e.weibo.com/gebook**
广东经济出版社常年法律顾问：胡志海律师

前言

PREFACE

本书内容有些庞杂，既有我自己这几年来的交易经历，又有具体的交易方法，还有很多对交易的看法和感悟。从写作效果来说，此书的形成过程并不让我满意，但从求实角度而言，这是最贴近真实过往的历程记录。所以本书虽然有很多交易方法，也有很多概括总结，但总体上是讲述我这几年在期货市场的求知之路，因而本书最后定名为《期货交易之路》也是名副其实的。本书中的很多方法可供读者参考和学习，但我不能保证这些方法大家都看得懂，也不能保证这些方法能长期有效，甚至也不能保证这些方法无纰漏之处。所谓“师傅领进门，修行在个人”，如何学之、如何化之，就全看大家的造化了。至少沿着前人的路径，大家可以少走弯路、少些迷惘，甚至可以减少亏损，稳中求进。

本书中的个人历程也可供读者参考、借鉴，但希望大家不要以事后诸葛亮的身份妄加评论。每个人的追求不一样，定位就不一样，付出也不一样，最后的收获也不一样。倘若一切都很功利地向金钱看齐，那么人生的过程将黯淡无光。但我也知道，现在的人都热衷于走捷径，只要你告诉他“极乐世界”在何方，他马上就会买张机票飞过去，但“真经”若是那么容易取，唐僧只需借助孙悟空的一个筋斗就行了，又何必历经“九九八十一难”呢？交易之路，是一条感悟之路，是一条修行之路，而不仅仅只是盈利之路。这条路上，有万千魔鬼诱惑你、打击你、吞并你，而你除了自己，没有帮手，你不仅要解决市场中的无数个未知，同时还要借其认识自我、控制自我、完善自我。

期货交易比起股票交易要难很多，因其是T+0的双边交易且具有高杠杆的特性，在能稳定盈利之前，你需要连破九扇门：重基本面还是重技术面？收益第一还是风险第一？要低杠杆还是要高杠杆？要高胜率还是要高盈亏比？抓主要趋势还是抓次要趋势？集中资金还是分散资金？早开仓还是晚开仓？浅止损还是宽止损？要预测还是不预测？而股票交易就要简单多了，只要不是选择了太差的股票导致退市清零，只要不是使用了资金杠杆或频繁交易，即使是在最高点买入，后市依然有盈利的可能。所以进入期货市场之前，一定要慎重。但我相信，但凡入市之初即阅读过本书的人，都能以最低的成本和较快的速度适应期货市场及期货交易，而那些仍在期货市场浮沉的人，也可因熟读此书而获得精进。

彭冬初

2016年1月30日

目录

CONTENTS

CHAPTER 1

期货交易研究一

用数据统计来指导人工交易

CHAPTER 1

期货交易研究二

用数据统计来指导计算机交易

CHAPTER 3

期货交易研究三

程序化交易的实盘应用及策略完善

CHAPTER 4

期货交易研究四

程序化交易的精进及资金管理要求

CHAPTER 5

期货交易研究五

通用程序化策略及商品期货的程序化开发

CHAPTER 6

期货交易研究六

理性看待交易研究和交易行为

CHAPTER 7

期货交易研究七

清醒认识标的物和市场及交易者

CHAPTER 8

期货交易研究八

如何做好商品期货交易

CHAPTER 9

期货交易研究九

期货交易的核心思想

CHAPTER 10

期货交易研究十

期货交易的基本哲理

CHAPTER 11

期货交易研究十一

期货交易的风险管理

CHAPTER 12

期货交易研究十二

期货交易方式总结

期货交易研究一

CHAPTER 1

用数据统计来指导人工交易

2011年10月，我曾推出了一套简单的ETF交易法，在深100ETF上模拟交易49个月后的收益率为3547%，以此作为我对研究股市交易方法的收官之作。但随着中国股指期货的推出，以及世界经济开始步入低谷，尤其是出于“小资金做股指期货，大资金做ETF，一快一慢的交易几乎同步的标的物，省时省力地实现利润最大化”的考虑，股指期货的日内交易成为我2011年的主要研究对象。在入市之初，我给自己设定的目标是：找到一套股指期货的波段交易法，使之与ETF交易法同步，并且在日内抓住每一波有利可图的小行情，使日内交易盈利率每月翻倍。由于之前我已对技术分析非常熟悉，故而以为自己能在6个月之内攻克日内交易的难关，但未曾料到，征服这个被道氏称为日内杂波的过程却是如此艰难而漫长。

2011年2月至2012年3月，整整一年的时间里，即使经过了几千次盘中模拟交易和几百次图表数据统计，我仍没有获得一套能稳定盈利的股指期货日内交易方法。2012年4月，我模仿ETF交易法的诞生过程，重新打印出2011年5—8月的股指期货1分钟图表，准备按照已有规则在图纸上连续做4个月的模拟交易，若未见成效，则打算放弃对日内交易的研究了。幸运的是，在做过3遍模拟交易、修改了40%的交易规则之后，股指期货的日内交易法终于诞生了（简称为1.0版本）。该版本的主要特色有三点：第一是速度，即开仓要看速度，以减少错误的进场时机；第二是限制，即对不利的开仓信号做了限制，以减少错误的进场次数；第三是止损，即开仓要设止损且有利润后要改为追踪止损，以规避意外风险。上述三点对所有入市新手都颇有益处，但是在实盘交易时，1.0版本却暴露了不少问题，不是说其不好，而是不够好，使人不甘心、不称心。尽管1.0版本在过去4个月的图表模拟交易中实现了1.35倍的月均盈利率，但追求完美的个性使我又踏上了漫长的求索之路。

又经过了半年的实盘交易和上百次的规则修改（为了把握住每日每一波行情，曾一度推出过拥有56条规则的1.5版本，但终因难以消化而被迫放弃），我还是没有取得较大进展，以致于一度想放弃这没完没了的修改。但2012年10月，因连续不断测试而导致的实盘爆仓着实给了我一个刺激，且怒且笑之后，我当即放弃了1.5版本，并以理性的经验主义重新勾勒出了10个开仓条件。在经过几天的模拟交易之后，2.0版本出炉。之后，我又将1.5版本里的有效条件不断提炼进来，使2.0版本越发丰满。2.0版本是一套全新的交易方法，不仅统计角度发生了改变，而且具有很好的灵活性。这套拥有49条交易规则的新版本做了很多改进，如：在大部分时候废除了止损，即不做反手就不止损；增加了不凭速度开仓的信号，减少了对速度的依赖；增加了逆势开仓条件，减少了盘整日或震荡日的亏损机会；开始重视早/尾盘行情，增加了早/尾盘的开仓条件；界定了投机、逆势、顺势的交易条款，细化了大阳线、大阴线、盘整时的交易规则；利用软件进行自动化开/平仓交易，而且对报价方式进行了优化。

2.0版本包含顺势、逆势、投机三种交易思路，如此之多的交易规则足以应对绝大多数行情走势。2.0版本初步完善之后，我曾在2012年9—10月的图表上做过一遍模拟交易，结果是19天获得了6.5倍的收益率。但是，这些交易规则的统计数据来自近半年的图表，将其用在过去的行情中是否仍然有效呢？带着这个疑问，我又用2.0版本在2011年5—8月的图表上重做了一回模拟交易，最终结果显示：总盈利1.23亿元，月均盈利率高达4倍（所有模拟交易的总收益均是满仓且含复利的结果，均扣除了0.7‱的手续费，保证金比例统一为15%）。但遗憾的是，2.0版本自诞生后就一直处于优化和完善的状态，因为它的高收益来自对规则的细化和对尺度的界定，但越细化的规则和尺度就越容易出问题，因为它们具有很多特殊性而非共性，是对历史行情高度拟合的结果。

又经过了近半年的实盘交易和无数次的图形统计及规则修改之后（中途我曾专门调出100张股指期货大阴线/大阳线的日内图表进行统计，并由此在2.0版本的基础上推出了2.5 版本，以专门捕捉能出现大阴线/大阳线的日内趋势，但却一直没有时间应用），2.0版本看起来越发完善了，但其对历史行情高度迎合的特性却难以根除，因而导致实盘交易的成绩相距甚远。2013年3月底，在2.5版本的基础上，经过一系列改进后，3.0版本诞生了。这套全新的交易方法彻底改变了统计角度，且放弃了弱小趋势中的交易机会，故而很好地解决了2.0版本的先天不足。总体来说，该版本做了以下改进：放弃了容易出错的弱市逆势开仓条件；放弃了凭速度交易的条件；简化了不凭速度交易的条件；优化了早盘和尾盘的交易条件；在特定状况下提前了做反手的条件；对做反手后的失误进行了处理；去掉了对趋势线、支撑线、压力线的依赖，只凭时间和空间做决策。

在股指期货市场，90%的交易者都懂技术分析，但这其中又有90%的交易者仍处于亏损状态，这也间接说明了技术分析中看不中用的尴尬特性。3.0版本几乎完全去掉了技术分析，这大大避过了交易雷同性风险以及诸多技术性陷阱，使日内交易的持久盈利成为可能；3.0版本的规则精简而明确，少了很多人为的判断及技术性障碍，使稳定盈利也成为可能。2013年清明节期间，我将3.0版本在2011年5—8月的图表上又做了一遍模拟交易，最终交易规则被修改了20%，总的模拟交易收益为8100万元，月均盈利率接近3.6倍。3.0版本在这4个月的模拟交易中有2个月的收益超过2.0版本的20%~30%，但有2个月的收益却不及2.0版本的60%。仔细分析后发现，3.0版本比2.0版本更善于捕捉大趋势，而2.0版本则更善于捕捉弱市行情。总的来说，各套方法均有利弊，没有一套方法是完美的，但即使是趋于完美的方法，也不一定是人人都可以执行的方法。唯一可靠的方法或许是：用3个人分别执行1.0版本、2.0版本、3.0版本，最后对总收益取一个平均值。

因上述方法始终要按统计规律行事，违背人之自由本性，且浪费了我上万笔交易经验，故此期间我又推出了3.5版本，即K线交易法。尽管后来其在模拟交易中因失误率高达三成以上而被废除，但因此而诞生了日K线交易法的雏形，而后者终于与ETF的交易时机趋于一致，也算是实现了我研究股指期货的一半目标吧。

2013年4月中旬，我又调出了150张特殊图表，再次进行详细统计，使3.0版本得到了充分的完善，但也使其规则增加到了36条。为了找到一套更为简单的交易方法，2013年5月，在提高容忍度、提高成功率的要求下，我将3.0版本的交易规则精简到了15条，进一步减少了交易频率和失误率，于是4.0版本出炉，为了控制每日开仓次数，同时求得更高的开仓成功率，我又对最近4个月的股指图表做了一遍更为详细的统计（对特定时间内的特定走势进行统计），最后所得出的开仓规律竟然与4.0版本有很大不同，且交易规则也减少到了10条。鉴于交易规则的较大改变，我将这套方法界定为4.5版本。该版本的特色是：开仓成功率高达80%，对异动的容忍度更高，且每日交易次数可控制在4笔之内。之后，出于每日开仓1~2次的需要，5.0版本和5.5版本也陆续推出。

自具有5条规则的5.5版本推出之后，我的研究重心开始转向日K线交易，即日K线上的隔夜波段循环交易。半个月之后，在原来K线交易法的基础上，股指期货的日K线交易法顺利出炉。再过了一个月之后，因实盘交易的需要，之前所推出的版本只保留了四个：速度版，由1.0版本精简而来；折返版，由3.0版本提炼而来；比例版，由4.0版本完善而来；点数版，由5.5版本改良而来。之后，又经过3个月的总结和补充，至2013年10月底，我将点数版改为循环版，并新增了日内狙击交易法（只捕捉高成功率的时机）、形态交易法（针对形态进行交易）和图形交易法（只针对特定图形进行交易），以摆脱自2.0版本以后完全在线式交易的风险。至此，距离2.0版本的诞生又过去了一年，而图形交易法的推出，也意味着我对股指期货的日内交易研究告一段落。

回首来路，不胜唏嘘！为征服最难驾驭的日内交易，两年多以来，因修改交易规则而打印的稿纸不少于500张，因进行数据统计和模拟交易而打印的图表不少于3000张，且很多图表上都是重复作业，耗去了我大量的时间和精力。最忙碌的一段时间，既要交易股票、股指期货、商品期货，又要监控几位交易员的模拟交易，且在收盘后给每位交易员做复盘讲解；晚上及节假日则更是黄金加班时间，不仅要继续做多角度的数据统计，同时还要完善多套交易规则，还有很多烦琐事务也不得不处理……记得当初为了推出ETF交易法，导致视力直降两成，待至如今，视力不仅再降两成，且浑身都是小毛病了。尽管这些交易方法来之不易，但我都如实交给几位交易员，实践了我“从有修无”的想法。

笔者认为，每一位有志于股指期货的日内交易者，都需要跨过六道关卡，这六道关卡分别是：模拟交易、经验总结、数据统计、规则完善、实盘交易、锤炼心态。这里面，最烦琐的是数据统计，需要勤奋，但其只占成功交易的20%；最需要操心的是规则完善，需要悟性，但其也只占成功交易的20%；对于连续成功的交易而言，60%来自始终如一地执行交易规则且保持良好的交易心态。

2013年10月30日

附：股指期货日内交易方法及2.0版的模拟交易记录

一、股指期货日内交易法1.0版

1．通用策略

（1）辨趋势，等信号，敢开仓，勇止损，去担忧，遵规律——知行合一比投机盈利更为重要。

（2）即使辨趋势、见信号后再动手，也往往会有四分之一的机会出错，但不要担心，用止损纠错。

（3）15点以内缓慢上下为盘整市，45点以内大幅上下为震荡市，几波连行50点以上趋势方明。

（4）理论上，盘整市无利可图不宜开仓，震荡市适合见信号马上平仓反手，趋势明朗则慎做反手。

（5）股指在0~45点内上下波动时，即使出现上升通道/下降通道，也常不稳定，其支撑线/压力线不可信。

（6）不调整的连涨/连跌、先连续小涨/小跌再急涨/急跌、5分钟内连涨/连跌超25点，止损位为14点。

（7）出现大阴线/大阳线开仓时，若头1分钟折回8点则平仓；破整区开仓时，若当分钟折回5点则平仓。

（8）下午14：45后，止损为5~8点；15：00~15：12，8点开仓法可用，但止损位为2~5点。

（9）所有开仓信号必须破之才能动手，哪怕只是超过0.2点，若仅仅只是触及，则稍安毋躁。

2．趋势完全不明时的行动策略

（10）跳空开盘22点以内，头1分钟顺进6点或头2分钟顺进8.5点或前12分钟小调再如此，开仓。

（11）跳空开盘22点以上时，勿顺开仓，若头1分钟反行6点或头2分钟内反行8.5点，则开仓。

（12）头1分钟，若跳空高开22点以内却收阴线，或跳空低开22点以内却收阳线时，则不宜开仓。

（13）若在头15分钟内开仓，则止损位为5~8点（若开仓的头1分钟内即折回8点，则立即平仓）。

（14）9：30~9：32的这3分钟内，若是急跌5点，则可开空头（9：15后一直下跌则勿进场）。

（15）9：30后，若没出现第（14）条的状况，则首波走势常疲软，连续慢涨/慢跌10点左右，勿动。

（16）接上面第（15）条，慢涨10点后若其末端在2分钟内跌破支撑线5点，则开仓。

（17）接上面第（15）条，慢跌10点后若其末端在2分钟内急涨超5点，则开仓（上涨需要更大的动力）。

（18）以上第（16）~（17）条可在第3、4波行进过程中继续使用，直至趋势或盘整市逐渐显现不可再用。

（19）9：30~10：30，若始终没能连续慢涨/慢跌10点，则行情往往为盘整状态，宜等待。

（20）9：30后，15点以内盘整15分钟以上，若2分钟行5点下破支撑线且过支撑线2点，则开仓。

（21）上面第（20）条仅用于开盘后即盘整（但中途不可见2分钟行8点现象）及上升趋势中出盘整时。

（22）下跌趋势中的盘整被上破或下破时，以及上面两种盘整被上破时，均按下方第（26）条来处理。

（23）2分钟内行5点即开仓时，止损位为5~8点（但若开仓10点内有压力线，则取该线处为止损位）。

（24）上条开仓后，若在开仓的这2分钟内的行程超过8点，则止损位不是5~8点而是8~10点。

（25）有盈利后，结合K线部位，止损位改为6~10点，若趋势继续延续，则参考下方第3项中的第（31）条。

（26）9：30后，2分钟内行8点或3分钟内行9点，即开仓［若出现下方第3项中第（28）、第（29）、第（32）条，则除外］。

（27）开仓量超20手后，上述第（14）~（18）条不可再用，因为此时趋势不明，市场参与者少，进出不易。

3．趋势开始形成时的行动策略

（28）2分钟内行8点或3分钟内行9点即开仓时，若附近3点内有支撑线/压力线，须过线2点。

（29）盘整区内大阴大阳、纠缠着创新高/新低、续7分钟以上以中速上涨/下跌后又加速破位时，勿进场。

（30）按上页第3项中第（28）条策略开仓时，止损位一律为10点（但若8~10点内有支撑线/压力线，则取该线处）。

（31）有盈利后，结合K线部位，止损位改为11~13点（在13点止损常需结合盘整区支撑线/压力线使用）。

（32）出现第2个10点K线后的1小时内，2分钟内行12点，止损位为10~13点，盈利后改为14~20点。

（33）趋势较明时（出现2~4波连涨/连跌40点后），若出现盘整，则止损位依盘整边缘线调为10~13点。

（34）若用1小时以上连涨/连跌近60点，且中途没出现超12点的折返运动，则止损调至13点。

（35）趋势明显时，出现M头/W底/盘整区，且破颈线/支撑线/压力线后，才能参考上页第3项中第（28）条做反手。

（36）大跌100点后，1分钟内涨12点或2分钟内涨15点，做反手；出现上方第（35）条情形时，亦做反手。

二、股指期货日内交易法1.0版之修正版

1．通用策略

（1）9:30后，开平仓线过开仓尺度0.2点；若开平仓线1点/2点内有K线部位/在K线平台上，过0.2点。

（2）若只差0.5点即达速度标准，则后5分钟内过该标准0.5点时，补开仓（但不可出现折返三分之二的现象）。

（3）3分钟内出现4、0、4/4、1、4/5、2、5/6、0、6，等同2分钟内行8~12点，用补开仓法。

（4）不调整的连涨/连跌、先连续小涨/小跌，再急涨/急跌、5分钟内连涨/连跌超25点后，止损位均为14点。

（5）2~3分钟行5点开仓时，结合K线部位，止损位为5~8点（开仓时，

若出2分钟行8点，则止损为10点）。

（6）上方第（5）条中，有盈利后，须结合K线部位，将止损位改为6~10点，若趋势继续延续，则参考下条。

（7）2分钟内行8点开仓时，止损一律为10点；有盈利后，结合K线部位，止损位改为11~13点。

（8）趋势较明时（出现2~4波连涨/跌45点后），若出现盘整，则止损位依盘整区边缘线调为10~13点。

（9）2分钟内行12点开仓时，止损位为10~13点，有盈利后改为14~20点（先设14点，等反手信号）。

2. 9：15、9：29的策略

（10）若头1分钟行3.8点或头2分钟内行5.4点或头3~4分钟内行7点，则开仓。

（11）若跳空低开超15点，则连续过该开盘价8点后即开仓；若末端出现2分钟内反行8点，则反行且循环。

（12）若9：15、9：29出过小盘整或顺超4点后再折返，则过之前的最高/最低开/收盘价2点后开仓。

（13）若4~9分钟内跌10~25点，之后却于4~9分钟内涨至前波四分之三处，则再反手（于9：30前）。

（14）若9：29前出现2分钟行超10点（直接跌超25点则勿动），则该分钟及下一分钟折8点即反手。

3. 9：30之后的策略

（15）若头15分钟涨但无2分钟行8点的现象，则9：30、9：32跌5点或9：30、9：34出现2分钟内跌8点时开仓。

（16）从9：30开始算，若约10分钟涨约10点且末端2分钟或破支撑线时2分钟内跌5点，则开仓。

（17）9：30后若在20点以内盘整超15分钟，则3分钟跌5点且过支撑线2点（长盘过3点）时即开仓。

（18）第（17）条仅用于开盘后即盘整（中途无2分钟行8点现象）及上升趋势中（连涨超15点）出现盘整时。

（19）下跌趋势中的盘整被上破/下破及上面两种盘整被上破时，均须见2分钟行8点且过线2~3点才能开仓。

注：若盘整时间超过1小时，且破此盘整区即创当日新高/新低时，则须过盘整区3点后才能开仓。

（20）若涨5~12点（实体）回调超4分钟再在2分钟内涨5点且过压力线2~2.6点（≥10点），则开仓。

注：若在开仓线2点以内遇9：30之前的最高价或9：30至当前所形成的最高价，则过2点再开仓。

（21）若10：00前连涨12~70点（跳空部分不算）且又连跌11点，则开仓（9：35后再执行）。

（22）9：33后，2分钟内行8点即开，但附近3点内若有支撑线/压力线，则过2点［注意第（23）条］。

注：盘整区中间、纠缠着创新高/新低、1波/3波涨超20点/25点、超7分钟接连加速且破位时，勿进场。

（23）出现20点K线后半小时内或频繁出现2分钟内行8点时，拐点开仓时改为12点或重图形不重点数。

（24）1波或几波跌30点/45点后，若出现1波连涨15点，则反手；几分钟急涨超20点后，若出现一波连跌15点，则反手。

（25）连行45点后，若2分钟行5点且过M头/W底/盘整区的颈线/支撑线/压力线2点，则反手。

4．14：20之后的策略

（26）若行超90点且超开盘价20点，且14：20后仍创全天最高价/最低价，则折返12点时即反行且循环。

（27）14：45后，依据K线部位或平台将止损位改为5~8点；止损后，也可按照下方第（28）~（29）条继续等待机会操作。

（28）若慢行/急行（如2分钟行7点）超10点，则在末端2分钟折返4~5点时开仓，止损位为5~8点。

（29）15：00后，若连行末端出现2分钟内折返4点或以此速度破小平台的支撑线/压力线，则也可开仓。

（30）15：00后，止损位均改为3~6点；若有仓位未平，则在下午15：14的1~50秒之间平仓。

三、股指期货日内交易法1.5版

1．通用策略

（1）遵法开仓，有错浅止，有利宽止，先预后移，追踪等待，下午缩止（画出大盘转势位）。

（2）切勿手动开仓/平仓，切勿更改计划，所有开仓/平仓应由系统按计划完成，以杜绝情绪问题。

（3）开仓条件若差0.2点或刚达标，则暂不开仓，后面2分钟内又达标且超标1点时，补开仓。

（4）无仓位时，慢跌超15点或至盘整区边缘后，若转折处出现2~3点K线，则开仓，止损位为3点。

（5）无仓位时，连续慢涨7~9点后，若转折处出现2~3点K线，则开仓，且止损位一直为3点。

（6）一般以10分钟行10点左右为一个标准行程，若非如此，则为异常情况，以此测后市。

2．前15分钟的开仓策略

（7）跳空8点内开盘，在开盘价±2.2点处准备开仓开盘；在跳空过10点，开盘价±3.4点处准备开仓。

（8）9：15后，快速将反向开仓线移至距离开盘价0.4~1点之处，做好反向开仓的准备。

（9）开仓后，若头1分钟或第2~3分钟行情急返，超过当日最高价/最低价0.5点后，则马上平仓或反向建仓。

（10）若头1分钟无法开仓，则头2分钟内连行2.5点或4点后（跳空过10点开盘情形），开仓。

（11）头3分钟内，若出现10点折回5点或20点折回8点（出现长上影线时），则马上平仓或反向建仓。

（12）头15分钟内，若没有仓位，则当价格大力创出当日最高价/最低价时（以收盘价为准），开仓。

（13）开仓后，初始止损位为5点，有盈利改至8点，且浮动止损线，直至自动止损或出现下面第（14）~（16）条的情况则除外。

（14）一旦在9：30后遇到反向开仓信号，说明实际情况有变，则原有止损作废，应马上平仓或反向建仓。

（15）若开盘后未顺过10点，在9：30后首波行情慢行时，将止损位改至当日最高价/最低价处。

（16）10：00以前，往往会出现新的最高点/最低点，此时止损位须参考这期间的最高点/最低点而重新设置。

3．弱市开空头策略（上午最多用2次）

（17）9：30~9：32的这3分钟内，若是下跌约5点，则开仓（若9：15后一直下跌，则勿开仓）。

（18）9：30后，若在3~12点之间盘整5~60分钟，或约10分钟跌10点左右后反弹不过50%，则当2分钟内行5点且下破支撑线2点，或2分钟内行4点且下破支撑线3点时，开仓。

（19）上面第（18）条有一项限制：若连续慢跌7分钟后才加速跌破支撑线，则即使点数达到也勿开仓。

（20）9：30后，若约10分钟上涨10点，或2波上涨未过15点，或30分钟内上涨未过15点，或20多分钟时斜推15~25点，则当最高点出现时的3分钟内出现2分钟内跌5点时，开仓。

（21）涨2~4小波且过15点后会出趋势线，当2分钟内跌4点并下破趋势线超2点时，开仓。

（22）若开盘后即在1小时内不断以小于3点的K线实体曲折下行，则当任一新低点出现时均可开仓。

（23）当跌家数是涨家数的10倍时，任何创新低之际均可开仓（若一直未跌过30点，则易夭折）。

（24）上述开仓均有共性，即在9:30至今均无出现2分钟内行8点或3分钟内行9点的状况。

（25）若连涨太多又出现M头，或过压力线前未调整但破位压力犹存，或次波虽破前高点但未过5点，或高涨后小调不足7分钟再冲高，则当最高点出现的3分钟内出现2分钟内跌5点时，开仓。

（26）真破/假破跟大盘当前K线所处高低位置有关，切勿一见破压力线后急跌5点就全反手。

（27）当在高位10点内盘整15~60分钟后，若出现2分钟内行5点且下破支撑线2点，则开仓。

（28）开多头后，若9:30后振幅不足25点，见上述信号反手；反之，须参考通用开仓信号。

4. 弱市开多头策略（上午最多用2次）

（29）9:30后，若首波/次波约10分钟下跌10点，最低点出现后2分钟内涨5.5点，则开仓。

（30）9:30后，若约10分钟上涨10点后小调，再在2分钟内涨4.5点且过压力线2点，则开仓。

（31）9:30后，若先约5分钟慢跌5点左右，或横盘5~30分钟却一直未过10点然后2分钟内行5点破压力线且过线2点，或3分钟内行5点破压力线且过线4点，则开仓。

（32）9:30后，若先约10分钟慢跌10点后再以中速拉升，或在第1波缓慢上涨不过10点后再出现第2波或第3波以中速拉升，则当2分钟内行5点上破压力线且过线4点时，则开仓。

（33）若开盘后即在1小时内不断以小于3点的K线曲折上行，则当任一新高点出现时均可开仓。

（34）当涨家数是跌家数的10倍时，任何创新高之际均可开仓（若一直未涨过30点，则易夭折）。

（35）下面第（36）~（40）这5条均有3个前提：①多数发生在下午；②多数连续下跌未过40点；③多数大盘面临支撑位。

（36）连续下跌后出现5分钟以上在10点内的盘整，若2分钟内涨5点且过压力线2点，则开仓。

（37）连续下跌后长盘整区内，若先连续小涨后小调再在2分钟内涨4.5点且过压力线2点，则开仓。

（38）连续下跌后若先破趋势线后小调1~5分钟，再在2分钟内涨4.5点且过压力线2点，则开仓。

（39）连续下跌后出现W底，若在最低点出现后的2分钟内涨5点且过压力线1点，则开仓。

（40）连续下跌后盘整10分钟以上，若在破支撑线后2分钟内涨5点，则开仓（须大盘有反弹点）。

5. 开多关和空头的通用策略（多次反复使用）

（41）无论何时，在2分钟内行8点或3分钟内行9点，即准备开仓［当出现下面第（42）~（45）条的状况时除外］。

（42）在2分钟内行8点或3分钟内行9点开仓时，若在附近3点内有支撑线/压力线，须过线2点。

（43）盘整区内大阴大阳、连续7分钟以上以中速涨/跌后又加速破位时（连续滑行例外），勿进场。

（44）在出现第2个10点K线后的1小时之内，只有出现2分钟内行12点才能开仓［且参考上面第（43）条］。

（45）大跌100点之后，当出现1分钟内涨12点或2分钟内涨15点时，先平仓，再考虑补反手仓。

（46）千万不要眼红盘整区中2分钟上涨8~12点的行情，只有出现第（47）条中的大涨才具备可操作性。

（47）2~4波跌25点以上，慢涨小调/横盘小调再急涨、直接上破趋势线、连跌15点后急涨。

（48）如有必要，盘整区中出现大阳线后，反而是开空头的良机，2分钟内折回3点即可开仓。

6. 止损策略

（49）5点开仓法，设止损位为5~8点；8点/9点开仓法，设止损位为8~10点；12点开仓法，设止损位为11~13点。

（50）设初始止损位时，参考附近最高价/最低价且过1点或参考K线形态，但一般实亏勿过10点。

（51）有盈利后，以最高价/最低价为止损线的勿移止损线，或将止损位改为15点，直至出现第（52）~（54）这3条为止。

（52）开多头后，若9:30后的振幅有20点，则跌至（或出盘整区且又跌回）中轴线时平仓。

（53）连跌1小时或2小时却未超20点或30点时，止损位为5~10点，再据第（38）~（42）条做反手。

（54）上涨/下跌60点后止损位设为13点，下午设为13点以内，14:20后将止损位设为5~8点，15:00后改为3~5点。

（55）缩小止损后，若出现开仓信号且与止损线很近，则选择被动止损，若信号明显，则补开仓。

（56）涨跌家数比为10∶1且涨过50点，连涨后出现通用信号则反手，止损位设为5~8点，且马上平仓或反向建仓。

四、股指期货日内交易法2.0版

1. 通用策略

（1）坚持八大戒律：不疑，不迟，不抢，不惧，不弃，不盯，不算，不离（写好贴在屏幕上）。

（2）9:00打开软件，温习规则；开盘前5分钟，凝视戒律，静默清杂，查合约/手数/超价。

（3）开仓线须过开仓尺度0.2点；开仓前若有持仓，先平仓之后反向建仓，反手线过平仓线0.4点。

（4）若差0.5点即达速度标准，则后5分钟内过该标准0.5点时，补开仓（不可出现折返三分之二的现象）。

（5）3分钟内出2.5、0、2.5/4、0、4/5、2、5，等同2分钟内行5点/8点/12点，用补开仓法。

（6）凡开仓/平仓在附近1点内有小平台或K线的开盘/收盘或影线顶端，则过0.2点后再动手。

（7）规则中折返5~10点即开仓，是指要在此幅度内结合K线部位及相对运动速度而开仓。

（8）9:30~10:00时间段内影线长/易出5点/冲关乏力/横盘长，取4.5点处开仓。

（9）超出20点K线后半小时内或频繁超出8点K线时，所有尺度加2~4点或重图形不重点数。

2. 9:15~9:29的开仓策略

（10）若头1分钟行3.8点或头2分钟行5.6点或头3~4分钟行7点，则开仓。

（11）若9:15~9:29出现过小盘整或顺行超4点后再折返，则在过之前最高开/最低开的收盘价2点时开仓。

（12）若4~9分钟跌10~25点，之后在4~9分钟内涨至前波的四分之三处，再反手（于9：30前）。

（13）9：15~9：30，若在急行后出现2分钟内折返8点，马上平仓或反向建仓［但注意通用策略中的第（9）条］。

3．9：30~10：10的策略

（14）9：30~9：32，跌5点即开仓（若之前除跳空外再跌8点或2分钟行5点，则勿动）。

（15）9：30~9：35，若出现2分钟跌8点，马上开仓［此处不受上方第（14）条括号中的限制，但注意通用策略第（6）条］。

（16）9：35~9：40，若走势与前5分钟相反，且破支撑线/压力线并过线2~4.5点，则开仓。

（17）若10：00前连涨12~70点（跳空部分不算）且又连跌11点，则开仓（9：35后再执行）。

4．首波下跌或连续下跌时的策略

（18）首波慢跌约10点/连跌（弱反弹）加急跌超15点，若末端2分钟内涨5点/8点，则开仓。

（19）第（18）条急跌后若涨5~10点，小回调/盘整后出现2分钟行5点并过压力线2~3点，则开仓。

（20）2~3小波连跌（先跌后盘整除外）但不足21点，若末端涨5~10点（多取大），则开仓。

（21）1~3波跌10~21点首次在全天支撑线-3~6点内，开仓策略同上方第（20）条（若先跌后盘勿开仓）。

（22）上面第（18）~（21）条开仓后，若涨约7点/15点/20点后，几分钟内返至反手处10点/12点，再反手。

5．上涨至全天或长期压力线，或连续上涨后次波乏力时的策略

（23）上涨且加速超13点或2次上攻在压力线-5~10点内，末端跌5~10点（多取大点数）即反手。

（24）上方第（23）条前半句是指：先慢加速再出现大阳线急速突破，且超7分钟中间可以回折1~2分钟。

（25）或涨至压力线附近开始盘整，或3波连涨约30点，末端跌5~10点（多取大点数）即反手。

（26）上述第（23）~（25）条开仓后，跌11~19点又涨，涨二分之一至三分之二后再反手；若跌过20点则见第（38）~（41）条。

6. 全天盘整或屡创新高/新低时的策略

（27）破9:30后阶段性最高/最低收盘价2~4.5点时，开仓［跌盘超1小时，下面的第（28）~（29）条不适用］。

（28）若接近上述开仓标准却又折返5分钟以上，则破新的最高/最低收盘价2~4.5点后再开仓。

（29）当预设的开仓线距离当日最高/最低收盘价不足2点时，须突破该收盘价2点后再开仓。

（30）若遇第（23）条及第（25）条需要做反手时，先废除上述第（27）~（29）条预设的开仓线，再等反手信号。

7. 9:30后收阳且节节攀升或大跌后急升时的策略

（31）几分钟涨超20点且过压力线约10点，超出高点第3~7分钟出现2分钟跌8点时才能反手。

（32）第（31）条开仓时：若之前有15点阳线，则须过线一半；若附近2点内有小平台，则须等破之。

（33）第（31）条中，或一波连跌15点或先反弹再出现2分钟跌8点并过支撑线2~3点时，反手。

（34）第（31）~（33）条开仓后，跌11~19点又涨，涨二分之一至三分之二后再反手；跌过20点，则见第（38）~（41）条。

（35）第（31）条中，涨21点/50点内且盘整过10点/20分钟，出现2分钟行5点且破支撑线2~3点即反手。

（36）第（31）条中，涨超50点后横盘且被2分钟行8点破，反手；在2

分钟涨8点，再反手。

（37）若几波涨50点再出现2分钟内涨40点，则跌5点即反手，止损位为5点，止损后再反手。

8．9：30后收阴且屡创新低或大涨后急跌时的策略

（38）1波跌超12点后若再急跌（但不可连跌超30点），则在末端2分钟内涨8点时，开仓。

（39）1波或几波下跌30点/40点后，若出现1波涨15点（5点内有盘整须过）或2波涨10~15点，则开仓。

（40）第（39）条2波之一：慢涨约5点或慢涨约5点后再出现小盘整，后2分钟内涨且远离5点。

（41）第（39）条2波之二：涨约8点后盘整或下跌二分之一以内，在2分钟内涨5点且过压力线2~3点。

（42）第（39）条中，涨15点/20点/30点后几分钟内跌10点/12点/15点或盘整后过支撑线3点，再反手。

（43）若几波跌50点再出现2分钟内跌40点，则涨5点即反手，止损位为5点，止损后再反手。

（44）以上开仓后，若连续几波小涨后未接近全天压力线却开始急跌或横盘后急跌，则等待。

9．14：15之后的策略

（45）14：15，设止损位为5点/10点［逆5顺10，见通用策略第（9）条则为6点/12点］，再开仓亦如此。

（46）若止损线与反手线相差2点内，则废止损线；此时优先按规则交易，或按下面第（47）条投机操作。

（47）止损后，若非急行或急行过10点，则末端出现2分钟折返4点/5点即开仓，止损位为5~8点。

（48）15：00后，若连行末端出现2分钟折返4点或以此速度破小平台的支撑线/压力线，则开仓。

（49）15:00后，止损均改为3~6点；若没有平仓，所有仓位须在15:14:50前平仓。

五、股指期货日内交易法2.5版

1. 通用策略

（1）开仓线/平仓线须过开仓/平仓尺度0.4点；开仓前若有持仓，先平仓后反手；反手线过平仓线0.4点。

（2）9:35后，若开平仓线1点/2点/3点内有K线部位/阶段性高低点/全天最高低开收盘价，同上方第（1）条。

（3）若只差0.5点即达速度标准，则后5分钟内再过该标准0.5点时，补开仓（但不可折返三分之二）。

（4）超出20点K线后半小时内或频繁出现2分钟行8点时，加开仓点数［详见下述第（16）条、第（10）条、第（20）条的内容］。

2. 9:15~9:29的策略

（5）若头1分钟行4点或头2分钟内行5.6点或头3~4分钟内行7点，则开仓。

（6）若跳空低开超15点，则连过该开盘价8点时即开仓；若末端超出2分钟反行8点，则做反手，且循环。

（7）若9:15~9:29出现过小盘整或顺行超4点后再折返，则过之前最高/最低开收盘价2.4点开仓。

（8）若4~9分钟内跌10~25点，之后却于4~9分钟内涨至前波四分之三处，则再反手（于9:30前完成）。

（9）若9:29前出现2分钟行超10点（若直接跌超25点，则勿动），则该分钟或下一分钟折返8点时即反手。

3. 9:30之后的策略

（10）若没开仓且9:30后连行，则等；若9:30前慢跌且9:35前出现2分钟涨8点，则开仓。

（11）若头15分钟涨但无2分钟行8点，则9:30~9:32跌5点或9:30~9:34出现2分钟跌8点时开仓。

（12）9:30及9:34后过之前最高/最低开收盘价及9:30后最高/最低开收盘价2~4点或2~6点开仓。

（13）若价格接近上述开仓线/反手线却折返5分钟以上，则取新的最高价开仓/最低开收盘价为基准重设。

注：10:00前若新阶段性高开/低开收盘价与9:30前最高开/最低开收盘价只差2点，以后者为准。

注1：若9:35~10:05从之前创新低附近不调整地涨至开仓线，则废弃开仓线，等出现下面第（14）条时再开仓或反手。

注2：若9:50前出一波上涨后，再单边慢跌超15分钟才到达开空线，则废弃开仓线，等出现第（13）条的情形再重设。

（14）若涨5~12点（实体）回调超4分钟或在2分钟内涨5点且过压力线2~2.6点（≥10点）则开仓。

注：开仓线2点内遇9:30之前的最高价或9:30至当前所形成的最高价，则过2点再开仓。

4. 大涨或大跌又急涨之后的策略

（15）屡创新高且超全天压力线10点后，若盘整超10分钟，且跌过支撑线3点，则反手。

（16）几分钟涨超20点且过全天压力线10点后，只有出现在最高点第3~7分钟里2分钟内跌8点才反手。

注：第（15）条开仓时，若之前有约15点的阳线，须过阳线一半；若附近2点内有小平台，须破之。

（17）第（16）条中，若一波连跌15（或22）点，或先反弹再出现2分钟内跌8点且过支撑线3点，则反手。

（18）上述几种情况开仓后，若跌15点/20点/30点后又涨10点/12点/15点，则反手；若跌太多，见下述第（20）~（21）条。

（19）若几波涨超70点后再出现盘整区且在急破盘整区时开空仓，则在急跌末端出现2分钟涨8点时再反手。

5. 大跌或大涨又急跌之后的策略

（20）1波或几波跌30点/40点后，若又出现1波涨15（或20）点，则反手（5点内若有盘整区，则须过之）。

（21）1波或几波跌30点/40点后，若见第（13）条情形或急速上破超30分钟盘整区压力线5点，则反手。

（22）第（20）~（21）条开多头后，若一波涨15点/20点/30点后几分钟内跌10点/12点/15点或破盘整区3点，则再反手。

6. 14：20之后的策略

（23）若行超90点且超出开盘价20点且14：20后仍创全天最高/最低价，则在折返12点时马上反手（循环）。

（24）15：00，据前1分钟收盘价，若顺势则设浮动止损位为7点，若逆势则在过压力线/支撑线时平仓。

（25）若行超10点末端出现2分钟折返4点或以此速破小平台则开仓，止损位设为3点或在15：14：50前平仓。

六、股指期货日内交易法3.0版

1. 通用策略

（1）9：35后，若开仓线或平仓线在1点/2点/3点内有K线部位或阶段性高低点/全天最高开/最低开收盘价，则过其0.4点再动手。

2. 9:15~9:29的策略

（2）若跳空低开超15点，则过该开盘价8点即开；若末端出现2分钟反行8点，则反向建仓且循环操作（跳空高开15点放弃）。

（3）头1/2/4分钟行3.8/5.6/7点，顺超4点再反过最高/最低开收盘价3点，开盘即窄盘后过5点，开仓。

（4）以上开仓后，若几分钟即折返至头1分钟开收盘价3点处，或急跌10~25点后几分钟内却涨过前波四分之三，则反手。

（5）若9:30前出现2分钟行超10点（直接跌超25点勿动），则该分钟及下分钟折返8点时马上反手（仍在9:30前）。

3. 9:30~9:35的策略

（6）若头15分钟连行而未开仓且9:30后继续连行，则等；若9:30前慢跌且9:35前出现2分钟涨8点，则开仓。

（7）若头15分钟上涨，但没有出现2分钟内行8点，则在9:30~9:32跌5点或9:30~9:34出现两分钟跌8点时，开仓。

4. 9:35之后的策略

（8）9:30后，过之前最高开/最低开收盘价6点时开仓；9:34后，过新的阶段性最高开/最低开收盘价4点时开仓（可移动2次）。

（9）若价格接近上述开仓线/反手线却又折返5分钟以上，则取新的最高开/最低开收盘价为基准重新设开仓线/反手线（可移动2次）。

注：若在10:00前，新的阶段性最高开/最低开收盘价与9:30前最高开/最低开收盘价之差在2点内，则以后者开仓线为准。

在第（8）条中，若9:35~10:05从之前创新低附近不调整的连涨至开仓线，则废开弃仓线，等待第（9）条情形或等反手机会。

（10）9:30后，若连涨13~20点（含9:30之前的涨幅）后再盘整10分钟以上，则在跌过支撑线2点时，开仓。

（11）1~3波行超21点/36点，折返12点/13点时反手，若出现2分钟内行

15点时须加2点（9：34后执行，折中盘整过2点）。

（12）出现第（11）条的情况反手后，若之后几分钟反涨/反跌11点，则再反手（注意，出现14点/21点/35点等大尺度若差0.8点也算达标）。

（13）跌超17点后，若涨5~12点（实体）后回调超4分钟再出现2分钟涨5点且过压力线2~2.6点（≥11点）则开仓。

5．遇压力线时策略

（14）若2~3波涨18~21点，且在全天最高开收盘价±6点内，则折返10点时即反手（若之后出盘整，则须过支撑线2点）。

（15）涨超21点达全天压力线±6点处，不管折返多少点都不要反手（除非3波以上），过压力线后次波折返10点/过长盘整区2点再反手。

6．连行太多时策略

（16）若顺跳空方向前进超30点，则跳空幅度计算在连行内，否则不算；中速指2分钟内行6点。

（17）若涨超46点且60%过全天压力线，则过近期明显支撑线4.5点（总涨数≥20点）反手；刚反手马上出现2分钟涨8点，再反手。

（18）10：15前涨超46点（非潜水后再突破）且跌15点/涨超70点后破长盘整区压力线后却急跌10点，反手。

注：潜破型上涨，指9：30后先盘整或下跌超过10分钟，之后通过连续急拉而强行突破全天压力线，且涨超46点。

（19）9：30后25分钟内上涨或下跌90点/45点，连折13点即反手；或几波涨超70点但调时短/调幅小且连跌13点，则反手。

（20）若涨超35点后按规则开了空头，一旦接连跌过上涨波的三分之二，则后续开仓参考第（21）~（23）条，直至14：15。

（21）若涨超35点又折返三分之二后按规则开了多头，或跌超35点按规则开了多头后涨过前波的三分之二，后参考第（21）~（23）条。

（22）若跌超46点，则在第二次上攻［详见第（13）条，开仓线2点内有压力线，且在盘整区］或急破长盘整压力线5点时反手。

（23）第（21）条做多后，若随即下跌，则过前一支撑线4点后反手；若上涨中出现超20分钟盘整，则过支撑线4点后反手。

（24）第（21）条做多后，若1波涨超30点或14：15后3波涨超30点或此后在全天压力线±5点内，则在跌13点时反手。

7．14：15分之后策略

（25）若行超90点且超出开盘价20点，且14：20后仍创全天最高价/最低价，则折返12点即反手，且于15：00之前循环。

（26）15：00，若当前顺势，则设浮动止损为7点；否则，过压力线/支撑线后即平仓；若未平仓，则于15：14：50点前平仓。

七、股指期货日内交易法3.5版

1．通用策略

（1）若涨/跌的力度差0.2~0.6点，则将开仓线外移0.5点，后几分钟到达开仓线即补开仓；止损位设在过支撑线/压力线2.2点处。

2．头45分钟开仓策略

（2）若头1分钟折行4点，或连续远离开盘价4点，或顺超4点再跨过支撑线/压力线2点，或2分钟内行8点，则开仓。

（3）若跳空低开超15点，则连过该开盘价8点即开仓；而且无论是否已开仓，若又跨过之前的支撑线/压力线2点，则开仓。

（4）若于10：00之前连涨12~55点（跳空幅度不算在内）且又连跌8~10点，则开仓（须在9：34后执行该条规则）。

3．拐点开仓策略

（5）10分钟跌超15点，若2分钟涨超5点/7点（急行1小时内）/9点（急跌且超25点）则开仓，若10点内有压力线则涨11点时反手。

注：无论出多长的下影线，必须等过该K线开盘价2点后才能开仓，且在

这个5点/7点中，或许中间会出现1~2根小十字星线。

（6）连跌后，若先涨5~11点（实体部分），再于10分钟内小回调，再出现2分钟内涨超4点且过压力线2点，则开仓。

（7）1~4波涨超15点后，若在拔尖后立即出现3连阴或2根阴线中夹1根小阳线且跌超5点/7点（多涨再加），则开仓。

注：3连阴，即连出3根阴线且连创新低，首根可为十字星；3根/4根阴线中或孕1根/2根小星（孕2星加1点）。

（8）趋势不显时，若1波涨超15点，再出现2根K线吞超3根K线且超5点则开仓；若急涨且超25点，再出现2分钟跌超9点，则开仓。

4. 在趋势中开仓策略

（9）在上涨/下跌趋势中（2波涨/跌超15点）反手后，若未找到反手点，则在急过上波的三分之二至四分之三时（15~25点）再反手。

5. 破盘整开仓的策略

（10）若2分钟行超5点且过盘整区边缘线2点，则开仓（上破8点内的盘整区须过4点，以2根K线吞没须过3点）。

注：若盘整区支撑线或压力线5点内还有支撑线或压力线，则须过外围的支撑线或压力线2点后再开仓。

6. 大涨/跌后开仓策略（此时2分钟行9点/11点即开仓时，不可用补开仓法）

（11）涨超46点且60%过全天压力线，首次下跌可据K线信号反手；1小时内涨至上波的80%或出现2波上攻后，再反手。

注1：2波上攻，先涨5~12点（实体部分）后回调超4分钟但未创新低，再出现2分钟内涨5点且过压力线2~3点。

注2：行超30点后，废2次上攻改2波上攻，若其开仓线2点内有阶段性压力线（或会移动2次），则按盘整区对待。

（12）开空后，若跌超30点又涨至全天压力线±10点内，则可凭K线信号继续做空，之后根据第（11）条继续反手。

（13）涨超46点且60%过全天压力线且稳固，过近期明显支撑线4.5点反手（≥20点）；才反即出现2分钟涨8点，则再反手。

（14）若几波涨超70点且60%过全天压力线，但调整时间短/调整幅度小，且跌13点，则反手；见第（11）条后半句再反手。

（15）特例：涨超70点后，若出现超45分钟的盘整区，之后在急速上破盘整区压力线后却在3分钟内急跌10点，则反手。

（16）1波或几波跌30点/35点后，若无反手信号，且又出现1波连涨15点，则反手（若5点内有盘整区，则过2点再开仓）。

（17）跌超46点后，若连行末端出现2分钟内涨11点（至少远离前支撑线10点），则开仓；涨超30点后，折返10点反手。

（18）跌超46点后，若上条未出现，则在2波上攻或急破超30分钟盘整区压力线5点时，反手；之后，结合第（17）条循环操作。

7．14：20后开仓策略

（19）若行超90点且超开盘价20点，且14：20后仍创全天最高价/最低价，则折返12点即反，且于15：00之前循环操作。

（20）15：00后，止损改为3~6点；15：12前可继续开仓；若有仓位未平，则于15：14：01~15：14：50择机平仓。

八、股指期货日内交易法4.0版

（1）9：30后，所有开仓线/平仓线须过开仓尺度0.4点；若开仓线/平仓线1点内有K线部位，则也将该线移过该处0.4点。

（2）若跳空15点内开，则过开盘价6点开仓；若跳低超15点开，则过开盘价8点开仓；若末端出现2分钟反行8点，则反手且循环操作。

（3）若9：30前出现2分钟行超10点（直接跌超25点勿动），则在这1分钟及下1分钟折返8点时即反手（仍在9：30之前进行）。

（4）以上情况开仓时，若4~9分钟内跌10~25点，之后却于4~9分钟内涨至前波四分之三处，则再反手（仍在9：30之前进行）。

（5）9：30后，若过之前最高开/最低开收盘价6点，则开仓；9：34后，若过新的阶段性最高开/最低开收盘价4点，则开仓（往上可移动2次）。

注：若在10：00前，新的阶段性高开/低开收盘价与9：30前最高开/最低开收盘价之差在2点内，以后者开仓线为准。

上条中，若9：35~10：05从之前的创新低附近不调整地连涨至开仓线，则废开仓线，等下波上涨达标或反手。

（6）9：34后，若涨/跌17~45点/19~45点（超30点算跳空）且过最高开/最低开收盘价2.5点/2点，则在折返11~15点时反手。

注1：次波至近期支撑线/压力线3点内，起点重算；若跌/涨11~14点中出现小折返/遇盘整区，则过2点/急过5点开仓。

注2：若涨11~14点的开仓线在2点内有压力线，则过该线2点开仓；若该开仓线在2点内还有压力线，则再过其2点才开仓。

（7）跌超17点后，若涨5~12点（实体）后回调超4分钟并在2分钟涨5点且过压力线2~2.6点（总数≥11点），则开仓。

注：若10：00前跌超31点，暂时就不要反手了，等到10：00后再跌过支撑线10点时，参考第（6）和（11）条再反手。

（8）若涨超46点且60%过全天压力线，则过近期明显支撑线4.5点反手（总数≥20点）；才反手即出现2分钟涨8点，再反手。

注：涨超46点但没有60%过全天压力线（即没有大部分露出水面）时，跌12点即反手；9：40前急涨中须无压力线。

（9）10：15前涨超46点（非潜水后再突破）且跌15点/涨超70点后破长盘整区压力线后却急跌10点，反手。

注：潜破型上涨，指9：30后先盘整或下跌超过10分钟，之后通过连续急拉而强行突破全天压力线，且涨超46点。

（10）9：30后25分钟内上涨或下跌90点/45点，连折13点即反；或几波涨超70点但调时短/调幅小且连跌13点，则反手。

（11）若跌超46点，则在二次上攻［详见第（6）条，在开仓线2点内有压力线，且在盘整区］或急破长盘整压力线5点时反手。

（12）第（6）条开始开空后，二次上攻或（跌超15点后7分钟内或超22点后1小时内）涨回80%后反手；破盘整区再反手。

（13）第（6）条开始开多后，若涨超15点后7分钟内跌75%或次波疲软/盘整后下破支撑线2.5点，则反手；二次上攻再反手。

注：上两条的开仓前提是，前者还处于上升趋势中，后者还处于下降趋势中，为防止开错方向反手，故须及时反手。

（14）若行超90点且超开盘价20点，且14：20后仍创全天最高价/最低价，则在折返12点时即反手，且于15：00之前循环操作。

（15）15：00，若当前顺势，则设浮动止损为7点，否则过压力线/支撑线后即平仓；若未平仓，则于15：14：50前平仓。

九、股指期货日内交易法4.5版

（1）9：30后，所有开仓线/平仓线须过开仓尺度0.4点；若开仓线/平仓线1点内有K线部位，也将开仓线/平仓线移过0.4点。

（2）若头2分钟内跌超10点，则等9：17~9：29再创新低时开仓；若头2分钟内跌超20点，则开仓，过开盘价2点时再反手。

（3）若低开且头5分钟出现2分钟涨12点，则开仓；若开仓2分钟内再出现2分钟跌8点，则反手；末端再出现2分钟内涨8点时再反手。

（4）若9：21~9：29出2分钟内行5点且过之前最高开/最低开收盘价2.4点（行9分钟才到/跳低超15点，勿动），则开仓。

（5）9：30后，过之前最高开/最低开收盘价6点开仓；9：34后，过新的阶段性最高开/最低开收盘价4点开（往上可移动2次）。

注1：若在10：00前，新的阶段性高开/低开收盘价与9：30前的最高开/低开收盘价之差在2点内，则以后者开仓线为准。

注2：若9：35~10：05从之前的创新低附近不调整的连涨至开仓线，则废

开仓线，等下波上涨达标或反手。

（6）若10：00前涨12点/18点/20点或超35点且跌9点/11点/14点/15点，则开仓，否则10：30后涨过全天压力线2.5点后再依此开仓。

注1：10：00前涨超46点且跌15点也反手，潜破型（9：30后盘整/跌超10分钟再急破）除外；若开错方向，见下条注解。

注2：跌8点/10点开仓且未创新低的，过压力线2点时反手；跌12点/14点开仓的，（跌超15点后7分钟内/超22点后1小时内）涨80%时反手。

（7）涨超46点且60%过全天压力线，过近期支撑线4.5点时（总涨数≥20点）反手；几波涨超70点但调时短/调幅小，跌14点时反手。

注：涨超46点但没有60%过全天压力线（即没有大部分露出水面）时，跌12点即反手；9：40前的急涨中须无压力线。

（8）9：30前跌超20点且10：00前未跌超15点且又过新高点4点，反手；9：30~10：03单边跌超18点且又涨12点，反手。

（9）跌18~27点/28~45点/超46点且过全天支撑线2点，则11：20后二次上攻/10：15后二次上攻或11：20后涨15点/10：15后二次上攻时反手。

注1：二次上攻，即连跌后，先涨5~12点（实体），回调超4分钟后再出现2分钟涨5点且过压力线2~2.6点（总涨数≥11点）。

注2：若涨11~15点的开仓线在2点内有压力线，则过该线2点开仓；若该开仓线在2点内还有压力线，则再过该线2点开仓。

（10）若行超90点且超早盘开盘价20点，且14：20后仍创全天最高价/最低价，则在折返12点时即反手，且于15：00之前循环。

（11）15：00，若当前顺势，则设浮动止损位为7点，否则过压力线/支撑线后即平仓；若未平仓，则于15：14：50前平仓。

十、股指期货日内交易法5.0版

1．通用策略

（1）9：30后，所有开仓线/平仓线须过开仓尺度0.4点；若在开仓线/平仓线1点内有K线部位，也将开仓线/平仓线移过其0.4点。

（2）若只有一次开仓机会，则除第（3）条的第二、第三种情况应放弃外，其余开仓条件均可用；止损就在有两次开仓机会的反手之处。

2. 开空策略

（3）头2分钟跌超10点且9：29前见新低/头2分钟跌超20点/9：21~9：29出现2分钟行5点且过支撑线2点，则开仓。

（4）若9：30前跌超10点，9：30后强反弹再弱反弹或窄横盘超10分钟/横盘超30分钟再过支撑线3点，则开仓。

（5）若10：00前涨12点/18点/20点/超35点且跌9点/11点/13点/15点，则开仓；否则10：30后涨过全天压力线2.5点后再依此开仓。

注1：若头15分钟小涨（10点以内），9：30~9：40涨超25点，则首波下跌须过20点才能反手；10：30后若出现潜破，亦如此。

注2：10：00前涨超46点且跌15点也反手，潜破型（9：30后盘整/跌超10分钟再急破）除外；若开错方向，则耐心等待。

（6）涨超46点且60%过全天压力线，过近期支撑线4.5点（总涨数≥20点）反手；几波涨超70点但调时短/调幅小，跌15点开仓。

注：涨超46点但没有60%超过全天压力线（即没有大部分露出水面）时，跌12点即开仓；9：40前的急涨中须无压力线。

3. 开多策略

（7）头15分钟小涨且9：40前跌几分钟后再急过；9：30后出现2波上涨；出现1~2波上涨超过30分钟，在满足上述任一条件的情况下过压力线4点，则开仓。

（8）9：30前跌超20点且10：00前未跌超15点并又过近高4点，反手；9：30~10：03单边跌超18点且又涨12点，反手。

（9）跌18~27点/28~45点/超46点且过全天支撑线2点，则11：20后二次上攻/10：15后二次上攻/11：20后涨15点/10：15后二次上攻，反手。

注1：二次上攻：连跌后，先涨5~12点（实体），回调超4分钟后再出现

2分钟涨5点且过压力线2~2.6点（总涨数≥11点）。

注2：若涨11~15点的开仓线2点内有压力线，则过该线2点开仓；若在该开仓线2点内还有压力线，则再过该线2点开仓。

4．14：20后策略

（10）行超90点且14：20后仍创新高/新低，折返12点时反手；15：00后，返过压力线/支撑线平仓或折返3~5点平仓或15：14：50前平仓。

十一、股指期货日内交易法5.5版

（1）连行8点即开仓（若跳空超15点开，则头15分钟勿动），若不出现以下几条，则返过9：30前后的支撑点/压力线4.5点时即反手。

（2）若涨12点/18点/20点/30点/80点后跌9点/12点/15点/25点/32点，则反手；若9：30~10：03不仅单边跌超18点且又涨12点，则反手。

（3）跌18~27点/28~45点/超46点且过全天支撑线2点，则11：20后二次上攻/10：15后二次上攻/11：20后涨15点/10：15后二次上攻反手。

注：二次上攻，即涨5~12点（实体）后回调超4分钟/12点内盘整，在2分钟涨5点且过压力线2~2.6点（总涨数≥11点）。

（4）行超90点且14：20后仍创新高/新低，折返12点反手；15：00后，返过压力线/支撑线平仓/折返3~5点平仓/15：14：50前平仓。

注：若没开仓，则于反手处开仓；若一日只能交易2次，则在第2次反手处平仓；若交易次数无限制，则在反手处再反手。

十二、股指期货日内交易法之速度版

1．通用策略

（1）开仓线过速度标准0.2点；平仓线1点/2点/4点内有K线部位或有平台或在全天最高点/最低点，也过速度标准0.2点。

（2）若只差0.6点即达速度标准，则后5分钟内过该标准0.5点时，可补开仓（中途不可折返三分之二）。

（3）须先按规则止损再补开；行5点或6点/8点或8.5点/12点或二次攻击开仓后，初止损为6~10点/11点/13点。

（4）第（3）条中有盈利后，结合K线部位，将止损改为7~11点/12~15点，波动大时可放大至20点。

（5）趋势较明朗时（2~4波连涨/跌45点后），若出现盘整，则止损依盘整区边缘线可缩至11~14点。

2．9：30前

（6）9：21前，过开盘价7点即开仓（跳空±1.6点内开勿动，高开超4点或低开超15点时均勿开空仓）。

（7）9：21后，出高开/低开u形、高开n形、跳空±4点内开n形、平开二次上攻、低开/平开L形，开仓。

注：须2分钟行5点且过近期支撑线/压力线3点（u形）、2~3点（n形，涨10点取3点）、2点（其余形态）。

3．9：30后

（8）9：30~10：03单边跌18~45点（反弹几分钟但未过半）且超过早开盘价10点，止损为12点且反手。

（9）9：30前若涨超13点/9：30~10：05涨超13点/跌8~15点，则在9：34后跌10点时开仓。

4．盘整策略

（10）9：30后，若20点内盘超15分钟，则出现3分钟跌5点且过支撑线2点（长盘则须过3点）即开仓。

注：本条仅用于开盘后即出现盘整（中途无2分钟行8点）及上升趋势中（连涨超15点）出现盘整时的情况。

（11）下跌趋势中的盘整被下破/上破以及上述两种盘整被上破时，须出现2分钟行8点且过压力线2点/3点才能开仓。

注：若盘整时间超过1小时，且破此盘整区即创当日新高/新低，则过盘整区支撑线/压力线3点后开仓。

5. 循环策略

（12）9:33后，2分钟内行8点即开仓，3点内有明显支撑线/压力线，则过2点开。

注：盘整区中间、纠缠着创新高/新低、1波/3波涨超20点/25点、超7分钟接连加速行且破位时，勿进场。

6. 波动剧烈

（13）半小时内出现3个2分钟内行8点或两个2分钟内行10点后，在绝对拐点处的开仓尺度为12点。

（14）若涨超100点且出现1分钟/2分钟内顺行超20点/30点，则在反手后再交易时，过支撑线/压力线3点即可。

7. 14:45后

（15）14:45后，依据K线部位或平台部位将止损位均改为5~8点；止损后，也可按照第（16）条继续操作。

（16）若慢行/急行超10点后，其末端2分钟内折返4点/5点或以此速度过小平台支撑线/压力线2点，则开仓。

（17）15:00后，止损均改为3~6点；若未平仓，则于15:14:01~15:14:50间择机平仓。

十三、股指期货日内交易法之折返版

1. 通用法

（1）9:30后，开仓/平仓尺度1点内有K线部位/5点内有阶段压力线（跌3波后破趋势线）/支撑线，须过0.4点/2点再行动。

2. 早盘法

（2）9:21前顺行8点即开仓（跳空±1.6点内开仓后勿动，高开超4点勿开空，低开超15点勿开空，开仓即返过2点再反手）。

3. 早盘法之二

（3）9:21后，出高开/低开u形（勿超9分钟）、高开n形、跳空=4点内开n形、平开二次上攻、低开/平开L型跌，即开仓。

注：第（2）条开仓须出现2分钟行5点且过近期支撑线/压力线3点（u形）、2~3点（n形，涨超10点取3点）、2点（二次攻击/L跌）。

4. 循环法

（4） 9:36/9:39后过最低支撑线5点/最高压力线5点开仓（价格接近开仓线却折返超5分钟则重设1次）。

注：本条多数是在10:00之前执行的，且跌超8点后若又在9:30~10:05从最低附近1波慢涨13点才达本条，则不执行。

5. 折返法

（5）行超21点后折返14点/17点时反手；10:30前突涨13~21点且创新高的，在跌10点时反手；上午跌16~21点且创新低的，在涨14点时反手。

注：9:34后执行；出现2分钟行15点后1小时内折返17点时，才反手；若当前行程点数不足，可把之前的行程点数进行累加。

（6）上午跌超16点又涨14点且开多后，若涨14~20点，则跌76%时再反手；之后若再过最低支撑线，则涨14点时再反手。

6. 行多时

（7）在涨超45点后再跌25点时反手，上午首波过压力时线则弃，再过则见第（4）条；下午涨23点时反手（近中午低点算起），再跌23点时再反手。

（8）跌超43点且超前1分钟开盘价10点，则涨23点时反手；11:00前反手且这期间跌17点，则再反手；11:00后反手的见第（4）条。

注：若涨23点中出现二次攻击则按二次攻击开仓（10:30后/6~20点/4~30

分钟/未靠近支撑线2点/2分钟涨5点/过2~3点/总涨数≥12点）。

7. V反时

（9）跌超13点且9：30~10：05从最低附近（8分钟内或2波行程中）过最高压力线5点，开仓；11点/ 2分钟过线10点，首跌20点时反手。

注：跌超15点后，上午跨过全天压力线的可再反手［但注意第（9）条］，下午跨过全天压力线12点的见第（4）条反手（否则再反手）。

8. 尾盘法

（10）15：00，顺则浮动止盈点设7点，逆则在3点/5点（波动大）设止盈点；或过压力线/支撑线平仓或15：14：01~15：15：50平仓。

十四、股指期货日内交易法之比例版

1. 早盘法

（1）9：30后，开仓线/平仓线须过开仓尺度0.4点；若开仓线/平仓线1点内有K线部位，则也应将开仓线/平仓线移过该处0.4点。

（2）9：21前，过开盘价7点开仓（跳空±1.6点内开仓后勿动，高开超4点勿开空，低开超15点勿开空，开后即折返则过2点再反手）。

（3）9：21后，若出高开/低开u形（勿超9分钟）、高开n形、跳空±4点内开n形、平开二次上攻、低开/平开L形跌，则开仓。

注：本条开仓时须出现2分钟行5点且过近期支撑线/压力线3点（u形）、2~3点（n形，涨超10点取3点）、2点（二次攻击/L形跌）。

2. 9：30后

（4）9：36/9：39后过最低支撑线5点/最高压力线5点开仓（折返超5分钟及5点后，过新支撑线/压力线4点后再重设1次）。

注：若跌超8点且9：30~10：05从最低附近1波慢涨13点/涨超30点且开空后首波涨超20点才达上条开仓线，则废弃。

3. 涨开空

（5）涨12~30点/31~38点/超38点，再跌10~13点/67%/26点时开仓（若早盘涨超13点且10：15前合涨超30点，则再跌15点时开仓）。

注：须9：34后执行；9：40前涨幅已到但波动剧烈而出现盘整，按第（3）条开仓；9：30后涨超20点且出现2波，则再跌51%时反手。

（6）跌超13点见新低或盘整30分钟后涨18~26点/27~38点/超38点且过全天压力线，再跌76%/67%/26点时开仓；下午过压力线12点则等。

注：跌超13点且9：30~10：05从最低附近过最高压力线5点，开仓；11点/2分过线10点，在首跌20点后做空。

（7）特例：若涨超50点后又出几分钟急涨50点以上，或几波涨超70点但调整时间短且调整幅度小，则再跌15点后即开仓。

4. 跌开多

（8）若直跌16~27点/28~45点且达到或过最低支撑线，则涨76%/61%时开仓（跌超28点后若10：30后出二次上攻，则可提早开仓）。

（9）跌超46点且过开盘价10点，10：30后二次攻击或下午涨23点，反手；跌超140点且1分钟/2分钟行超20点/30点，则再涨15点时反手。

（10）涨超32点后实体部分跌过最低支撑线/涨超50点后又跌超46点但未跌过最低支撑线，下午见二次上攻或涨23点后反手。

注1：1波涨时反手或上午2波涨后反手，若涨15~20点后跌76%，或涨超21点后跌51%，则再反手（此时上涨未过压力线）。

注2：二次上攻，即涨6~25点（实体）/回调4~30分钟/距前支撑线不足2点/2分钟涨超5点/过线2~2.6点（总涨点数≥12点）。

5. 尾盘法

（11）15：00，顺则设浮动止损位为7点，逆则设浮动上损位为3点/5点（波动大）；或过压力线/支撑线平仓；或15：14：01~15：14：50平仓；15：08后勿开仓。

十五、股指期货日内交易法之点数版

1. 通用法

（1）9：30后，开仓线/平仓线须过开仓尺度0.6点；若开仓线/平仓线1点/3点内有K线部位/阶段性高点，也须过该部位0.6点。

2. 早开多

（2）跳低超4点，头2分钟涨12点则开仓（跌超15点则弃）；跳高超4点，头1分钟出2~6点光脚阳线，下一分钟创新高，开仓。

3. 早开空

（3）头2分钟跌超10点，等9：17~9：29创新低时开仓；跳空-4点以上/1点以下，若9：21后出n形/L形跌，则开仓。

注：本条后半句开仓时，须出现2分钟跌5点且过支撑线2~3点（L形者须过2点；n形者若先涨超10点再跌，则须过3点）。

4. 循环法

（4）9：36~9：39过最低支撑线/最高压力线5点开仓（接近开仓线折返超5分钟及5点，过新支撑线/压力线4点再设1次）。

注：若1波不调整的涨超8分钟且超15点/未大调整（未跌超10分钟或未超10点）涨超20点才达本条开仓线，则废止。

5. 涨开空

（5）涨13~30点/31~42点/超43点后，再跌10~13点/20点/25点时开仓；前15分钟超13点且10：30前超31点，再跌15点时开仓。

（6）跌超13点或盘整超30分钟后过全天压力线且涨18~42点/超43点，再跌12点/25点时开仓（下午过全天压力线12点后勿开空）。

6. 跌开多

（7）直跌36~45点/跌超46点/涨超32点后全没或跌超40点且跳空约半，

10：20后涨16点/23点/23点/随时涨16点时反手。

注：直跌28点后出现二次上攻，按二次上攻开仓（10：30/6~20点/4~30分钟/未近支撑线2点/2分钟涨5点/过2~3点/总涨点数≥12点）。

（8）上条反手后，若在11：30分前又跌过上波涨幅的55%，则再反手；但若是在11:00后反手开多头的，则此后不再反手开空头。

7. 尾盘法

（9）15:00后勿开；顺势则设浮动止损位为7点，逆势则设浮动止损位为3点/5点（波动大）；或过压力线/支撑线平仓；或15：14:01~15：14:50平仓。

十六、股指期货日内交易法之循环版

1. 通用策略

（1）9:30后开仓尺度为0.4点，补开仓须过影线；百分比开仓额外加1点；日亏损达2%时停止。

（2）二次上攻：实体涨7~20点，回调4~30分钟但未接近前支撑线2点内，后出现2分钟内涨超5点且过线2~3点（破阶段性压力线）。

2. 开空策略

（3）1分钟收阴（1分钟涨4点忽略）则9：30前顺跌12点时开仓；高开3点n跌（曾涨超5点勿倒V/U/M）/盘整超30分钟15点内过最低价即反手。

（4）到达最高价前涨13~21点/22~30点/31~35点/36~49点/超50点（超30点后跌10点时开不反手）且过最高价后跌10.6/51%/61%/51%/27点，开仓。

（5）上条应9:34后开仓；实体未过最低价2点，则过最高价9点时反手［过则见第（8）条反手］；反后若在过最价线13点内盘整超20分钟，则过支撑线3点时再反手。

（6）涨13~20点内且在11:00之后回落的，不按第（4）条开仓，而过最低价即开仓；但涨超20点且在11:00后回落的，可按第（4）条开仓。

3．开多策略

（7）头15分钟低开超10点则涨10点且创新高时开仓；连涨/盘整超30分钟则9：40后过新高时开仓；跌9~15.8点，V反则放弃，除非涨后盘整20分钟。

（8）跌16~35点/36~42点/超43点且实体过最低价2点，9：34后见二次上攻/二次上攻或涨24点/10：50后见新低且涨24点或二次上攻时反手；否则过最高价5点时反手。

（9）开仓后没过全天压力线13点则过最低价时反手；过则首波跌过最低价时反手，次波涨至最高价5点内或过则在之后跌80%或27点时反手；若是下午过的则停止。

（10）跌超16点后反过最高价13点内，若盘整超20分钟则过支撑线3点时开仓；若见大M形，则跌10点时开仓；若开错方向，则过最高价5点时反手（循环操作）。

4．尾盘策略

（11）15：00后，顺势设浮动止损位为7点，逆势设浮动止损位为3点/5点（波动大）；或过压力/支撑线平仓；或15：14：01~15：14：50平仓；15：09后勿开仓。

十七、股指期货日内交易法之狙击版

（1）若前1分钟跌超8点且光头，则9：16~9：29过之前在最低价处开仓；高开超2点后若出现n形跌（或曾涨超5点），则9：21~9：29开仓。

（2）盘整超过25分钟（含早盘，实15分钟）开仓；突涨/盘涨超11.4点，9：34后跌75%/16点时开仓（本项为开空后通用）。

（3）低开超过10点后，前15分钟内涨12点且创新高，则开仓；跳高超过4点后，头1分钟出3~6点光脚阳线，后2分钟创新高时即开仓。

（4）9：30后若一直盘整，则9：48后超过最高价2点时开仓；若9：30后先涨后调但未跌过支撑线后再涨（1分钟或大跌），则9：39后创新高时开仓。

（5）跌超15点后，2分钟突涨超10点/出二次攻击且过压力线2点或10：

56后过支撑线且出现二次上攻，反手（超43点见后项或涨26点反手）；下午过压力线2点时皆反手。

（6）第（5）条过压力线2点且总涨超50点，则再跌26点反手；跌15点后反过最高价1点以上，则盘整超过20分钟且过支撑线3点或出M头后跌11点时开仓。

（7）15：00后，顺势设浮动止损位为7点，逆势设浮动止损位为3点/5点（波动大）；或过压力线/支撑线平仓；或15：14：01~15：14：50平仓；15：09后勿新开仓。

二次攻击：实体涨6.4~25点后回调4~30分钟但未至前支撑线2点内，在2分钟涨5点且过近期压力线2点/3.4点（首10点）（总涨点数≥12.4点）。

注：回调含下跌/盘整；实跌至前支撑线2点内或过则重算；开仓5点内勿存涨超8点/盘整45分钟阶段压力线（破30日趋势线）。

十八、股指期货日内交易法之形态版

1. 早抢多

（1）若趋势向上或有反转趋势，且向上跳空超2点时开仓，则头2分钟高出开盘价7点时开仓；低开则9：30前高出开盘价10点时开仓。

2. 早抢空

（2）若与第（1）条情况相反，则前1分钟低于开盘价7点时开仓（影线未超1点）；若前2分钟跌超20点，则2分钟内回2点/3点时开仓。

3. 急折返

（3）涨/跌超3%且加速远离均线后，若拐点处出现2分钟内折返超0.7%，则反手（须出两连阴/阳或长影线+反过收盘价）；之后若未创新高却出M头或盘下破位，则再反手；对于上面早抢多和早抢空的，止损位设为过之前最低价/最高价2点。

4. 涨二上

（4）9：30后涨超12点且创新高（之前或先跌），回调超过9分钟但未跌穿，则超过最高价2点时开仓，超过最低价2点时反手。

5．大V上

（5）跌超过10点且9：30~10：00涨超过20点且过压力线5点，则回调56%~100%，又涨8点时开仓［若时间延后见第（6）条开仓］。

6．快V反

（6）先跌10点至1%内，然后15：00前若以3分钟内涨12点的速度过压力线2点，则开仓；第（5）条及本条过最低价2点时反手。

7．跌二攻

（7）若先1波实体涨超10点，回调4~16分钟但未至之前支撑线3点内，在2分钟内涨超5点且过压力线1点，则开仓。

（8）前提：先跌超10点；距前支撑线4点外；下开或顶开；下开时没有双重压力线；跌超4%的10：30前勿考虑。

（9）二次攻击开仓后，若是1波或3波跌穿，则勿平仓；若是盘整后下来的，则快速冲支撑线时再反手；V形出新高的另外处理。

8．早n反

（10）若10：10前涨超20点（含直涨和V形涨但不含二波上攻）且9：30后又跌15点（此15点计算时可连前面的跌幅，但若9：30时已跌至之前涨幅的一半则放弃），则开仓；未回调67%后又涨则过最高价时反手，回调超67%的见二次攻击才动。

9．盘下破

（11）无论是在实体1%内盘整，还是先跌后盘整，均需在10：30后形成，且过支撑线2点即开仓；过之前最高价则止损。

10．跌二下

（12）若跌超1.5%，9：50后再涨超61%（可出新高），则待再跌18点时开仓（之前二次攻击开仓则弃），开仓后不止损；趋势向上易错。

11．M头空

（13）回调超过20点及超过50分钟且后浪未大幅超越前浪即为双重顶（或出现三重顶），见此后跌超2分钟且跌超15点时开仓。

12．3波空

（14）若上午涨超1小时但总涨幅不足2%，且能画出明显的趋势线，则加速跌过趋势线3点时，开仓；开后同“早n反”的操作。

13．破30空

（15）若涨超2%且V形反过之前压力线的0.4%，则见2根阴线均跌过30日均线时反手，若附近有盘整区则过支撑线5点时再开仓；之后见二次攻击再反手（开时附近有压力线则放弃，且反后若又跌过近期最低价则再反），或过最高价2点时开仓。

14．破30多

（16）若跌出3波以上且跌超1小时以及跌超2%并跌过全天最低价，之后连涨超3分钟再以2分钟内涨超0.5%的速度上破30日均线，则开（开时不必考虑附近的压力线）；当开空时，若附近有K线部位或平台，则让1点再开仓。

15．空反多

（17）M头/破30开空后，若先以1分钟涨超12点的速度上破开仓线再过均线，则再反手；之后过近期最低价1点时再反手。

附1：形态交易法的交易要诀

（1）不求完美交易，不憾少数行情；市场不可测，否则即不存；统计无穷尽，刻舟不得剑；一日做三次，等待最重要。

（2）交易只是一项工作，越重得则越失利；先机往往是先烈，要顺势而非顺己；高概率不等于不出错，无反手则必止损。

（3）若日线趋势向上/向下，则日内行情大概率还是向上/向下。早盘若要抢先，只可顺向抢，但抢先并非只抢头1分钟行情。

（4）在日线上，趋势若向上/向下，则每一小节回撤后再进时，均是良好的加仓时机，均线只是衡量器。日内行情也如此。

（5）涨一定幅度后市场会以4种方式反转：快跌/下破趋势线/M头/涨盘跌。日内快跌看前半小时，M头右肩要有速度。

（6）跌一定幅度后市场会以4种方式反转：快涨/上破趋势线/W底/跌盘涨。日内快跌看前半小时，W底右肩比左肩高。

（7）日内未多跌时，快V反转且破压力线、水面下的二次攻击及力破趋势线均可开多；日内未多涨时，水面上的二次上攻可开多。

（8）日内未多涨时，3小波而涨不多、即使多涨而头半小时快跌均可开空；日内未多跌时，跌盘跌及反弹过多均可开空。

（9）无论什么交易，涨跌幅度第一重要，形态是第二重要，速度第三重要；而且出现明显趋势后，即使出现反转形态也无法产生影响。

附2：日K线的几种变化

（1）单边上涨/下跌，遇此情况要拿到头，但这个单边势或是从早盘就开始或是9：30后才开始，不要总抢早。

（2）震荡上涨/下跌，遇此情况该反手之时要反手，但要留意是否反手失误，一旦出现再反手信号，要及时跟进。

（3）收长上影线/长下影线，遇此情况该反手之时要反手，但要注意，或许一日会折腾3次，既收长上影线又收长下影线。

（4）收十字星，遇此情况多数会亏损，尤其是喇叭图。除了坚持规则外，还要注意：趋势未现时，末端速度为王。

（5）若简化形态，则市场的四分之三可测，为防另外的四分之一导致巨亏，必须设止损，止损后择机按原方向进，但勿抢先。

十九、股指期货日内交易法之图形版

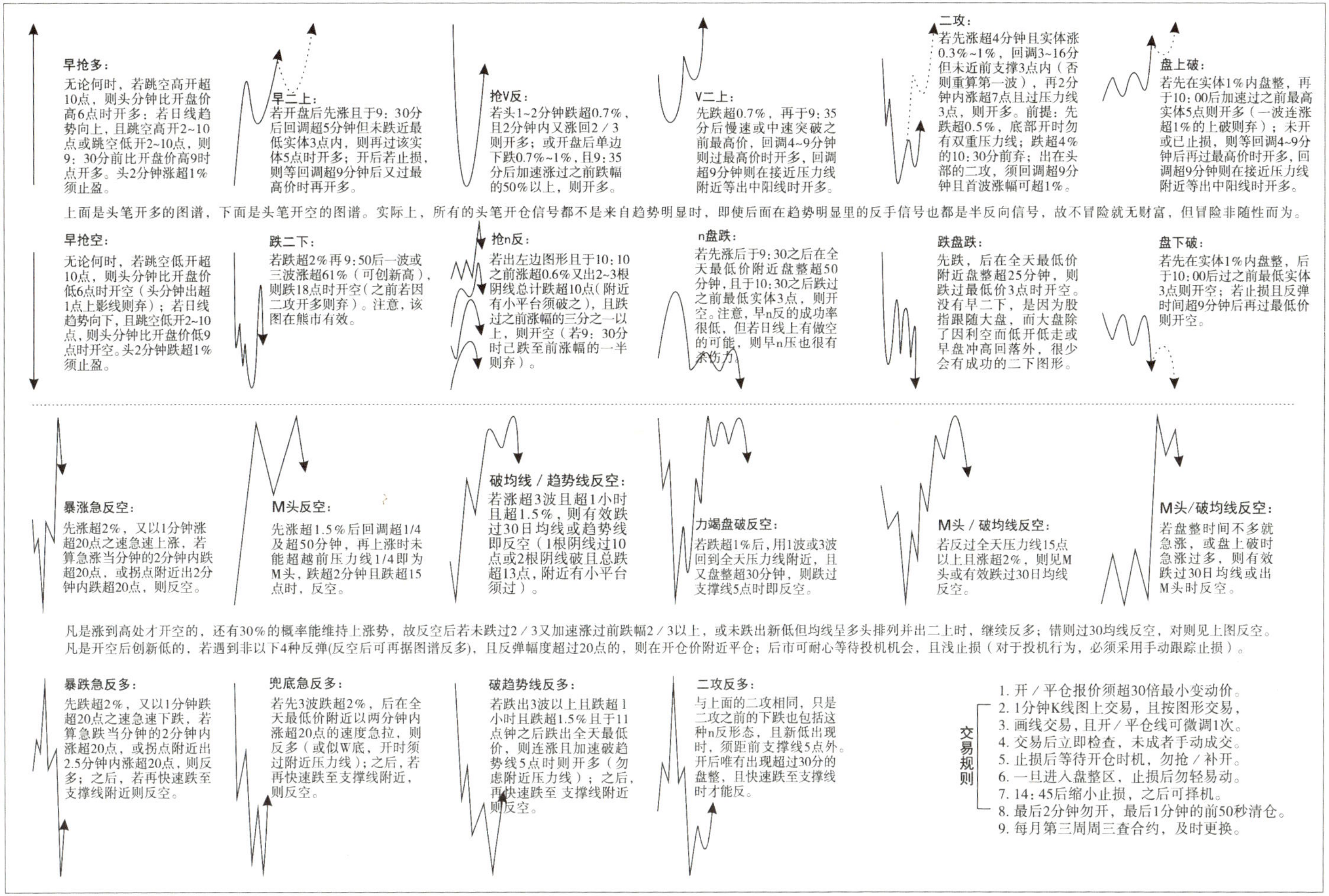

图1　股指期货日内图形交易法

二十、股指期货日内交易法之K线简化版

（1）每次进场设自动止损位为2.2点，自动止损位设置选触及1次和碰线发出，止损后再等待顺开/反开的条件。

（2）每日有10次连续亏损的机会，若中途有盈利，开仓可超过10次，但每日亏损达22点即停止交易。

（3）9：14后，在开盘价±1.2点处设置开仓线，前5分钟内可于此点反手1次；15：14：00后勿新开仓。

（4）只要行超7点，在拐点处出现1根反向K线或一个十字星后，再过该线高/低价1.2点且行超3点时，反手。

（5）若行超15点，既可凭第4条反手，也可在超过末端K线的50%的上影线/下影线出来且过开盘价1.2点时反手。

（6）不许止盈，因为中途离场往往是错误的，只能通过不断地反手来寻找最佳入场点，错则亏2.2点时止损。

二十一、股指期货日内交易法之二攻简化版

（1）每次进场设自动止损位为2.2点，自动止损设置选触及1次和碰线发出，止损后再等顺开/反开的条件。

（2）每日有10次连续亏损的机会，若中途有盈利，开仓可超过10次，但每日亏损达22点即停止交易。

（3）9：14后，在开盘价±1.4点处设置开仓线，前5分钟内可于此点反手1次；15：14后勿新开仓。

（4）只要行超7点，即可在见二次攻击（须中途折返超4分钟及4点）后又过支撑线/压力线1.4点时反手。

（5）若是1波行超15点，则既可在见二次攻击后又过支撑线/压力线1.4点时反手，又可在直接折返9点时反手。

（6）不许止盈，因为中途离场往往是错误的，只能通过不断地反手来寻找最佳入场点，错则亏2.2点时止损。

二十二、股指期货日内交易法之单边交易止损版

（1）开仓线/平仓线1点内如有之前K线部位，让过；一日亏损达1%（按昨日开盘价算）则执行完该笔即休息。

（2）9：15开盘后，比开盘价高6点即开多，设止损位为12.4点；比开盘价低4点即开空，设止损位为12.4点。

（3）开仓后，开启12.4点的追踪止损，自动止损设置选触及1次和碰线发出，止损后等待顺开/反开条件。

（4）u反/n反/二次攻击/盘破则过压力线或支撑线4点开仓，10：15前1~2波凸涨/盘凸涨/大U折/大M头，则反手。

（5）若总涨/跌超过40点，且盘整时间超过30分钟，则唯有过压力线或支撑线6点后才能反手。

（6）止损后，若顺上升通道/下降通道再行12.4点，则再开仓；开仓后设止损为12.4点，结合第（3）条循环操作。

（7）15：00后，去追踪止损，将止损位缩为6点，或超过附近支撑线/压力线平仓，或最后1分钟的前50秒内平仓。

二十三、股指期货日内交易法之单边交易止盈版

（1）每次进场设自动止损位为5.2点，自动止损设置选触及1次和碰线发出，止损后再等待顺开/反开的条件。

（2）每日有4次连续亏损的机会，若中途有盈利，开仓可以超过4次，但每日亏损达21点即停止交易。

（3）在1分钟图上交易，看之前的K线长短，以一个相对较快的速度（1~2根K线是否突然变长）进场。

（4）出现较快的速度或出在1小波（约8点及以上）行情的拐点、中继点、原点，或出在二次攻击/盘破时，均是开仓良机。

（5）在第（4）条中，若在1小波（8点及以上）行情的拐点附近出现小盘整，则必须等到超过支撑线/压力线再开仓。

（6）止盈原则：出现较长的上影线/下影线时，1小波上涨/下跌后出现1根阴线/阳线且下一分钟继续下跌/上涨时才止盈。

（7）9:14后，在开盘价±2点处设置开仓线；15:14后勿新开仓；注意，早易夭折而慢易止损。

参考：

（1）若行超10分钟及15点，则2分钟内反行超5点时即开仓；若是急行超15点/25点，则在2分钟内反行7点/9点时开仓。

注：无论出多长下影线，须等过该K线开盘价2点后开仓，在这个5点/7点中，或许中间会出1~2根小十字星。

（2）连跌后，若是部分先涨5~11点，再于10分钟内小回调，则出现2分钟内涨超4点且过压力线2点时即开仓。

（3）涨超15点后，若在拔尖后立即出3连阴/2根阴线中夹1根小阳线且跌超5点/7点（多涨再加），则开仓。

3连阴：连出3根阴线，首根或十字星但勿平收；3根/4根阴线中或孕1根/2根小十字星（孕2星须加1点）。

（4）出现2分钟行超5点且过盘整区支撑线/压力线2点，开仓；但若支撑线/压力线5点内还有支撑线/压力线，则须过后者。

二十四、股指期货日内交易法之秒周期止盈版

（1）每次进场设自动止损位为2.2点，自动止损设置选触及1次和碰线发

出，止损后再等待顺开/反开的条件。

（2）每日有10次连续亏损的机会，若中途有盈利，开仓可超过10次，但每日亏损达22点即停止交易。

（3）在10秒钟图上交易，看之前的K线长短，以一个相对较快的速度（1~2根K线是否突然较长）进场。

（4）出现较快的速度或出在1小波（8点及以上）行情的拐点、中继点、原点，或出在二次攻击/盘破时，均是开仓良机。

（5）在第（4）条中，若在1小波（8点及以上）行情的拐点附近出现小盘整，则必须等到过支撑线/压力线再开仓。

（6）止盈原则：出现较长的上影线/下影线时，1小波上涨/下跌后出现1根阴线/阳线且下一分钟继续下跌/上涨时才止盈。

（7）9:14后，在开盘价±1.2点处设置开仓线，但要注意此时行情易动荡；15:14后勿新开仓。

二十五、股指期货日内交易法之秒周期循环版

（1）每次进场设自动止损位为2.2点，自动止损设置选触及1次和碰线发出，止损后再等顺开/反开的条件。

（2）每日有10次连续亏损的机会，若中途有盈利，开仓可超过10次，但每日亏损达22点即停止交易。

（3）在10秒钟图上交易，看之前的K线长短，以一个相对较快的速度（1~2根K线是否突然较长）进场。

（4）出现较快的速度或出现在1小波（8点及以上）行情的拐点、中继点、原点，或出在二次攻击/盘破时，均是开仓良机。

（5）在第（4）条中，若在1小波（8点及以上）行情的拐点附近出现小盘整，则必须等速度过支撑线/压力线再开仓。

（6）不许止盈，因为中途离场往往是错误的，只能通过不断地反手来

寻找最佳入场点，错则在亏2.2点时止损。

（7）9：14后，在开盘价±1.2点处设置开仓线，但要注意此时行情易动荡；15：14后勿新开仓。

二十六、日内交易法2.0版某一阶段的模拟交易记录

起始资金为50万元；手续费为0.27‱；保证金为15%；资金分配为每次满仓交易；没有计算滑点。

表1　模拟交易记录

日期	开仓方向	开仓价/元	平仓价/元	盈亏点数	盈利率	开仓手数	毛收入/元	手续费/元	盈亏状况/元	资金数量/元	复合盈利率
5月3日	空	3200.0	3193.5	6.5	0.20%	3	5850	155	5695	505695	1%
	空	3185.0	3188.6	-3.6	-0.11%	3	-3240	155	-3395	502300	0%
	多	3188.8	3198.6	9.8	0.31%	3	8820	155	8665	510965	2%
	空	3198.4	3214.3	-15.9	-0.50%	3	-14310	156	-14466	496499	-1%
	多	3211.0	3212.5	1.5	0.05%	3	1350	156	1194	497693	0%
5月4日	空	3202.0	3194.0	8	0.25%	3	7200	155	7045	504737	1%
	空	3179.8	3131.5	48.3	1.52%	3	43470	153	43317	548054	10%
	多	3133.5	3133.5	0	0.00%	3	0	152	-152	547902	10%
5月5日	多	3121.5	3133.5	12	0.38%	3	10800	152	10648	558550	12%
	空	3123.8	3118.0	5.8	0.19%	3	5220	152	5068	563618	13%
5月6日	空	3107.5	3100.0	7.5	0.24%	4	9000	201	8799	572417	14%
	多	3103.1	3126.3	23.2	0.75%	4	27840	202	27638	600055	20%
	多	3125.4	3118.0	-7.4	-0.24%	4	-8880	202	-9082	590973	18%
	多	3120.9	3133.4	12.5	0.40%	4	15000	203	14797	605770	21%
5月9日	多	3146.3	3147.1	0.8	0.03%	4	960	204	756	606526	21%
	空	3146.9	3122.0	24.9	0.79%	4	29880	203	29677	636203	27%
	多	3123.6	3129.2	5.6	0.18%	4	6720	203	6517	642720	29%
	多	3127.7	3136.7	9	0.29%	4	10800	203	10597	653317	31%
5月10日	多	3135.8	3135.0	-0.8	-0.03%	4	-960	203	-1163	652154	30%
	空	3136.0	3143.7	-7.7	-0.25%	4	-9240	203	-9443	642711	29%
	多	3143.9	3149.8	5.9	0.19%	4	7080	204	6876	649587	30%
	空	3149.6	3135.9	13.7	0.43%	4	16440	204	16236	665823	33%
	多	3135.9	3146.7	10.8	0.34%	4	12960	204	12756	678580	36%
	空	3153.0	3149.5	3.5	0.11%	4	4200	204	3996	682575	37%

（续表）

日期	开仓方向	开仓价/元	平仓价/元	盈亏点数	盈利率	开仓手数	毛收入/元	手续费/元	盈亏状况/元	资金数量/元	复合盈利率
5月11日	空	3143.6	3139.0	4.6	0.15%	4	5520	204	5316	687892	38%
	多	3126.7	3115.6	−11.1	−0.36%	4	−13320	202	−13522	674370	35%
	空	3113.9	3094.4	19.5	0.63%	4	23400	201	23199	697569	40%
5月12日	空	3122.2	3125.0	−2.8	−0.09%	4	−3360	202	−3562	694006	39%
	多	3123.3	3115.6	−7.7	−0.25%	4	−9240	202	−9442	684564	37%
	空	3113.9	3094.4	19.5	0.63%	4	23400	201	23199	707763	42%
5月13日	空	3102.6	3106.6	−4	−0.13%	5	−6000	251	−6251	701511	40%
	多	3106.8	3110.8	4	0.13%	5	6000	252	5748	707260	41%
	空	3103.6	3100.5	3.1	0.10%	5	4650	251	4399	711658	42%
	多	3100.7	3131.0	30.3	0.98%	5	45450	252	45198	756856	51%
	多	3131.6	3131.6	0	0.00%	5	0	254	−254	756602	51%
	空	3131.4	3127.6	3.8	0.12%	5	5700	253	5447	762049	52%
5月16日	多	3121.8	3128.8	7	0.22%	5	10500	253	10247	772296	54%
	空	3128.6	3100.0	28.6	0.91%	5	42900	252	42648	814943	63%
	多	3100.2	3103.9	3.7	0.12%	5	5550	251	5299	820242	64%
	多	3102.0	3103.5	1.5	0.05%	5	2250	251	1999	822241	64%
	多	3096.5	3099.0	2.5	0.08%	5	3750	251	3499	825740	65%
	多	3099.2	3103.7	4.5	0.15%	5	6750	251	6499	832239	66%
5月17日	空	3090.0	3099.0	−9	−0.29%	5	−13500	251	−13751	818488	64%
	多	3099.2	3099.0	−0.2	−0.01%	5	−300	251	−551	817937	64%
	空	3098.8	3115.6	−16.8	−0.54%	5	−25200	252	−25452	792485	58%
5月18日	多	3128.8	3146.4	17.6	0.56%	5	26400	254	26146	818631	64%
	空	3146.0	3146.4	−0.4	−0.01%	5	−600	255	−855	817776	64%
	多	3148.4	3147.6	−0.8	−0.03%	5	−1200	255	−1455	816321	63%
5月19日	空	3148.8	3128.8	20	0.64%	5	30000	254	29746	846067	69%
5月20日	多	3138.5	3130.4	−8.1	−0.26%	5	−12150	254	−12404	833663	67%
5月23日	空	3114.0	3030.0	84	2.70%	5	126000	249	125751	959414	92%
	多	3030.2	3030.2	0	0.00%	7	0	344	−344	959071	92%
5月24日	多	3023.6	3023.6	0	0.00%	7	0	343	−343	958728	92%
	多	3031.4	3029.7	−1.7	−0.06%	7	−3570	344	−3914	954814	91%
	空	3029.5	3023.8	5.7	0.19%	7	11970	343	11627	966441	93%

（续表）

日期	开仓方向	开仓价/元	平仓价/元	盈亏点数	盈利率	开仓手数	毛收入/元	手续费/元	盈亏状况/元	资金数量/元	复合盈利率
5月25日	空	3017.5	3007.8	9.7	0.32%	7	20370	342	20028	986469	97%
	多	3011.5	3019.8	8.3	0.28%	7	17430	342	17088	1003557	101%
	空	3019.6	2995.0	24.6	0.81%	7	51660	341	51319	1054876	111%
	多	2995.5	3013.0	17.5	0.58%	7	36750	341	36409	1091286	118%
5月26日	空	3017.0	3021.5	−4.5	−0.15%	8	−10800	391	−11191	1080094	116%
	多	3022.0	3022.0	0	0.00%	7	0	343	−343	1079752	116%
	空	3021.8	3017.1	4.7	0.16%	7	9870	342	9528	1089279	118%
	多	3017.3	3005.0	−12.3	−0.41%	8	−29520	390	−29910	1059369	112%
	多	2999.0	2988.6	−10.4	−0.35%	7	−21840	339	−22179	1037189	107%
	多	2990.0	2991.9	1.9	0.06%	7	3990	339	3651	1040840	108%
5月27日	多	2998.8	2996.0	−2.8	−0.09%	7	−5880	340	−6220	1034620	107%
	空	2995.8	2995.6	0.2	0.01%	7	420	340	80	1034701	107%
	多	2996.0	3003.3	7.3	0.24%	7	15330	340	14990	1049690	110%
	空	3003.1	2987.1	16	0.53%	7	33600	340	33260	1082951	117%
	多	2987.3	3008.7	21.4	0.72%	8	51360	389	50971	1133922	127%
	空	3008.5	2990.8	17.7	0.59%	8	42480	389	42091	1176014	135%
	多	2991.0	2993.5	2.5	0.08%	8	6000	388	5612	1181626	136%
	多	2985.4	2985.6	0.2	0.01%	8	480	387	93	1181719	136%
5月30日	空	2974.8	2968.2	6.6	0.22%	8	15840	385	15455	1197174	139%
	多	2969.5	2973.9	4.4	0.15%	8	10560	385	10175	1207349	141%
	空	2973.7	2971.0	2.7	0.09%	9	7290	433	6857	1214205	143%
5月31日	多	2977.0	2977.7	0.7	0.02%	9	1890	434	1456	1215661	143%
	空	2969.3	2977.4	−8.1	−0.27%	9	−21870	434	−22304	1193358	139%
	多	2977.6	3003.9	26.3	0.88%	8	63120	388	62732	1256090	151%
6月1日	空	2992.9	2995.0	−2.1	−0.07%	9	−5670	437	−6107	1249983	150%
	空	2997.3	3001.0	−3.7	−0.12%	9	−9990	437	−10427	1239556	148%
6月2日	多	2985.0	2983.0	−2	−0.07%	9	−5400	435	−5835	1233721	147%
	空	2979.2	2945.8	33.4	1.12%	9	90180	432	89748	1323469	165%
	多	2946.0	2961.2	15.2	0.52%	9	41040	431	40609	1364079	173%
	多	2957.0	2961.4	4.4	0.15%	10	13200	479	12721	1376799	175%
6月3日	多	2970.6	2986.4	15.8	0.53%	10	47400	483	46917	1423717	185%
	空	2986.2	2979.6	6.6	0.22%	10	19800	483	19317	1443033	189%
	多	2979.8	2992.8	13	0.44%	10	39000	484	38516	1481550	196%
	空	2992.6	2991.6	1	0.03%	11	3300	533	2767	1484316	197%

（续表）

日期	开仓方向	开仓价/元	平仓价/元	盈亏点数	盈利率	开仓手数	毛收入/元	手续费/元	盈亏状况/元	资金数量/元	复合盈利率
6月7日	空	2980.0	2978.4	1.6	0.05%	11	5280	531	4749	1489066	198%
	多	2985.6	2995.9	10.3	0.34%	11	33990	533	33457	1522523	205%
6月8日	空	2988.8	2971.8	17	0.57%	11	56100	531	55569	1578092	216%
	多	2972.0	3009.4	37.4	1.26%	11	123420	533	122887	1700979	240%
	空	3009.2	3002.4	6.8	0.23%	12	24480	584	23896	1724874	245%
6月9日	空	2993.8	2966.6	27.2	0.91%	12	97920	579	97341	1822215	264%
	多	2966.8	2964.7	−2.1	−0.07%	13	−8190	625	−8815	1813400	263%
6月10日	多	2962.7	2958.5	−4.2	−0.14%	13	−16380	624	−17004	1796397	259%
	多	2966.9	2946.9	−20	−0.67%	13	−78000	623	−78623	1717774	244%
	空	2946.7	2946.7	0	0.00%	12	0	573	−573	1717201	243%
	多	2946.7	2962.7	16	0.54%	12	57600	574	57026	1774227	255%
	空	2962.5	2948.5	14	0.47%	13	54600	622	53978	1828204	266%
6月13日	空	2938.0	2928.8	9.2	0.31%	13	35880	618	35262	1863467	273%
	多	2925.4	2951.7	26.3	0.90%	14	110460	666	109794	1973260	295%
	空	2951.5	2951.5	0	0.00%	14	0	669	−669	1972591	295%
	空	2953.6	2951.7	1.9	0.06%	14	7980	670	7310	1979901	296%
6月14日	多	2957.5	2991.0	33.5	1.13%	14	140700	675	140025	2119927	324%
	空	2990.8	2984.0	6.8	0.23%	15	30600	726	29874	2149801	330%
6月15日	空	2983.5	2987.0	−3.5	−0.12%	16	−16800	774	−17574	2132227	326%
	多	2986.2	2979.0	−7.2	−0.24%	15	−32400	725	−33125	2099102	320%
	空	2978.8	2961.4	17.4	0.58%	15	78300	722	77578	2176680	335%
6月16日	空	2949.2	2936.1	13.1	0.44%	16	62880	763	62117	2238798	348%
	多	2936.3	2934.1	−2.2	−0.07%	16	−10560	761	−11321	2227477	345%
	多	2931.7	2933.9	2.2	0.08%	16	10560	760	9800	2237277	347%
6月17日	空	2916.7	2888.1	28.6	0.98%	17	145860	799	145061	2382337	376%
6月20日	多	2892.0	2892.0	0	0.00%	18	0	843	−843	2381494	376%
	空	2883.9	2884.3	−0.4	−0.01%	18	−2160	841	−3001	2378493	376%
	多	2884.5	2880.0	−4.5	−0.16%	18	−24300	840	−25140	2353353	371%
	多	2867.5	2880.0	12.5	0.44%	18	67500	838	66662	2420015	384%
6月21日	多	2890.8	2903.0	12.2	0.42%	18	65880	845	65035	2485050	397%
	空	2902.8	2905.4	−2.6	−0.09%	19	−14820	894	−15714	2469336	394%
6月22日	空	2899.4	2900.2	−0.8	−0.03%	18	−4320	846	−5166	2464170	393%
	多	2900.4	2913.0	12.6	0.43%	18	68040	848	67192	2531353	406%
	空	2912.8	2898.7	14.1	0.48%	19	80370	894	79476	2610838	422%

（续表）

日期	开仓方向	开仓价/元	平仓价/元	盈亏点数	盈利率	开仓手数	毛收入/元	手续费/元	盈亏状况/元	资金数量/元	复合盈利率
6月23日	多	2897.3	2967.3	70	2.42%	20	420000	950	419050	3029888	506%
	空	2967.1	2960.5	6.6	0.22%	22	43560	1056	42504	3072392	514%
6月24日	空	2959.0	2959.0	0	0.00%	23	0	1103	−1103	3071289	514%
	多	2965.0	3051.3	86.3	2.91%	23	595470	1121	594349	3665639	633%
	空	3051.1	3039.4	11.7	0.38%	26	91260	1283	89977	3755616	651%
	多	3039.6	3045.0	5.4	0.18%	27	43740	1331	42409	3798025	660%
	多	3033.8	3037.1	3.3	0.11%	27	26730	1328	25402	3823428	665%
6月27日	多	3035.4	3042.5	7.1	0.23%	27	57510	1329	56181	3879608	676%
	空	3042.3	3035.2	7.1	0.23%	28	59640	1378	58262	3937870	688%
	多	3035.6	3062.3	26.7	0.88%	28	224280	1383	222897	4160767	732%
	空	3062.1	3030.0	32.1	1.05%	30	288900	1480	287420	4448187	790%
	多	3030.2	3030.4	0.2	0.01%	32	1920	1571	349	4448536	790%
6月28日	多	3046.7	3045.2	−1.5	−0.05%	32	−14400	1579	−15979	4432557	787%
	空	3045.0	3032.0	13	0.43%	32	124800	1575	123225	4555782	811%
	多	3032.2	3046.3	14.1	0.47%	33	139590	1625	137965	4693747	839%
	空	3046.1	3041.7	4.4	0.14%	34	44880	1677	43203	4736950	847%
6月29日	空	3045.5	3035.5	10	0.33%	34	102000	1675	100325	4837275	867%
	多	3035.7	3031.4	−4.3	−0.14%	35	−45150	1720	−46870	4790405	858%
	空	3031.2	3026.8	4.4	0.15%	35	46200	1717	44483	4834888	867%
	多	3027.0	3018.2	−8.8	−0.29%	35	−92400	1714	−94114	4740774	848%
	空	3017.8	3018.0	−0.2	−0.01%	34	−2040	1662	−3702	4737072	847%
6月30日	多	3021.5	3067.8	46.3	1.53%	34	472260	1677	470583	5207655	942%
	空	3067.6	3034.8	32.8	1.07%	37	364080	1829	362251	5569906	1014%
7月1日	空	3038.0	3052.5	−14.5	−0.48%	40	−174000	1973	−175973	5393933	979%
	多	3052.7	3062.0	9.3	0.30%	39	108810	1932	106878	5500811	1000%
	空	3061.8	3060.5	1.3	0.04%	39	15210	1934	13276	5514087	1003%
	空	3065.0	3047.0	18	0.59%	39	210600	1931	208669	5722756	1045%
7月4日	多	3063.0	3080.9	17.9	0.58%	41	220170	2040	218130	5940886	1088%
	空	3080.7	3089.8	−9.1	−0.30%	42	−114660	2099	−116759	5824127	1065%
	多	3095.5	3119.8	24.3	0.79%	41	298890	2064	296826	6120953	1124%
7月5日	多	3126.0	3122.0	−4	−0.13%	43	−51600	2176	−53776	6067176	1113%
	空	3121.0	3115.0	6	0.19%	43	77400	2172	75228	6142404	1128%
	多	3115.2	3119.0	3.8	0.12%	43	49020	2171	46849	6189253	1138%

（续表）

日期	开仓方向	开仓价/元	平仓价/元	盈亏点数	盈利率	开仓手数	毛收入/元	手续费/元	盈亏状况/元	资金数量/元	复合盈利率
7月6日	多	3124.0	3119.0	−5	−0.16%	44	−66000	1113	−67113	6122140	1124%
	空	3106.3	3105.2	1.1	0.04%	43	14190	2163	12027	6134166	1127%
	多	3111.1	3112.2	1.1	0.04%	43	14190	2168	12022	6146189	1129%
7月7日	多	3123.5	3138.9	15.4	0.49%	43	198660	2181	196479	6342667	1169%
	空	3138.7	3123.2	15.5	0.49%	44	204600	2232	202368	6545036	1209%
	多	3123.4	3138.9	15.5	0.50%	46	213900	2333	211567	6756602	1251%
	空	3138.7	3102.8	35.9	1.14%	47	506190	2376	503814	7260416	1352%
	多	3103.0	3112.2	9.2	0.30%	52	143520	2618	140902	7401318	1380%
	空	3112.0	3105.0	7	0.22%	52	109200	2619	106581	7507900	1402%
7月8日	空	3121.2	3125.6	−4.4	−0.14%	53	−69960	2682	−72642	7435258	1387%
	多	3125.8	3113.5	−12.3	−0.39%	52	−191880	2628	−194508	7240750	1348%
	空	3113.2	3104.6	8.6	0.28%	51	131580	2569	129011	7369761	1374%
	多	3104.8	3119.6	14.8	0.48%	52	230880	2622	228258	7598020	1420%
7月11日	空	3110.0	3105.7	4.3	0.14%	54	69660	2719	66941	7664961	1433%
	多	3105.9	3114.8	8.9	0.29%	54	144180	2721	141459	7806420	1461%
7月12日	多	3089.0	3084.0	−5	−0.16%	56	−84000	2800	−86800	7719620	1444%
	空	3084.1	3078.8	5.3	0.17%	55	87450	2746	84704	7804324	1461%
	多	3079.0	3075.0	−4	−0.13%	56	−67200	2791	−69991	7734333	1447%
	空	3075.2	3065.0	10.2	0.33%	55	168300	2735	165565	7899897	1480%
7月13日	多	3066.5	3105.0	38.5	1.26%	57	658350	2849	655501	8555398	1611%
7月14日	多	3128.7	3128.3	−0.4	−0.01%	60	−7200	3041	−10241	8545157	1609%
	空	3128.1	3114.0	14.1	0.45%	60	253800	3034	250766	8795923	1659%
	多	3114.2	3125.7	11.5	0.37%	62	213900	3134	210766	9006690	1701%
7月15日	空	3118.3	3122.9	−4.6	−0.15%	64	−88320	3235	−91555	8915134	1683%
	多	3123.1	3132.5	9.4	0.30%	63	177660	3192	174468	9089602	1718%
	空	3132.3	3128.2	4.1	0.13%	64	78720	3245	75475	9165077	1733%
	多	3128.4	3132.9	4.5	0.14%	65	87750	3297	84453	9249530	1750%
7月18日	空	3147.6	3152.6	−5	−0.16%	65	−97500	3317	−100817	9148713	1730%
	多	3151.9	3150.7	−1.2	−0.04%	64	−23040	3267	−26307	9122406	1724%
	空	3149.6	3128.1	21.5	0.68%	64	412800	3254	409546	9531951	1806%
7月19日	空	3108.1	3103.3	4.8	0.15%	68	97920	3421	94499	9626450	1825%
	多	3103.5	3108.8	5.3	0.17%	68	108120	3422	104698	9731148	1846%
	多	3106.3	3116.3	10	0.32%	69	207000	3478	203522	9934671	1887%

（续表）

日期	开仓方向	开仓价/元	平仓价/元	盈亏点数	盈利率	开仓手数	毛收入/元	手续费/元	盈亏状况/元	资金数量/元	复合盈利率
7月20日	空	3126.5	3036.7	89.8	2.87%	70	1885800	3495	1882305	11816976	2263%
	多	3036.9	3101.1	64.2	2.11%	86	1656360	4276	1652084	13469060	2594%
	空	3038.3	3037.1	1.2	0.04%	98	35280	4823	30457	13499518	2600%
7月21日	多	3094.5	3108.6	14.1	0.46%	96	406080	4824	401256	13900774	2680%
	空	3108.4	3097.1	11.3	0.36%	99	335610	4976	330634	14231408	2746%
	多	3097.3	3085.7	−11.6	−0.37%	102	−354960	5108	−360068	13871340	2674%
	空	3085.5	3076.7	8.8	0.29%	99	261360	4941	256419	14127758	2726%
7月22日	空	3081.5	3081.5	0	0.00%	101	0	5042	−5042	14122716	2725%
	多	3080.3	3091.9	11.6	0.38%	101	351480	5049	346431	14469147	2794%
	空	3091.7	3075.7	16	0.52%	104	499200	5195	494005	14963151	2893%
	多	3075.9	3077.4	1.5	0.05%	108	48600	5383	43217	15006368	2901%
7月25日	空	3059.0	2973.8	85.2	2.79%	109	2786040	5326	2780714	17787082	3457%
7月26日	多	2982.2	2980.8	−1.4	−0.05%	132	−55440	6376	−61816	17725266	3445%
	多	2984.0	2985.3	1.3	0.04%	132	51480	6382	45098	17770364	3454%
7月27日	空	2972.6	2967.1	5.5	0.19%	132	217800	6351	211449	17981813	3496%
	多	2967.3	2997.0	29.7	1.00%	134	1193940	6474	1187466	19169280	3734%
7月28日	多	2979.0	2977.5	−1.5	−0.05%	143	−64350	6899	−71249	19098030	3720%
	空	2976.5	2976.0	0.5	0.02%	142	21300	6847	14453	19112484	3722%
	多	2970.7	2988.2	17.5	0.59%	142	745500	6854	738646	19851130	3870%
	空	2988.0	2982.8	5.2	0.17%	147	229320	7109	222211	20073340	3915%
	多	2983.0	2989.4	6.4	0.21%	149	286080	7208	278872	20352212	3970%
7月29日	空	2980.8	2969.8	11	0.37%	151	498300	7278	491022	20843234	4069%
	多	2970.0	2997.6	27.6	0.93%	155	1283400	7492	1275908	22119142	4324%
	空	2997.4	2978.2	19.2	0.64%	163	938880	7890	930990	23050132	4510%
8月1日	多	2988.7	2991.0	2.3	0.08%	171	117990	8282	109708	23159840	4532%
	空	2990.0	2984.7	5.3	0.18%	172	273480	8324	265156	23424996	4585%
	空	2976.3	2978.1	−1.8	−0.06%	174	−93960	8392	−102352	23322644	4565%
	多	2978.4	2985.0	6.6	0.22%	174	344520	8405	336115	23658759	4632%
8月2日	空	2966.5	2941.4	25.1	0.85%	177	1332810	8470	1324340	24983099	4897%
	多	2944.1	2963.0	18.9	0.64%	188	1065960	8995	1056965	26040063	5108%
8月3日	多	2937.0	2942.1	5.1	0.17%	197	301410	9381	292029	26332092	5166%
	多	2951.5	2952.9	1.4	0.05%	198	83160	9469	73691	26405783	5181%
	多	2952.1	2958.3	6.2	0.21%	198	368280	9479	358801	26764583	5253%

（续表）

日期	开仓方向	开仓价/元	平仓价/元	盈亏点数	盈利率	开仓手数	毛收入/元	手续费/元	盈亏状况/元	资金数量/元	复合盈利率
8月4日	多	2969.8	2979.1	9.3	0.31%	200	558000	9637	548363	27312946	5363%
	空	2978.9	2962.8	16.1	0.54%	203	980490	9770	970720	28283666	5557%
	多	2964.4	2965.3	0.9	0.03%	212	57240	10182	47058	28330724	5566%
8月5日	空	2898.5	2880.0	18.5	0.64%	217	1204350	10157	1194193	29524917	5805%
	多	2881.0	2882.0	1	0.03%	227	68100	10596	57504	29582420	5816%
	多	2892.5	2906.0	13.5	0.47%	227	919350	10662	908688	30491109	5998%
	空	2900.0	2898.0	2	0.07%	233	139800	10943	128857	30619966	6024%
8月8日	空	2886.0	2891.5	−5.5	−0.19%	235	−387750	10997	−398747	30221219	5944%
	多	2893.5	2890.0	−3.5	−0.12%	232	−243600	10868	−254468	29966750	5893%
	空	2888.5	2767.7	120.8	4.18%	230	8335200	10538	8324662	38291413	7558%
	多	2767.9	2809.2	41.3	1.49%	307	3803730	13869	3789861	42081274	8316%
	空	2809.0	2796.9	12.1	0.43%	332	1205160	15075	1190085	43271359	8554%
8月9日	空	2715.0	2720.0	−5	−0.18%	354	−531000	15584	−546584	42724775	8445%
	多	2721.0	2731.3	10.3	0.38%	348	1075320	15369	1059951	43784726	8657%
	空	2730.0	2712.7	17.3	0.63%	356	1847640	15695	1831945	45616671	9023%
	多	2712.9	2721.5	8.6	0.32%	373	962340	16419	945921	46562592	9213%
	空	2723.8	2718.8	5	0.18%	379	568500	16708	551792	47114384	9323%
	多	2720.0	2797.5	77.5	2.85%	384	8928000	17162	8910838	56025222	11105%
	空	2810.0	2820.2	−10.2	−0.36%	443	−1355580	20203	−1375783	54649439	10830%
8月10日	空	2838.0	2841.9	−3.9	−0.14%	427	−499590	19645	−519235	54130204	10726%
	多	2842.4	2836.0	−6.4	−0.23%	423	−812160	19456	−831616	53298588	10560%
	空	2835.8	2831.9	3.9	0.14%	417	487890	19144	468746	53767335	10653%
	多	2832.1	2832.4	0.3	0.01%	421	37890	19317	18573	53785908	10657%
	空	2832.2	2812.4	19.8	0.70%	422	2506680	19294	2487386	56273294	11155%
8月11日	空	2785.0	2790.0	−5	−0.18%	449	−673500	20276	−693776	55579518	11016%
	多	2791.0	2866.0	75	2.69%	442	9945000	20253	9924747	65504265	13001%
	空	2865.8	2853.5	12.3	0.43%	507	1870830	23487	1847343	67351607	13370%
	多	2853.3	2879.0	25.7	0.90%	524	4040040	24330	4015710	71367317	14173%
8月12日	空	2883.5	2878.1	5.4	0.19%	550	891000	25668	865332	72232649	14347%
	空	2880.0	2872.1	7.9	0.27%	557	1320090	25952	1294138	73526788	14605%
	多	2872.5	2869.4	−3.1	−0.11%	568	−528240	26417	−554657	72972130	14494%

（续表）

日期	开仓方向	开仓价/元	平仓价/元	盈亏点数	盈利率	开仓手数	毛收入/元	手续费/元	盈亏状况/元	资金数量/元	复合盈利率
8月15日	空	2875.0	2879.0	−4	−0.14%	564	−676800	26287	−703087	72269044	14354%
	多	2881.0	2877.7	−3.3	−0.11%	557	−551430	25982	−577412	71691632	14238%
	空	2876.6	2873.1	3.5	0.12%	553	580650	25755	554895	72246528	14349%
	多	2873.3	2899.5	26.2	0.91%	558	4385880	26092	4359788	76606316	15221%
8月16日	空	2899.0	2878.5	20.5	0.71%	587	3610050	27470	3582580	80188895	15938%
8月17日	多	2889.0	2898.2	9.2	0.32%	616	1700160	28876	1671284	81860180	16272%
	多	2905.2	2895.2	−10	−0.34%	626	−1878000	29412	−1907412	79952768	15891%
8月18日	空	2882.5	2887.0	−4.5	−0.16%	616	−831600	28787	−860387	79092381	15718%
	多	2889.0	2887.1	−1.9	−0.07%	608	−346560	28446	−375006	78717374	15643%
	空	2886.4	2882.9	3.5	0.12%	606	636300	28319	607981	79325355	15765%
	多	2883.1	2867.5	−15.6	−0.54%	611	−2859480	28460	−2887940	76437415	15187%
	空	2867.3	2840.7	26.6	0.93%	592	4724160	27371	4696789	81134204	16127%
	多	2841.0	2844.3	3.3	0.12%	634	627660	29196	598464	81732668	16247%
8月19日	空	2812.6	2817.0	−4.4	−0.16%	645	−851400	29412	−880812	80851856	16070%
	多	2817.0	2812.0	−5	−0.18%	637	−955500	29044	−984544	79867312	15873%
	多	2813.3	2811.0	−2.3	−0.08%	630	−434700	28701	−463401	79403911	15781%
8月22日	多	2814.4	2821.2	6.8	0.24%	626	1277040	28576	1248464	80652375	16030%
	多	2830.0	2813.8	−16.2	−0.57%	633	−3076380	28937	−3105317	77547058	15409%
	空	2813.6	2780.0	33.6	1.19%	612	6168960	27729	6141231	83688289	16638%
	多	2780.2	2786.2	6	0.22%	668	1202400	30119	1172281	84860570	16872%
	多	2774.6	2785.4	10.8	0.39%	679	2199960	30579	2169381	87029951	17306%
8月23日	空	2791.0	2792.1	−1.1	−0.04%	692	−228360	31294	−259654	86770297	17254%
	多	2793.5	2795.0	1.5	0.05%	690	310500	31234	279266	87049562	17310%
	多	2788.2	2833.5	45.3	1.62%	693	9417870	31556	9386314	96435876	19187%
8月24日	空	2834.0	2839.0	5	0.18%	756	1134000	34739	1099261	97535137	19407%
	多	2839.7	2833.3	−6.4	−0.23%	763	−1464960	35061	−1500021	96035116	19107%
	空	2825.3	2800.0	25.3	0.90%	755	5730450	34402	5696048	101731165	20246%
8月25日	多	2815.0	2908.6	93.6	3.33%	803	22548240	37228	22511012	124242177	24748%
8月26日	多	2908.5	2902.7	−5.8	−0.20%	949	−1651260	44670	−1695930	122546246	24409%
	空	2902.3	2896.5	5.8	0.20%	938	1632120	44058	1588062	124134308	24727%
	多	2896.7	2881.2	−15.5	−0.54%	952	−4426800	44555	−4471355	119662954	23833%
	空	2880.0	2892.7	−12.7	−0.44%	923	−3516630	43158	−3559788	116103165	23121%
	多	2892.9	2909.8	16.9	0.58%	891	4517370	41879	4475491	120578657	24016%
	空	2909.6	2901.0	8.6	0.30%	920	2373600	43301	2330299	122908956	24482%

（续表）

日期	开仓方向	开仓价/元	平仓价/元	盈亏点数	盈利率	开仓手数	毛收入/元	手续费/元	盈亏状况/元	资金数量/元	复合盈利率
8月29日	空	2879.6	2866.8	12.8	0.44%	948	3640320	44125	3596195	126505151	25201%
	多	2867.0	2853.7	−13.3	−0.46%	980	−3910200	45411	−3955611	122549540	24410%
	空	2853.5	2862.1	−8.6	−0.30%	954	−2461320	44167	−2505487	120044053	23909%
8月30日	多	2875.3	2881.0	5.7	0.20%	927	1585170	43222	1541948	121586001	24217%
	多	2891.5	2899.4	7.9	0.27%	934	2213580	43810	2169770	123755770	24651%
	空	2899.2	2845.0	54.2	1.87%	948	15414480	44109	15370371	139126142	27725%
8月31日	多	2842.0	2842.0	0	0.00%	1087	0	50046	−50046	139076096	27715%
	多	2850.0	2853.7	3.7	0.13%	1084	1203240	50081	1153159	140229255	27946%
	空	2853.5	2843.2	10.3	0.36%	1092	3374280	50388	3323892	143553147	28611%
	多	2843.5	2847.9	4.4	0.15%	1121	1479720	51678	1428042	144981188	28896%

期货交易研究二

CHAPTER 2

用数据统计来指导计算机交易

自2.0版本诞生之后，我忙碌了近一年，却发现了几个问题：其一，真正勤奋的人不会来这里，来这里做交易的都是想走捷径之人，但交易这条路上或许有捷径却无坦途，一些交易规则看似简单却需要细悟千图之功，一旦功课不足即会“失之毫厘，谬以千里”。其二，即使真有非常简单的方法，交易者又会觉得过于单调而难以坚守，一旦其存在的价值等于计算机，又感觉只是赚钱的机器，这种高不成而低不就的状况难以成事。其三，一套交易方法倘若有80%的胜率就已是非常可观了，但即使交易者的识别能力和执行能力均能达到90%，其胜率也将降为65%，再加上一些天灾人祸，其真实的胜率也许就只有55%了，若是再算上运营成本和人力成本，人工交易是否可取？其四，我们大多数的努力都集中在不断做反手的循环交易之上，而这种神来之笔（80%以上的胜率）如何能够长期保持？显然，由想走捷径的交易者去完成后续的统计修改是不可能的。

实际上，从期货市场获得交易性盈利主要有两种方式：一种是日内交易，通过攒少积多及利滚利来获取高收益，但其主要目的是规避隔夜风险；另一种是隔夜波段交易，通过捕捉一段时期的单边走势来获取较为稳妥的收益，但其主要目的是规避日内杂波（这种方法类似ETF交易法，故而不是我研究的重点）。而日内交易也主要分为两种：一种是通过较高频率的交易来精细控制成本和收益，以快进快出的手法获得超高收益率（一年100~1000倍，是我想挑战的重点），其看重的是复利；另一种是通过简单的低频交易来获取较为稳定的收益（一年1~10倍），该交易法注重的是100%的识别能力及执行效果。再就技术而言，又可分为两种策略：一种是国际通用策略，即进场浅止损、有利就浮动、出场等机会；另一种是去掉止损这把双刃剑，找到合适时机不断做反手，因为行情非涨即跌，盘整只是过渡（自2.0以来的版本均是在寻找这个最佳反手点）。再就盈利的实现手段而言，也可分为两种：一种是以小资金走高复利之路，唯有人工交易可以实现；另一种是以大资金走分散化之路，主要借助程序化交易来实现。

综合衡量之后，我一边对日内交易方法做最后的收官冲刺，一边又踏上了程序化交易的征途。2013年国庆节期间，我开始自学文华的编程技术；11月，借助文华的编程人员开发并测试了20多套程序；12月，我又开发并测试了20多套程序。2014年1月，我对50多套程序进行了新一轮的统一测试，在为期一年的满仓无滑点测试中，资金收益率超过8倍的有27套，超过15倍的有10套。2014年春节期间，我又利用已有的5台DELL工作站、4台DELL商务机、2台笔记本和1台相当于8台工作站的DELL超级计算机，昼夜不停地对股指期货和商品期货的程序进行测算，同时继续增加出场策略。别人挖地往往是看到哪里挖到哪里，而我则习惯一锄头一锄头地挖，先挖一条线再挖出一片，直至荒山成田。基于这种习性，我开发出了19种出场策略，再将它们套用到几十种开仓策略上，就演变出了几百种具有不同盈利水平的程序模型，但这也意味着我的工作量开始剧增。

程序化交易看起来很美，实则陷阱重重。首先是软件提供商文华的问题。赢智软件本身也处于不断地完善和测试中，所以它会迫使你不断地修正和跟进，而其对历史数据的调整则更会导致你要将所有的测试工作重新再来，这还不算因其编程人员的粗糙或疏忽所带来的重复性作业。其次是你和软件的磨合问题。文华程序化交易软件分为五大部分：策略编程、下单组件、程序优化、组合测试、程序执行。这每一部分你都需要熟悉，而每个部分也都在完善之中，你需要知道在N种可能性中，哪些是你该用的，你还要时时向文华反映问题并尝试获得解决。再次是你自身的经验问题。你能否理性地看待程序化交易及其优化后的结果？能否在经验主义和对历史数据的过度拟合中找到最佳的开仓尺度？能否有几种主流的开仓策略以应对不可预知的未来？能否将最核心部分应用到其他商品期货上？最后是交易执行的问题。文华软件的保密性如何不得而知，即使是程序测试完毕，在模拟交易上仍需观察一段时间，以得知交易的稳定性和资金分配的合理性。而在实际交易中，多个账户、多套程序、多个商品如何同时交易且有利于监控或干预，尤其是合约换月时的大批量更替，都是需要适应和改善的。

尽管困难重重，但程序化交易的道路已成为我的必经之路。2014年2月，在反复测试了一个月之后，我从19个离场策略里优选了几个作为主要止损策略，同时每日只开仓一次且宽止损的80多套程序测试完毕；同年3月，20多套每日开仓2~6次且宽止损的程序测试完毕，同时20多套每日开仓1~3次且微止损的程序测试完毕；同年4月，60多套逆势/顺势开仓的高频交易程序测试完毕，同时10多套循环交易法的程序测试完毕；同年5月，40多套速度交易法的程序测试完毕，同时形态交易法的程序开始编程……从表面上看，这些工作似乎都在有条不紊地进行，但实际上，一批批程序的编写、核查、测试、查错、改错、优化、记录数据、分析数据、总结确认等工作极其烦琐，且批量进行的时候很容易出问题；程序测试优化之后，还要集中进行模拟交易，以观察一批批程序在模拟交易时的准确性和稳定性。此外，还要构思新的交易策略，并将新的交易策略排列组合后继续编程，编程后则要逐一核查语句语法问题，然后才能进入测试优化阶段。当构思、编程、测试、查错、优化、总结、交易等环节不断交替且大规模持续进行时，当每天要面对10台电脑中的近20套新程序轮番“下象棋”时，即便我早已习惯了承受高强度的负荷，也深感体力透支严重、身心极度疲惫。而这，还仅仅只是程序化开发所带来的负担。

在程序化开发过程中，形态交易法的编程最为不易，因为计算机很难识别技术形态。但在多年的精确手工统计并找到一位得力的编程助手之后，我们终于让计算机识别了诸如二次上攻、二次下跌、V反、n反等技术形态，且很多形态的识别率可以高达90%。当意识到形态交易法或许是我们最核心的盈利方法之后，2014年5月，我又做了一次高强度的数据统计工作。第一次手工统计了10个月的数据，第二次在此基础上又增加了6个月的数据且换了一个角度重新统计了一遍，第三次将这16个月的数据又换了一个角度继续统计了一遍。形态交易法中的几十个参数，就是这么从图纸上手工统计出来的（文华软件即使运算一次本程序也需要十几个小时才能完成，更别说用软件来优化参数了）。

在测试过程中，我养成了一种不轻易下结论的习惯，即使我感觉是对的东西，也会等与之相关的统计数据出来或优化测试结束后再做定论，这样，即可避免因先入为主而失去更多的机会。但这种获得真知的代价非一般人可以承受，因为需要消耗大量的精力和时间，要对很多事物做地毯式的搜索和统计，而所得出的结论也许是前人早就有过只言片语的。实际上，我早就看到了一扇门，只是不愿意过早地走过去推开它，因为还有很多小路没有游历，还有很多美好有待刺破。人生就是一场经历，是一场追求与体验的经历，也是一场获得与失去的经历，更是一场从希望到失望的经历，无所谓好坏，无所谓对错。从宏观的ETF交易到中观的股票交易再到微观的期货日内交易，我的目的在于探索与解惑。对于我而言，过程要比结果更重要，而财富只是风中云。无论我们曾经多么成功，最后的结果都是空寂。究竟什么是幸福？或许百年后的答案是：追求。

2014年8月30日

附：部分程序化交易策略

一、1.0版本用程序化实现时的部分开仓逻辑图

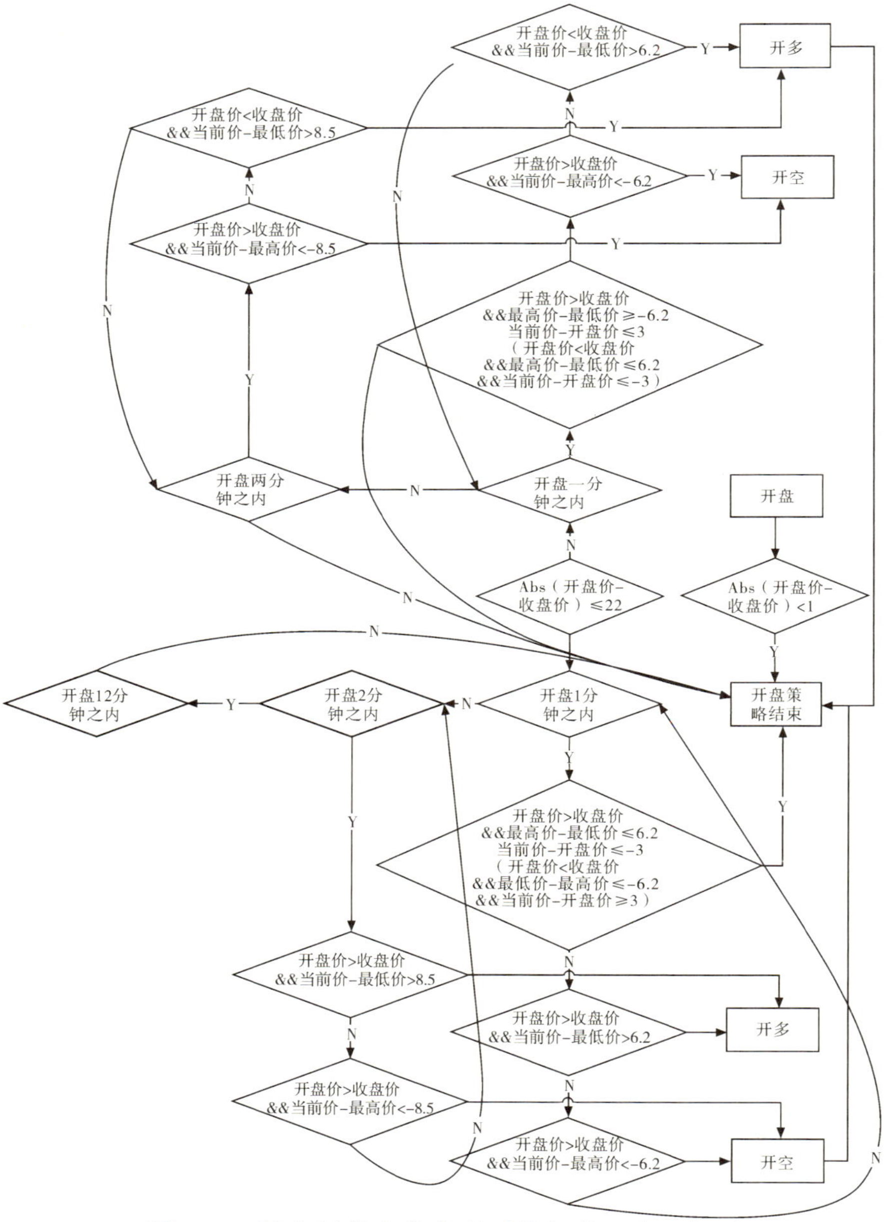

图2　1.0版本用程序化实现时的部分开仓逻辑图

二、1.0版本用程序化实现时的部分止损逻辑图

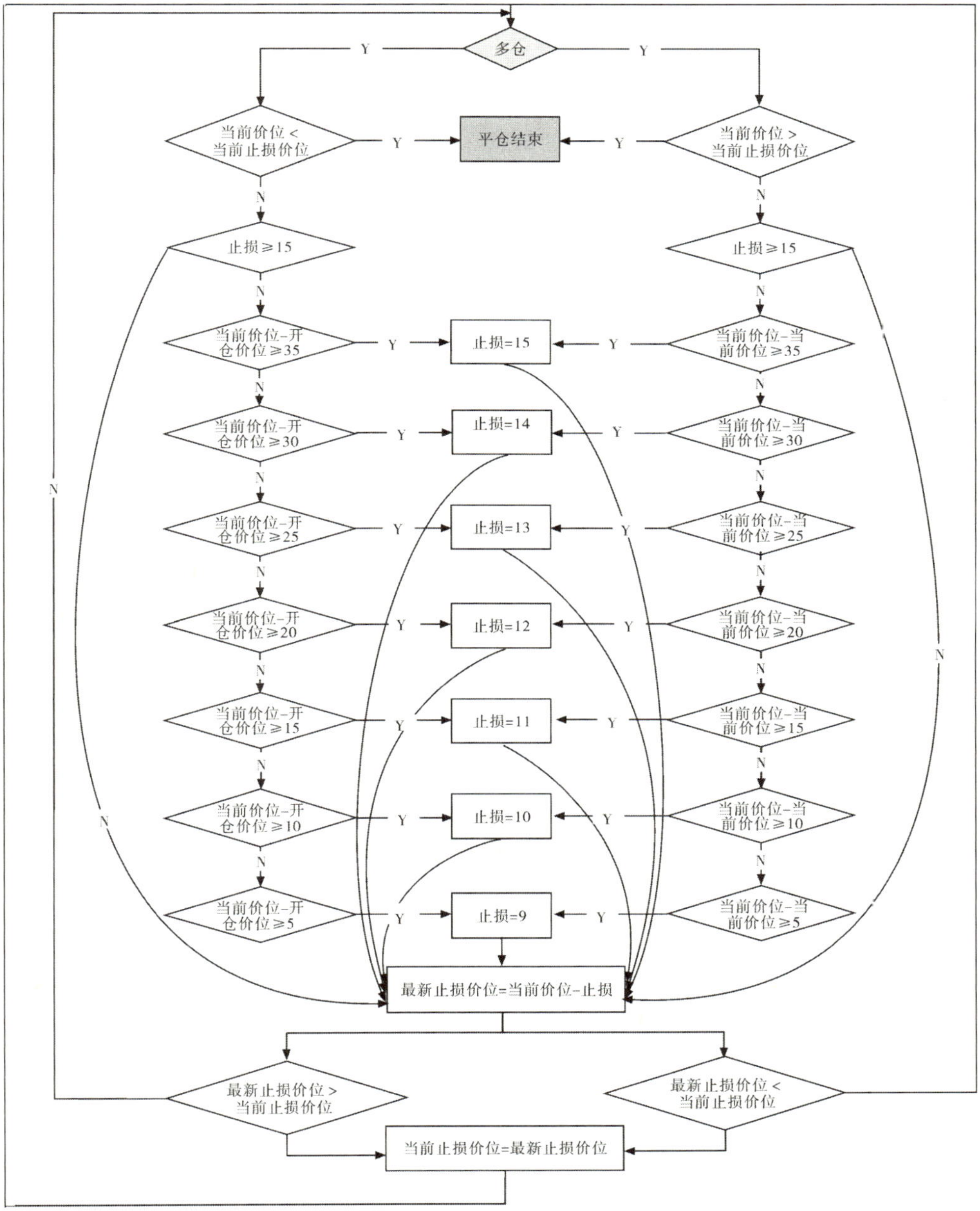

图3　1.0版本用程序化实现时的部分止损逻辑图

三、1.0版本部分实现程序化过程中的源代码

```
//----------------------------------------------------------------------
Params
    Numeric RSVLength(9);
    Numeric FastKLength(3);
    Numeric SlowKLength(3);
    Numeric SlowDLength(7);

    Numeric TwoMinutesLeap(8);
    Numeric ThreeMinutesLeap(9);
    Numeric StopLossLimit(10);
    Numeric ChangeStopLossLeap(5);
    Numeric StopLossStep(1);
    Numeric BreakPSPosition(2);
    Numeric PSStep(3);
Vars
    NumericSeries highest_high;
    NumericSeries lowest_low;
    NumericSeries rsv;
    NumericSeries fast_k;
    NumericSeries slow_k;
    NumericSeries slow_d;

    BoolSeries is_k_gold_cross_d;
    NumericSeries gold_cross_max_k;
    NumericSeries dead_cross_min_k;
```

```
    NumericSeries gold_cross_max_close;
    NumericSeries dead_cross_min_close;

    NumericSeries press_position_1;
    NumericSeries press_position_2;
    NumericSeries press_position_day;

    NumericSeries support_position_1;
    NumericSeries support_position_2;
    NumericSeries support_position_day;

    Numeric press_position;
    Numeric support_position;

    Numeric stop_loss;
    NumericSeries stop_loss_position;
Begin
    highest_high = Highest(High, RSVLength);
    lowest_low = Lowest(Low, RSVLength);
    rsv = (Close - lowest_low) / (highest_high - lowest_low) * 100;
    fast_k = SMA(rsv, FastKLength, 1);
    slow_k = SMA(fast_k, SlowKLength, 1);
    slow_d = SMA(slow_k, SlowDLength);

    if (slow_k[1]<slow_d[1] && slow_k>slow_d)
    {
            is_k_gold_cross_d = true;
```

```
            gold_cross_max_k = slow_k;

            press_position_2 = press_position_1;
            press_position_1 = gold_cross_max_close;
            gold_cross_max_close = Close;
    }
    else if (slow_k[1]>slow_d[1] && slow_k<slow_d)
    {
            is_k_gold_cross_d = false;

            dead_cross_min_k = slow_k;

            support_position_2 = support_position_1;
            support_position_1 = dead_cross_min_close;
            dead_cross_min_close = close;
    }
    else
    {
            is_k_gold_cross_d = is_k_gold_cross_d[1];
            gold_cross_max_k = gold_cross_max_k[1];
            dead_cross_min_k = dead_cross_min_k[1];
            gold_cross_max_close = gold_cross_max_close[1];
            dead_cross_min_close = dead_cross_min_close[1];

            press_position_1 = press_position_1[1];
            press_position_2 = press_position_2[2];

            support_position_1 = support_position_1[1];
```

```
        support_position_2 = support_position_2[1];
}

if (is_k_gold_cross_d)
{
        if (gold_cross_max_k<slow_k)
        {
                gold_cross_max_k = slow_k;
        }

        if (gold_cross_max_close<Close)
        {
                gold_cross_max_close = Close;
        }
}
else
{
        if (dead_cross_min_k>slow_k)
        {
                dead_cross_min_k = slow_k;
        }

        if (dead_cross_min_close>Close)
        {
                dead_cross_min_close = Close;
        }
}
```

```
if (time==0.0915)
{
        press_position_day = Close;
        support_position_day = Close;
}
else
{
        if (Close>press_position_day)
        {
                press_position_day = Close;
        }
        else
        {
                press_position_day = press_position_day[1];
        }

        if (Close<support_position_day)
        {
                support_position_day = Close;
        }
        else
        {
                support_position_day = support_position_day[1];
        }
}
/*
if (press_position_1>press_position_2)
{
```

```
        if (press_position_day-press_position_1<=PSStep)
        {
                press_position = press_position_day;
        }
        else
        {
                press_position = press_position_1;
        }
}
else
{
        if (press_position_2-press_position_1<=PSStep)
        {
                if (press_position_day-press_position_2<=PSStep)
                {
                        press_position = press_position_day;
                }
                else
                {
                        press_position = press_position_2;
                }
        }
        else
        {
                press_position = press_position_1;
        }
}
*/
```

```
if (gold_cross_max_close[1]>press_position_1)
{
    if (press_position_day-gold_cross_max_close[1]<=PSStep)
    {
        press_position = press_position_day;
    }
    else
    {
        press_position = gold_cross_max_close[1];
    }
}
else
{
    if (press_position_1-gold_cross_max_close[1]<=PSStep)
    {
        if (press_position_day-press_position_1<=PSStep)
        {
            press_position = press_position_day;
        }
        else
        {
            press_position = press_position_1;
        }
    }
    else
    {
        press_position = gold_cross_max_close[1];
    }
```

```
}
/*
if (support_position_1<support_position_2)
{
        if (support_position_1-support_position_day<=PSStep)
        {
                support_position = support_position_day;
        }
        else
        {
                support_position = support_position_1;
        }
}
else
{
        if (support_position_1-support_position_2<=PSStep)
        {
                if (support_position_2-support_position_day<=PSStep)
                {
                        support_position = support_position_day;
                }
                else
                {
                        support_position = support_position_2;
                }
        }
        else
        {
```

```
                support_position = support_position_1;
            }
    }
    */
    if (dead_cross_min_close[1]<support_position_1)
    {
            if (dead_cross_min_close[1]-support_position_day<=PSStep)
            {
                support_position = support_position_day;
            }
            else
            {
                support_position = dead_cross_min_close[1];
            }
    }
    else
    {
            if (dead_cross_min_close[1]-support_position_1<=PSStep)
            {
                if (support_position_1-support_position_day<=PSStep)
                {
                    support_position = support_position_day;
                }
                else
                {
                    support_position = support_position_1;
                }
            }
```

```
        else
        {
                support_position = dead_cross_min_close[1];
        }
}
//PlotNumeric("max_close", gold_cross_max_close);
//PlotNumeric("min", gold_cross_min_position);
//PlotNumeric("max_old", gold_cross_max_position_old);
//PlotNumeric("max", dead_cross_max_position);
//PlotNumeric("min_close", dead_cross_min_close);
//PlotNumeric("min_old", dead_cross_min_position_old);
//PlotBool("divergence", top_divergence);
PlotNumeric("press", press_position);
PlotNumeric("support", support_position);

if (time>=0.0930)
{
        if (
                High-Low[1]>TwoMinutesLeap
                && High-press_position>BreakPSPosition
                )
        {
                if (MarketPosition==0)
                {
                        if (Low[1]+TwoMinutesLeap>press_position)
                        {
                                Buy(1, Low[1]+TwoMinutesLeap+0.2);
                        }
```

```
                else
                {
                        Buy(1, press_position+0.2);
                }
        }
}
else if (
        High-Low[2]>ThreeMinutesLeap
        && High-press_position>BreakPSPosition
        )
{
        if (MarketPosition==0)
        {
                if (Low[2]+ThreeMinutesLeap>press_position)
                {
                        Buy(1, Low[2]+ThreeMinutesLeap+0.2);
                }
                else
                {
                        Buy(1, press_position+0.2);
                }
        }
}

if (
        High[1]-Low>TwoMinutesLeap
        && support_position-Low>BreakPSPosition
        )
```

```
{
    if (MarketPosition==0)
    {
        if (High[1]-TwoMinutesLeap<support_position)
        {
            SellShort(1, High[1]-TwoMinutesLeap-0.2);
        }
        else
        {
            SellShort(1, support_position-0.2);
        }
    }
}
else if (
    High[2]-Low>ThreeMinutesLeap
    && support_position-Low>BreakPSPosition
    )
{
    if (MarketPosition==0)
    {
        if (High[2]-ThreeMinutesLeap<support_position)
        {
            SellShort(1, High[2]-ThreeMinutesLeap-0.2);
        }
        else
        {
            SellShort(1, support_position-0.2);
        }
```

```
                }
            }
        }

        if (BarsSinceEntry==0)
        {
            stop_loss = StopLossLimit;
        }
        else
        {
            if (MarketPosition==1)
            {
                if (time>=0.1445)
                {
                    stop_loss = StopLossLimit;
                }
                else if (High-EntryPrice>=7*ChangeStopLossLeap)
                {
                    stop_loss = 7*StopLossStep+StopLossLimit;
                }
                else if (High-EntryPrice>=6*ChangeStopLossLeap)
                {
                    stop_loss = 6*StopLossStep+StopLossLimit;
                }
                else if (High-EntryPrice>=5*ChangeStopLossLeap)
                {
                    stop_loss = 5*StopLossStep+StopLossLimit;
                }
```

```
        else if (High-EntryPrice>=4*ChangeStopLossLeap)
        {
            stop_loss = 4*StopLossStep+StopLossLimit;
        }
        else if (High-EntryPrice>=3*ChangeStopLossLeap)
        {
            stop_loss = 3*StopLossStep+StopLossLimit;
        }
        else if (High-EntryPrice>=2*ChangeStopLossLeap)
        {
            stop_loss = 2*StopLossStep+StopLossLimit;
        }
        else if (High-EntryPrice>=ChangeStopLossLeap)
        {
            stop_loss = 1*StopLossStep+StopLossLimit;
        }
        else
        {
            stop_loss = StopLossLimit;
        }
    }
    else if (MarketPosition==-1)
    {
        if (time>=0.1445)
        {
            stop_loss = StopLossLimit;
        }
        else if (EntryPrice-Low>=7*ChangeStopLossLeap)
```

```
{
        stop_loss = 7*StopLossStep+StopLossLimit;
}
else if (EntryPrice-Low>=6*ChangeStopLossLeap)
{
        stop_loss = 6*StopLossStep+StopLossLimit;
}
else if (EntryPrice-Low>=5*ChangeStopLossLeap)
{
        stop_loss = 5*StopLossStep+StopLossLimit;
}
else if (EntryPrice-Low>=4*ChangeStopLossLeap)
{
        stop_loss = 4*StopLossStep+StopLossLimit;
}
else if (EntryPrice-Low>=3*ChangeStopLossLeap)
{
        stop_loss = 3*StopLossStep+StopLossLimit;
}
else if (EntryPrice-Low>=2*ChangeStopLossLeap)
{
        stop_loss = 2*StopLossStep+StopLossLimit;
}
else if (EntryPrice-Low>=ChangeStopLossLeap)
{
        stop_loss = 1*StopLossStep+StopLossLimit;
}
else
```

```
                {
                        stop_loss = StopLossLimit;
                }
        }
}

if (BarsSinceEntry==0)
{
        if (MarketPosition==1)
        {
                stop_loss_position = EntryPrice-stop_loss;
        }
        else if (MarketPosition==-1)
        {
                stop_loss_position = EntryPrice+stop_loss;
        }
}
else
{
        stop_loss_position = stop_loss_position[1];
}

if (MarketPosition==1)
{
        if (Low<=stop_loss_position)
        {
                Sell(1, stop_loss_position);
        }
```

```
            else if (High-stop_loss>stop_loss_position)
            {
                    stop_loss_position = High-stop_loss;
            }
    }
    else if (MarketPosition==-1)
    {
            if (High>=stop_loss_position)
            {
                    BuyToCover(1, stop_loss_position);
            }
            else if (Low+stop_loss<stop_loss_position)
            {
                    stop_loss_position = low+stop_loss;
            }
    }

    if (time>=0.0930)
    {
            if (
                    High-Low[1]>TwoMinutesLeap
                    && High-press_position>BreakPSPosition
                    )
            {
                    if (MarketPosition==0)
                    {
                            if (Low[1]+TwoMinutesLeap>press_position)
                            {
```

```
                Buy(1, Low[1]+TwoMinutesLeap+0.2);
            }
            else
            {
                Buy(1, press_position+0.2);
            }
        }
}
else if (
        High-Low[2]>ThreeMinutesLeap
        && High-press_position>BreakPSPosition
        )
{
        if (MarketPosition==0)
        {
            if (Low[2]+ThreeMinutesLeap>press_position)
            {
                Buy(1, Low[2]+ThreeMinutesLeap+0.2);
            }
            else
            {
                Buy(1, press_position+0.2);
            }
        }
}

if (
        High[1]-Low>TwoMinutesLeap
```

```
        && support_position-Low>BreakPSPosition
        )
    {
        if (MarketPosition==0)
        {
            if (High[1]-TwoMinutesLeap<support_position)
            {
                SellShort(1, High[1]-TwoMinutesLeap-0.2);
            }
            else
            {
                SellShort(1, support_position-0.2);
            }
        }
    }
    else if (
        High[2]-Low>ThreeMinutesLeap
        && support_position-Low>BreakPSPosition
        )
    {
        if (MarketPosition==0)
        {
            if (High[2]-ThreeMinutesLeap<support_position)
            {
                SellShort(1, High[2]-ThreeMinutesLeap-0.2);
            }
            else
            {
```

```
                        SellShort(1, support_position-0.2);
                    }
                }
            }
        }

        if (BarsSinceEntry==0)
        {
            stop_loss = StopLossLimit;
        }
        else
        {
            if (MarketPosition==1)
            {
                if (time>=0.1445)
                {
                    stop_loss = StopLossLimit;
                }
                else if (High-EntryPrice>=7*ChangeStopLossLeap)
                {
                    stop_loss = 7*StopLossStep+StopLossLimit;
                }
                else if (High-EntryPrice>=6*ChangeStopLossLeap)
                {
                    stop_loss = 6*StopLossStep+StopLossLimit;
                }
                else if (High-EntryPrice>=5*ChangeStopLossLeap)
                {
```

```
                stop_loss = 5*StopLossStep+StopLossLimit;
            }
            else if (High-EntryPrice>=4*ChangeStopLossLeap)
            {
                stop_loss = 4*StopLossStep+StopLossLimit;
            }
            else if (High-EntryPrice>=3*ChangeStopLossLeap)
            {
                stop_loss = 3*StopLossStep+StopLossLimit;
            }
            else if (High-EntryPrice>=2*ChangeStopLossLeap)
            {
                stop_loss = 2*StopLossStep+StopLossLimit;
            }
            else if (High-EntryPrice>=ChangeStopLossLeap)
            {
                stop_loss = 1*StopLossStep+StopLossLimit;
            }
            else
            {
                stop_loss = StopLossLimit;
            }
        }
        else if (MarketPosition==-1)
        {
            if (time>=0.1445)
            {
                stop_loss = StopLossLimit;
```

```
}
else if (EntryPrice-Low>=7*ChangeStopLossLeap)
{
        stop_loss = 7*StopLossStep+StopLossLimit;
}
else if (EntryPrice-Low>=6*ChangeStopLossLeap)
{
        stop_loss = 6*StopLossStep+StopLossLimit;
}
else if (EntryPrice-Low>=5*ChangeStopLossLeap)
{
        stop_loss = 5*StopLossStep+StopLossLimit;
}
else if (EntryPrice-Low>=4*ChangeStopLossLeap)
{
        stop_loss = 4*StopLossStep+StopLossLimit;
}
else if (EntryPrice-Low>=3*ChangeStopLossLeap)
{
        stop_loss = 3*StopLossStep+StopLossLimit;
}
else if (EntryPrice-Low>=2*ChangeStopLossLeap)
{
        stop_loss = 2*StopLossStep+StopLossLimit;
}
else if (EntryPrice-Low>=ChangeStopLossLeap)
{
        stop_loss = 1*StopLossStep+StopLossLimit;
```

```
                }
                else
                {
                        stop_loss = StopLossLimit;
                }
        }
}

if (BarsSinceEntry==0)
{
        if (MarketPosition==1)
        {
                stop_loss_position = EntryPrice-stop_loss;
        }
        else if (MarketPosition==-1)
        {
                stop_loss_position = EntryPrice+stop_loss;
        }
}
else
{
        stop_loss_position = stop_loss_position[1];
}

if (MarketPosition==1)
{
        if (Low<=stop_loss_position)
        {
```

```
                Sell(1, stop_loss_position);
        }
        else if (High-stop_loss>stop_loss_position)
        {
                stop_loss_position = High-stop_loss;
        }
}
else if (MarketPosition==-1)
{
        if (High>=stop_loss_position)
        {
                BuyToCover(1, stop_loss_position);
        }
        else if (Low+stop_loss<stop_loss_position)
        {
                stop_loss_position = low+stop_loss;
        }
}

PlotNumeric("stoploss", stop_loss_position);

if (time==0.1513)
{
        if (MarketPosition==1)
        {
                Sell(1, Close);
        }
        else if (MarketPosition==-1)
```

```
            {
                BuyToCover(1, Close);
            }
    }
End

//------------------------------------------------------
```

四、形态交易法的部分程序开发策略

1. 首阴开空条件

（1）之前没有仓位。

（2）前1分钟收阴线或标准十字星（收盘价=开盘价）。

（3）之后即使小涨也未曾涨过前1分钟开盘价1.6点。

（4）过头1分钟最低价2点且比最高价跌0.61%即开空。

（5）开仓时间在9：16~11：30之间。

（6）止损：超过卖空之前最高价7点。

（7）或调用二次攻击反手做多。

2. n反开空条件

（1）之前没有仓位。

（2）比昨日收盘价高开1.4点以上。

（3）曾经比前1分钟开盘价高过2.4~10点。

（4）实体高点大于等于前1分钟开盘价2点。

（5）至少有3根K线的收盘价在前1分钟开盘价之上。

（6）在之后比之前最低价实体低1点且创新低时开仓。

（7）开始时间在9：18~9：31之间。

（8）止损：超过卖空之前最高价3.8点。

（9）或调用二次攻击反手做多。

3. 凸涨开空条件

（1）之前未开仓。

（2）总涨超10点。

（3）9：30后的最高价高于前1分钟开盘价2.0点以上。

（4）9：30后从最高价跌7点时即开空。

（5）
- 未创新低又涨，超过开空前最高价 3 点反手做多
  - 最高价未高过反多前最高价 7 点，在跌 7 点时反手做空
    - 未创新低又涨，过开空前最高价 3 点反手做多；跌 10 点反手做空，过反空前最高价止损
    - 创出当日新低，则调用二次攻击反手做多
  - 最高价高于反多前最高价 7 点，在跌 1. 6 点时反手做空
    - 未创新低又涨，过开空前最高价 3 点反手做多；跌 16 点再反手，超过开仓价 +10 点止损
    - 创出当日新低，则调用二次攻击反手做多
- 创出当日新低，则在超过卖空之前最高价 3. 2 点时反多（或调用二攻反多），之后从买多后的最高价跌 16. 2 点时即反空，之后在超过开空前最高价 0. 31% 时止损

（6）13：00~14：59，高于全天最高价/卖出之前最高价1.2点时即开多/反多（超过14：59的过1.2点时止损），后超过开仓价0.71%时再反手，后超过开仓价0.31%时止损——若遇大V反和二次攻击，则不按第（5）条执行。

（7）或者替换上一条：无论之前有无开仓，只要13：00（含）之后的价格高于前1分钟开盘价即开多，止损为开仓价低13.2点——但是13：00（含）之后再开空的除外。

（8）特例：跳空高开0.8%以上，未跌过前1分钟开盘价的0.4%，前15分钟内创新高，总涨超过1.75%，则此前开多的跌过开仓价10点时才反手做空，止损为涨过卖空之前最高价0.2点。

4. 其余开空条件

（1）之前没有仓位。

（2）过头1分钟最低价2点且低于前1分钟开盘价5点并创当日最低位。

（3）比当日最高价跌0.51%时即开空。

（4）开空后，过开空前最高价3.2点时反多，或接下午反超过卖空前最高价1.2点时即反多的条款。

（5）反多后，若11：30前涨过卖空之前最高价的0.75%，则跌16.2点时继续反手做空，止损为超过反空前最高价1.2点。

（6）反多后，若没有涨过买多之前最高价的0.75%，则跌超过买多之前的最低实体2.2点时反空，之后比开仓价高0.51%时止损。

（7）或调用二次攻击反手做多。

5. V反开多条件

（1）之前或有开空。

（2）之前未曾总涨超0.8%。

（3）总跌在0.35%~1.6%之间。

（4）9：28（含）之后创当天新低，且此后的实体小于之前的最低实体）。

（5）3分钟内涨超11点且正好过9：50之前最高价1.2点时即开仓——这个速度中的一根K线的最低价必须小于等于9：50之前的最高价。

（6）开仓时间在9：30~10：29之间。

（7）注意，若之前就反超过了上面的最高价1.2点，且之后回调超过5分钟，则放弃V反开仓——必须是以上述速度一次性过关。

（8）买多后，跌过买多之前最低实体1.2点时反手做空，之后止损为开仓价的0.51%。

（9）或调用二次攻击反手做多。

6. 二攻开多条件

（1）总跌幅超1.35%。

（2）且跌过前1分钟开盘价的0.35%以上。

（3）于9：55（含）之后创当日最低。

（4）之后首波涨幅实体大于等于10点。

（5）之后跌超4分钟——下跌时若实体接近首波最低实体的2.2点内，则前一个首波上涨作废，重新算首波。

（6）之后出现2分钟内涨超5点且过之前最高实体3.2点时即开仓。

（7）整个开仓时间要在首个下跌K线之后的17根K线之内完成，否则放弃开仓。

（8）14：40之后不得启用二次攻击。

（9）止损：跌过买多之前的最低价的2.2点。

（10）再反手：二次攻击开多后，若涨过买多之前的最高价的0.6%，又从最高价跌16.2%，则再反手做空，之后超过卖空前最高价4.2点时止损，之后从最高价跌16.2点时再开空，之后过开仓价的0.31%时止损。

7．二上开多条件

（1）之前没有开仓。

（2）跳空低开-0.8%以上。

（3）未曾跌过前1分钟开盘价的0.4%，且在头15分钟内创新高。

（4）第1波涨幅大于等于0.40%（8点）。

（5）后跌超4分钟且未曾跌过前涨幅的85%，同时也没高过下跌之前最高价0.8点——这波要固定，不能再变，后面的突破幅度要以此压力线为基准。

（6）9：38~10：00之间涨过这个下跌之前最高价的0.31%时即开多。

（7）跌过开仓价的-0.5%时再反手做空，止损为反超过卖空之前最高价0.2点。

（8）之后接二次攻击。

五、形态交易法的程序源代码

```
T:=BARSLAST(DATE<>REF(DATE,1) OR BARPOS=1)+1;
```

```
TD:=BACKSET(ISLASTBAR,T);
BKC:=COUNT(BARSBK=1,T);
SKC:=COUNT(BARSSK=1,T);
JK:=REF(O,T-1);
ZS:=REF(C,T);
HH1:=HHV(H,T);
LL1:=LLV(L,T);
STH:=MAX(C,O);
STL:=MIN(C,O);
LLST:=LLV(STL,T);
LLT:=LLVBARS(STL,T);
LLT1:=LLVBARS(L,T)+1;
HHLL:=IFELSE(LLT1>=2,REF(HHV(H,T),LLT1-1),NULL);
LLHH:=REF(LLV(L,T),HHVBARS(H,T));
LLHH2:HHV(H,LLT1);
LLHHST:=REF(LLV(STL,T),HHVBARS(H,T));
HHSTH:=HHV(STH,T);
LLHHLL:=REF(REF(LLV(L,T),HHVBARS(H,T)),LLT1);
HH930:=VALUEWHEN(TIME>=0930 AND TD=1,HHV(H,T-15));
HHSK:=REF(HH1,BARSSK+1);
HHBK:=REF(HH1,BARSBK+1);
LLBK:=REF(LL1,BARSBK+1);
LSK:=REF(ISLASTSK OR ISLASTSPK,1);
LBK:=REF(ISLASTBK OR ISLASTBPK,1);
HH1130:=VALUEWHEN(TIME=1129,HH1);
BF:=STH>=REFX(HHV(STH,5),4) AND STH>=HHV(STH,4);//实体比右侧4根高,比左侧4根高
T1514:=TIME<1514;
```

```
///////////////    特例1 强涨    //////////////
SP11:=JK>ZS-1;
SP22:=NOT(EXIST(C<JK*0.996,T));
SP33:=VALUEWHEN(T=15,HHV(H,5)=HHV(H,15) AND HHV(H,5)>VALUEWHEN(T=1,H)+3);
SP44:=HH930>1.0175*LLHH;
TELI9:=SP11 AND SP22 AND SP33 AND SP44 AND TD;
T1514 AND TELI9 AND LBK AND C<BKPRICE-16.2,SPK;
TELI9 AND LSK AND REF(L<BKPRICE-16.2,BARSSK) AND C>HHSK,BP;

//////////////    特例8 T1开多    //////////////
T8C1:VALUEWHEN(T=1,C-O>=0);
T8C2:=NOT(EXIST(L<VALUEWHEN(T=1,L),T)) AND TD;
TIME<=0924 AND SKC=0 AND BKC=0 AND T8C1  AND T8C2 AND H>=VALUEWHEN(T=1,H)+0.2,BK;
TELI8:VALUEWHEN(TIME<=0924,EXIST(SKC=0 AND BKC=0 AND T8C1 AND T8C2 AND TD AND H>=VALUEWHEN(T=1,H)+0.2,T));

//////////////    特例 二上开多    //////////////
SP1:JK>=ZS-6;
SP2:EVERY(L>JK*0.997,T);
SP3:VALUEWHEN(TIME=0935,HH1-LL1>=10);
SP4:VALUEWHEN(T=2,ISUP OR STL>REF(STL,1));
SP5:VALUEWHEN(T>=3,EVERY(L>VALUEWHEN(T=2,LLST)-1,T-2));
SP6:TIME>=0944 AND TIME<=1115;
SP7:H>=LLV(L,2)+7.2;
TELI0:SP1 AND SP2 AND SP3 AND SP4 AND SP5 AND SP6 AND SP7;
```

```
BF1:STH>=REFX(HHV(STH,5),4) AND STH>=HHV(STH,3);
SB1:H>=LL1+10;
T2S:BARSSINCE(T>=5 AND BF1 AND SB1 AND TD);
D85:REF(HHSTH,T2S)-LLV(L,T2S)<(REF(HHSTH,T2S)-REF(LLST,T2S))*0.85;
PKK:VALUEWHEN(T2S>=1 AND TD,REF(HH1,T2S));
JXX:PKK*1.001;
T1514 AND TELI0 AND D85 AND H=HH1 AND H>JXX,BPK;
TELI00:EXIST(REF(T1514 AND TELI0 AND D85 AND H=HH1 AND H>JXX,BARSBK),T);
T1514 AND TELI00 AND ISLASTBK AND C<BKPRICE-16.2,SPK;
TELI001:=EXIST(REF(TELI00 AND ISLASTBK AND C<BKPRICE-16.2 AND TD,BARSSK),T);
T1514 AND TELI001 AND ISLASTSPK AND  C>SKPRICE+13.2,BP;

/////////////////////////////////////////////////////
T11:VALUEWHEN(T=1,C-O<=2.2);
T22:VALUEWHEN(T<=5,NOT(EXIST(H>VALUEWHEN(T=1,H)+1.2,T)));
T33:LL1>JK*0.997 AND LL1<JK*0.9995;
T44:HH1>=LL1+9.4;
T55:VALUEWHEN(T>=3,EXIST(L<VALUEWHEN(T=1,STL)-1,T-2));
T66:TIME>=0954 AND TIME<=1115;
T77:VALUEWHEN(TIME<1130,HH1>1.019*LLHH);
TELI1:T11 AND T22 AND T33 AND T44 AND T55 AND T66 AND SP7;
T1514 AND TELI1 AND D85 AND H=HH1 AND H>JXX,BPK;
TELI11:EXIST(REF(T1514 AND TELI1 AND D85 AND H=HH1 AND H>JXX,BARSBK),T);
T1514 AND T77 AND TELI11 AND ISLASTBK AND C<HH1*0.9924 ,SPK;
```

```
T1514 AND TELI11 AND ISLASTBK AND C<BKPRICE-13.2,SPK;
TELI111:=EXIST(REF(T77 AND TELI11 AND ISLASTBK AND C<HH1*0.9924 AND TD,BARSSK),T);
TELI222:=EXIST(REF(TELI11 AND ISLASTBK AND C<BKPRICE-13.2 AND TD,BARSSK),T);
T1514 AND TELI111 AND ISLASTSPK AND C>SKPRICE+13.2,BP;
T1514 AND TELI222 AND ISLASTSPK AND C>SKPRICE+13.2,BP;

//////////////    特例2 2攻    //////////////
DLL22:=BACKSET(L<=REF(LL1,5) AND TD,T);
TL22:=BARSSINCE(TD AND DLL22=0)+1;
NEWL22:=T-113>=LLT1;
DF22:=TD AND EXIST(HHLL-LL1>0.0071*HHLL,T) AND NOT(EXIST(HHLL-LL1>0.0194*HHLL,T));
DJK22:=IFELSE(HHLL-LL1>0.0152*HHLL,LL1<JK-19,LL1<JK-6.2);
SB22:=H-LL1>=5.8 AND L<>LL1;
BF22:=H>=REFX(HHV(H,5),4) AND H>=HHV(H,3);
PL22:=DF22 AND DJK22 AND NEWL22 AND SB22 AND BF22;
CPN22:=COUNT(PL22 AND REF(PL22<>1,1),TL22);
AA22:=CROSSUP(CPN22,0.5) OR (CROSSDOWN(CPN22,1.5) AND NOT(CROSSDOWN(CPN22,0.5)));
AAA22:=EXIST(AA22=1,T) AND DLL22=0;
PK22:=VALUEWHEN(AA22 AND TD,H);
PKKK:VALUEWHEN(AAA22,COUNT(PL22,TL22));
T1514 AND VALUEWHEN(AAA22 AND DF22 AND PKKK>=1,IFELSE(PK22-LL1>10,H>=PK22+1,H-LL1>10 AND PK22-LL1>=5.8 AND H>=PK22+1)),BPK;
TELI22:EXIST(REF(H-LL1>10 AND PK22-LL1>=5.8 AND NEWL22 AND
```

```
DF22 AND DJK22,BARSBK),T) OR (VALUEWHEN(AAA22 AND DF22 AND PKKK>=1,IFELSE(PK22-LL1>10,H>=PK22+1,H-LL1>10 AND PK22-LL1>=5.8 AND H>=PK22+1)));
    T1514 AND TELI22 AND C<=LLBK-4.4,SP;

    ////////////////////////////////////////////
    DLL:=BACKSET(STL<=REF(LLST,5)-0.6 AND  TD=1,T);
    TL:=BARSSINCE(TD AND DLL=0)+1;
    NEWL1:=T-41>=LLT AND LLST<VALUEWHEN(TIME=0954,LLST);
    DF:=EXIST(HHLL-LL1>0.0139*HHLL AND L<0.9965*JK,T);
    SB:=STH-LLV(STL,T)>=9.8 AND L<>LL1;
    PL1:=DF AND NEWL1 AND SB AND BF;
    CPN:=COUNT(PL1 AND REF(PL1<>1,1),TL);
    AA:=CROSSUP(CPN,0.5) OR (CROSSDOWN(CPN,1.5) AND NOT(CROSSDOWN(CPN,0.5)));
    TP1:=BARSLAST(PL1 AND DLL=0 AND TD);
    T3:=COUNT(CROSSUP(TP1,0.5),TL);
    PK:=VALUEWHEN(AA AND DLL=0 AND TD AND TL<=25,STH);
    JX:=PK+1.2;
    CRS:=EXIST(CROSSUP(H,JX),5) AND EXIST(H>=LLV(L,2)+5 AND H>PK+3.4,1);
    KO:=VALUEWHEN(NEWL1 AND DLL=0 AND TL>=6,EXIST(STL<=LLST+2.0,TL-5));
    T1514 AND NOT(KO) AND TIME<=1441 AND DF AND CRS AND T3<=3,BPK;
    2G:=CROSSUP(NOT(KO) AND TIME<=1441 AND DF AND CRS AND T3<=3,0.5);
    TELI21:=EXIST(REF(H>=LLV(L,2)+5 AND LLV(L,3)<=JX AND H>LL1+9.8
```

```
AND DF AND NEWL1 AND TD,BARSBK),T) OR (NOT(KO) AND TIME<=1441
AND DF AND CRS AND T3<=3);
    TELI21 AND LBK AND C<REF(LL1,BARSBK)-2,SP;
    T1514 AND (TELI21 OR EXIST(2G,T)) AND TIME<1514 AND LBK AND
EXIST(H>HHBK*1.006,BARSBK) AND C<HH1-14.2,SPK;
    TELI21 AND LSK AND BKC>=1 AND C>HHSK+4.2,BP;
    TELI21 AND ISLASTBP AND BKC>=1 AND
COUNT(BARSSK=1,BARSBK)=1 AND C<HH1-16.2,SK;
    TELI21 AND LSK AND BKC>=1 AND COUNT(BARSSK=1,BARSBK)=2
AND C>SKPRICE*1.0031,BP;
    TELI2:TELI21 OR TELI22;

    //////////////    特例3 大V反    /////////////
    NEWL0:=T-10>=LLT1 AND T-10>=LLVBARS(STL,T);
    NZC:=HHLL<=1.0085*LLHHLL;
    DC:=HHLL>1.0034*LL1 AND HHLL<1.016*LL1;
    SPEED:=C>=LLV(L,3)+11;
    TIME1:=TIME>=0930 AND TIME<=1029;
    TIME2:=TIME>1029 AND TIME<1459;
    TIG:=NEWL0 AND NZC AND DC AND SPEED AND TIME1;
    JSD:=CROSSUP(TIG,0.5) AND TD;
    JND:=CROSSUP(NEWL0,0.5) AND TD;
    JX1:=REF(HHV(H,BARSSINCE(JND)),3);
    JX2:=VALUEWHEN(JSD,REF(HH1,3));
    QH:=VALUEWHEN(JND,REF(HH1,1));
    NBK:=JX1<QH+1;
    T1514 AND SPEED AND C>=JX2+1.2 AND C<=JX2+3.2 AND NBK AND
TIME1,BPK;
```

```
ZH:=EXIST(CROSSUP(T1514 AND SPEED AND C>=JX2+1.2 AND C<=JX2+3.2 AND NBK AND TIME2,0.5),T);
TELI3:EXIST(REF(H>=LLV(L,3)+11 AND H>REF(HH1,3)+1.2 AND NEWL0 AND NZC AND DC AND TIME1 AND TD AND JX1<=QH,BARSBK) OR ZH,T) OR (SPEED AND C>=JX2+1.2 AND C<=JX2+3.2 AND NBK AND TIME1);
T1514 AND TELI3 AND LBK AND C<HH1-16.2 AND HH1>1.03*LLHH,SPK;
T1514 AND TELI3 AND NOT(TELI2) AND LBK AND C<REF(LL1,BARSBK)-2,SPK;
TELI3=1 AND TELI2=0 AND LSK AND IFELSE(TELI8,BKC=2,BKC=1) AND C>1.0051*SKPRICE,BP;

///////////////     特例6 N反开空     ///////////////
GK1:=JK>=ZS+1.4;
Z3:=EXIST(HH1>=JK+2.4,T) AND NOT(EXIST(HH1>JK+10,T));
TIMEN:=TIME>=0918 AND TIME<=0931;
SH:=EXIST(STH>=JK+2,T) AND COUNT(C>JK,T)>=3;
L<=LLHHST-1 AND L=LL1 AND Z3 AND TIMEN AND GK1 AND SH,SK;
TELI6:EXIST(L<=LLHHST-1 AND L=LL1 AND Z3 AND TIMEN AND GK1 AND SH AND TD,T);
SKC=1 AND IFELSE(TELI8,BKC=1,BKC=0) AND TELI6 AND NOT(TELI3 OR TELI2) AND C>HHSK+3.8,BP;
TIME<1500 AND TIME>=1300 AND TELI6 AND IFELSE(TELI8,BKC=1,BKC=0) AND SKC=1 AND C>HH1130+1,BPK;
TELI61:EXIST(REF(TIME<1500 AND TIME>=1300 AND TELI6 AND IFELSE(TELI8,BKC=1,BKC=0) AND SKC=1 AND H>HH1130+1,BARSBK),T);
TELI61 AND C<BKPRICE-IFELSE(BKHIGH-BKPRICE>=5,5,12),SP;
```

```
//////////////    特例 7TI开空   ////////////
SKXW:VALUEWHEN(TIME=1300,ISLASTSK OR ISLASTSPK);
HT1:=VALUEWHEN(T=1,H);
L1:=VALUEWHEN(T=1,L);
T1:=VALUEWHEN(T=1,C-O<=1.8);
T2:=NOT(EXIST(H>VALUEWHEN(T=1,H)+1.4,T));
D2:=L<L1;
TN1:=TIME>=0916 AND TIME<=1500;
T1514 AND SKC+BKC=0 AND D2 AND TN1 AND T2 AND T1 ,SK;
TELI7:=EXIST(REF(D2 AND TN1 AND T2 AND T1 AND TD,BARSSK),T);

//////////////////////////////////////////////////////
SWDF:VALUEWHEN(TIME=1129,HHLL>LL1*1.014);
T1514 AND TELI7 AND NOT(TELI2 OR TELI3) AND TIME>=1300 AND NOT(SWDF) AND SKC=1 AND BKC=0 AND C>HH1130+2,BPK;
TELI7 AND TIME>=1300 AND SWDF AND SKC=1 AND BKC=0 AND C>HH1130,BP;
TELI71:EXIST(REF(T1514 AND TELI7 AND TIME>=1300 AND SKC=1 AND BKC=0 AND H>HH1130+2,BARSBK),T) OR (T1514 AND TELI7 AND TIME>=1300 AND SKC=1 AND BKC=0 AND H>HH1130+2);
TELI71 AND C<BKPRICE-IFELSE(BKHIGH-BKPRICE>=5,5,12),SP;
//////////////////////////////////////////////
T1514 AND TELI7 AND NOT(TELI2 OR TELI3) AND TIME<1300 AND SKC=1 AND BKC=0 AND C>=HHSK+11.4,BPK;
T1514 AND TELI7 AND NOT(TELI2 OR TELI3) AND NOT(TELI71) AND SKC=1 AND BKC=1 AND VALUEWHEN(TIME<=1130,EXIST(BKHIGH>HT1+15.6,T)) AND NOT(TELI1 OR TELI2 OR TELI3) AND C<BKHIGH-16.6,SPK;
```

```
TELI7 AND NOT(TELI2 OR TELI3) AND NOT(TELI71) AND SKC=1 AND BKC=1 AND VALUEWHEN(TIME<=1130,NOT(EXIST(BKHIGH>HT1+15.6,T))) AND C<BKPRICE*0.99,SP;
TELI7 AND NOT(TELI71) AND SKC=2 AND BKC=1 AND LSK AND C>HHSK+8,BP;

////////////// 凸涨后开空 //////////////
NLL:EXIST(LL1<REF(LL1,1),BARSSINCE(BARSSK AND TD));
CXDFD:EXIST(SKC=1 AND IFELSE(TELI8,BKC=2,BKC=1) AND NLL,T);
NK1:IFELSE(TELI8,BKC=1,BKC=0) AND IFELSE(TELI6,SKC=1,SKC=0) AND NOT(TELI00 OR TELI11 OR TELI2 OR TELI3 OR TELI7);
ZC:EXIST(LLHH2-LL1>=11,T);
H2:HH930>=JK+1.8;
TIME>=0930 AND TIME<=1130 AND C<HH1-7 AND HH1>HHLL AND ZC AND NK1 AND H2,SPK;
TELI41:EXIST(REF(TIME>=0930 AND TIME<=1130 AND L<HH1-7 AND HH1>HHLL AND ZC AND NK1 AND H2,BARSSK),T);
TIME<1500 AND TIME>=1300 AND TELI41 AND NOT(TELI00 OR TELI11 OR TELI2 OR TELI3) AND ((NOT(ISLASTSP) AND SKXW) OR (IFELSE(TELI8,BKC=1,BKC=0) AND SKC=1 AND BARSSK+135<T)) AND NOT(VALUEWHEN(TIME=1300,ISLASTBK OR ISLASTBPK)) AND C>HH1130,BPK;
TELI4:EXIST(REF(TIME<1500 AND TIME>=1300 AND TELI41 AND NOT(TELI00 OR TELI11 OR TELI2 OR TELI3) AND ((NOT(ISLASTSP) AND SKXW) OR (IFELSE(TELI8,BKC=1,BKC=0) AND SKC=1 AND BARSSK+135<T)) AND NOT(VALUEWHEN(TIME=1300,ISLASTBK OR ISLASTBPK)) AND H>HH1130,BARSBK),T);
TELI4 AND SKXW AND C<BKPRICE-IFELSE(BKHIGH-BKPRICE>=5,5,12),SP;
```

```
TELI:=NOT(TELI00 OR TELI11 OR TELI9 OR TELI2 OR TELI3 OR TELI4 OR TELI6 OR TELI7);
T1514 AND NLL AND LSK AND (TELI AND SKC=1 OR ((TELI6 AND SKC=2) OR (TELI7 AND SKC=2))) AND IFELSE(TELI8,BKC=1,BKC=0) AND C>HHSK+3.2,BPK;
T1514 AND NLL AND TELI AND (SKC=1 OR ((TELI6 AND SKC=2) OR (TELI7 AND SKC=2))) AND IFELSE(TELI8,BKC=2,BKC=1) AND C<BKHIGH-16.2,SPK;
NLL AND TELI AND (SKC=2 OR ((TELI6 AND SKC=3) OR (TELI7 AND SKC=3))) AND IFELSE(TELI8,BKC=2,BKC=1) AND C>HHSK,BP;
T1514 AND NLL=0 AND LSK AND (SKC=1 AND TELI OR ((TELI6 AND SKC=2) OR (TELI7 AND SKC=2))) AND IFELSE(TELI8,BKC=1,BKC=0) AND C>HHSK+3.2,BPK;
T1514 AND NLL=0 AND LBK AND (SKC=1 AND TELI OR ((TELI6 AND SKC=2) OR (TELI7 AND SKC=2))) AND IFELSE(TELI8,BKC=2,BKC=1) AND C<HH1-IFELSE(HH1<=HHSK+7,7,16.2),SPK;
NLL=0 AND (SKC=2 AND TELI OR ((TELI6 AND SKC=3) OR (TELI7 AND SKC=3))) AND IFELSE(TELI8,BKC=2,BKC=1) AND C>HHSK,BP;
ISLASTBP AND (SKC=2 AND TELI OR ((TELI6 AND SKC=3) OR (TELI7 AND SKC=3))) AND IFELSE(TELI8,BKC=2,BKC=1) AND C<HH1-12.2,SK;
ISLASTSK AND (SKC=3 AND TELI OR ((TELI6 AND SKC=4) OR (TELI7 AND SKC=4))) AND IFELSE(TELI8,BKC=2,BKC=1) AND C>HHSK,BP;

//////////////    下午反多    ////////////
TIME>=0917 AND TELI8 AND NOT(TELI9 OR TELI00 OR TELI11 OR TELI2 OR TELI3 OR TELI6 OR TELI7 OR TELI41) AND C<JK,SP;
T1514 AND TIME>=1300 AND TELI AND IFELSE(TELI8,BKC=1,BKC=0) AND SKC=0 AND C>HH1130+1,BK;/
```

```
TELI10:=EXIST(REF(T1514 AND TIME>=1300 AND TELI AND IFELSE(TELI8,BKC=1,BKC=0) AND SKC=0 AND C>HH1130+1,BARSSK),T);
TELI10 AND IFELSE(TELI8,BKC=2,BKC=1) AND SKC=0 AND C<BKPRICE-IFELSE(BKHIGH-BKPRICE>=5,5,12),SP;

//////////////////////////////////////////////
TIME=1514,CLOSEOUT;
AUTOFILTER;
STICKLINE(TIME=1514,0,3000,COLORBLUE,1);
```

六、形态交易法的历史回测结果

表2　形态交易法的历史回测结果

项目	全部交易	多头	空头
合约	IF主连	—	—
K线周期	1分钟	—	—
开始时间	2013-01-04	—	—
结束时间	2013-12-31	—	—
单位	300（吨/手，元/点）	—	—
保证金	16%	—	—
手续费	0.25‱	—	—
滑点	3跳	—	—
下单价格	指令价位	—	—
开仓手数	资金比例	—	—
初始资金比例	86.04%	—	—
模型	XT2-93	—	—

（续表）

项目	全部交易	多头	空头
参数	[0，0，0，0，0，0]	—	—
信号执行方式	出现信号立即下单，不进行信号复核	—	—
报告生成时间	2014-09-04，21：24	—	—
测试天数/天	362	—	—
测试周期数/个	64260	—	—
指令总数/条	837	—	—
信号消失次数	0	—	—
初始资金/元	1000000	—	—
最终权益/元	3553865597	—	—
空仓周期数	7713	—	—
最长连续空仓周期数	278	—	—
最长交易周期/分钟	268	—	—
标准离差	40984606.36	—	—
标准离差率	6.46	—	—
夏普比率	87.05	—	—
盈亏总平均/亏损平均	0.46	—	—
权益最大回撤/元	303145373.2	—	—
权益最大回撤时间	2013-12-13，9：37	—	—
权益最大回撤比率	24.90%	—	—
权益最大回撤比时间	2013-07-05，13：27	—	—
损益最大回撤额/元	239005388.9	—	—
损益最大回撤时间	2013-11-27，11：03	—	—
损益最大回撤比率	19.18%	—	—
损益最大回撤比时间	2013-05-07，15：14	—	—

（续表）

项目	全部交易	多头	空头
风险率	1.02%	—	—
收益率/风险率	350716.63	—	—
每手最大亏损/元	9096.2	—	—
每手平均盈亏/元	1310.89	—	—
盈利率	355288.67%	135745.80%	219542.87%
年化单利收益率	358230.92%	—	—
月化单利收益率	29443.64%	—	—
年化复利收益率	380200.33%	—	—
月化复利收益率	96.91%	—	—
胜率	53.21%	—	—
平均盈利/权益最大回撤	0.08	—	—
平均盈利/平均亏损	1.75	1.85	1.68
净利润/元	3552886784	1357457920	2195428608
总盈利/元	7156060160	2626934784	4529124864
总亏损/元	3603173376	1269476992	2333696256
总盈利/总亏损	1.99	2.07	1.94
其中持仓浮盈	0	0	0
交易次数	560	271	289
盈利比率	0.53	0.53	0.54
盈利次数	298	143	155
亏损次数	262	128	134
持平次数	0	0	0
平均交易周期/分钟	114.75	237.12	222.35
平均盈利交易周期	215.64	449.37	414.58

（续表）

项目	全部交易	多头	空头
平均亏损交易周期	245.27	502.03	479.55
平均盈亏（利润）/元	6344440.5	5009070	7596639
平均盈利/元	24013624	18370174	29220162
平均亏损/元	13752570	9917789	17415644
最大盈利/元	315798400	201119840	315798400
最大亏损/元	163404096	74741104	163404096
最大盈利/总盈利	0.04	0.08	0.07
最大亏损/总亏损	0.05	0.06	0.07
净利润/最大亏损	21.74	18.16	13.44
最大持续盈利次数	7	7	6
最大持续亏损次数	7	10	7
平均持仓手数	5342	—	—
最大持仓手数	28516	—	—
平均使用资金额/元	610845185.5	—	—
最大使用资金额/元	3169792801	—	—
平均资金使用率	89.92%	—	—
最大资金使用率	99.91%	—	—
扣除最大盈利后收益率	323708.83%	115633.81%	187963.03%
扣除最大亏损后收益率	371629.08%	143219.91%	235883.28%
期间最大权益/元	3648257169	—	—
期间最小权益/元	989785.74	—	—
手续费/元	96668574.8	—	—
滑点成本/元	−975700088.5	—	—
成交额/元	3.86675×10^{12}	—	—

七、关于计算机配置和程序化测试过程中的思考片段

1. 测试机器

DELL商务机：i3-4130（3.4G主频，2核4线程），4G内存，500G容量的7200转硬盘，集成HD 4400显卡，Windows 7 64位专业版。

DELL工作站T3600：至强E5-1603（2.8G主频，4核8线程），4G纠错内存，500G容量的7200转硬盘，NVS 300专业显卡，Windows 7 32位专业版；

DELL工作站T5600：至强E5-2609（2.4G主频，4核8线程），8G纠错内存，500G容量的7200转硬盘，NVS 510专业显卡，Windows 7 64位专业版；

DELL超级计算机T7610：两个至强E5-2687W v2（3.4G主频，8核16线程），K20C的GPU一个，32G纠错内存，500G容量的SSD硬盘，Quadro k600高端专业显卡，Windows 7 64位旗舰版（戴尔公司就该配置的总体报价超过10万元）。

2. 测试基准

同时优化4个参数，5个跳点的测试精度，出现信号即开仓的回测模式，测试时间为1年。

3. 测试过程

同一程序，同一设置下各有不同。

DELL商务机：预算过一遍之后，提示预计137小时可完成测试。

DELL工作站T3600：预算过一遍之后，提示预计97小时（4线程）或148小时（8线程）可完成测试。

DELL工作站T5600：预算过一遍之后，提示预计142小时（4线程）或231小时（8线程）可完成测试。

DELL超级计算机T7610：图形处理器（GPU）无法启用，只能利用至强CPU进行计算；预算过一遍之后，提示预计73小时、77小时（4线程）或117小时、123小时（8线程）可完成测试。

4. 测试结论

无论连接还是断开GPU，GPU都没有起到作用，在命令提示符下检测时，GPU的工作效率一直为0。这可能是因为文华软件无法启动GPU的加速处理性能（因其麦语言不是开放式结构且没有开发并行函数），也可能是我还没有安装特定软件所以无法调动它。尽管文华工作人员早就告知GPU所起作用不大，但实际情况却是它完全没有起作用。

在测试时，文华软件有一项选择，询问需要选择几线程来进行测试。当我想选择16线程时，该软件却提示：只能选择1~8线程。这意味着，超级计算机的双CPU的32线程无法全部使用，且就测试结果来看，启用8线程的测试速度比启用4线程的更慢。难道是启用8线程时准备工作较多，导致第一遍的运算时间很长，从而误报预计完成时间？

就测试结果和以往测试经验来看，如果测试的参数有4个，那么最好是选择4核的单个CPU，但若想运算速度更快一些，则需要CPU的主频更高一些才能实现，比如3.2主频以上，这可能是唯一能提高运算速度的硬件改善条件了（单个4核的CPU在优化参数时，CPU的利用率通常在90%以上），至于内存、硬盘、显卡等，对文华的测试速度的提升没有什么帮助。此外，就最终测试结果来看，在单次运算完毕后，所报出的“预计用时”并不准确，估计有10%左右的误差。

有些人认为运算速度不需要那么快，那是因其策略单一且比较简单。当有6个参数需要同时优化时，即使只是一个程序，T3600也得运算1000多个小时才能完成；若是有多个程序需要运算，估计10台T3600也难以在短时间内完成工作。这也是文华软件最多只让同时优化6个参数的原因。国外开发程序化交易的机构，动辄就是数千万美元的设备投入，为的就是运算速度的提高和交易时的抢速度，所以机构和小散的思路是完全不同的。

5. 继续测试

如果我们让软件同时优化6个参数，那么8核运算方式会不会逐渐体现出优势？如果我们用该设备来测试开拓者公司的TB软件，是不是GPU就会开始工作？要知道一个K20C的价格可是等于两个英特尔的至强E5-2687W的价格，且运算速度据说是后者的N倍。

于是在T7610超级计算机上，我又换了一个程序用文华软件继续测试。测试基准是：同时优化6个参数，5跳点的测试精度，出现信号即开仓的回测模式，测试时间为1年。结果在4线程下，提示预计完成时间需要605小时；在8线程下，提示预计完成时间需要825小时。可见，即使优化参数从4个换到了6个，8线程此时还是没有体现出优势，但实际完成时间是否会比4线程的少呢？答案在后面。

再换一个程序用TB软件在T7610上进行测试，优化参数同样设为6个。结果在测试之前，TB软件就自动将CPU的线程数设置为32，这说明该软件可以找到CPU的最大资源并加以利用。之后，终于听到了CPU风扇的轰鸣声，监测显示，此时CPU的利用率达到了99%（之前在文华软件上用4线程或8线程进行测试时，该计算机CPU的利用率只有5%~9%）。耗时10分钟后，TB软件显示预计剩余完成时间为53小时；耗时20分钟后，显示预计剩余完成时间为45小时。将优化参数增加到8个后，TB软件提示内存不足，但计算机自身监控系统却显示，此时内存才使用了7G（T7610的内存有32G）。看来，TB软件可以利用好CPU资源，却不能利用好内存资源。

再把这个程序换到T5600上用TB软件进行测试，奇怪的是，此时软件自动选择的线程数为4。在前面的测试中，T5600的运算速度比T3600的要慢50%左右，难道是因为E5-2609只是4核4线程的CPU？但是为什么用文华软件测试时，该电脑却可以选择8线程进行测试呢？耗时10分钟后，TB软件显示预计剩余完成时间为468小时；耗时20分钟后，显示预计剩余完成时间为346小时。可见，虽然T7610的速度大约是T5600的8倍，但这纯粹是因为前者的线程数是后者的8倍所致。在T5600上，继续将优化参数增加到8个，结果TB软件同样提示内存不足。

遗憾的是，TB软件也没能启动GPU，不知是软件不支持，还是我没安装特定基础的软件。看来，安装一个具有32线程的双CPU的好处，仅仅是可以同时运行几个软件罢了。在T7610上，若就同一程序用两个文华软件同时进行测试（一个选4线程，一个选8线程），则CPU的使用率大约只有20%。可见，文华软件的测试速度需要改进，至少要让我们可以使用更多的线程来运行程序，而且要保证不是线程使用越多反而测试速度越慢。

6. 再继续测试

在T7610上，同一个程序用两个文华软件同时打开，一个用4线程进行运算，提示预计12小时49分钟可以完成测试；另一个用8线程进行运算，提示预计16小时26分钟可以完成测试。但实际上，两者都用了近10小时就完成了测试，后者比前者还要快10分钟。但由于后者第一次运算时多花了10分钟，故而两者最终所耗时间相同。此时就出现了一个问题：文华软件究竟是如何利用4线程和8线程的，为什么最终耗时会完全一样？还有，文华工作人员说，出现信号即下单且不进行信号复核的回测方式容易出问题，而出现信号即下单且K线走完后进行信号复核的回测方式则会更加可靠。但实际测试结果却是：前者不会出问题，而后者容易出问题。比如有一个程序是一天只开一次仓的，按前者的回测方式，程序在一年之内开仓243次，而按后者的回测方式，则在一年之内开仓500多次，后者显然错得很离谱，且后者优化时间是前者的1.2倍。

在测试过程中如何选择“步长”的问题，也颇令人头疼。文华程序可以将需要优化的参数直接写成A，也可以写成MINPRICE1*A，且都可以进行优化。如果测试对象是股指期货，且将参数优化范围设定为20~50、步长设定为3跳、参数直接写为A，那么我以为程序会以20、20.6、21.2……的跨度取值计算，但实际上却不是这样，因为优化结果里没有小数点后面的数值；如果参数写为MINPRICE1*A，就更无法理解了，因为这里的A应该是个整数（对应的是0.2*A），跟几跳没有任何关系，这个A的取值应该是以20、21、22……来进行的，但实际上，文华的程序好像又不是如此设定的。于是，文华软件究竟是怎样进行参数优化的，就成为一个谜。最后测试结果显示：在参数直接写为A时，步长设为5跳和步长设为8跳的耗时一样，但一旦将步长设为1跳，那么优化的时间即开始翻倍；在参数写为MINPRICE1*A时，步长设为5跳和步长设为8跳的耗时也一样，但一旦将步长设为1跳，那么优化的时间也开始翻倍；但后者优化出的效果要好于前者很多，这或许可以说明，需要优化的参数直接写成A是不可取的。

期货交易研究三

CHAPTER 3

程序化交易的实盘应用及策略完善

2014年9月，当感觉有过劳死的征兆时，我去了一趟西藏，实盘交易就完全交给计算机了。可是回来后我却发现，实盘中的程序化交易竟然没有盈利。于是，我在模拟盘中又回测了2014年7—10月的整个上涨行情，结果也只是处于保本状态。经分析后发现，那两套超高收益率的程序均得自精确的统计数据，而统计数据均来自前期熊市里的图表，因而无法应对当前牛市行情。我不甘心程序化交易就此终止，正好文华程序化的新版本终于发布，于是在2014年10—11月，我又对几十套秒周期的程序进行了测试，然后又挑了一些隔夜程序在商品期货上进行测试。最后发现，凡是由软件自行优化出来的参数，都是刻舟求剑，用来套用未来的行情是行不通的。而文华软件为了使测算结果更加精准，在回测时已不能自动优化参数，需要将参数排列组合后一次次地输入，它才能一次次地回测数据，这无疑增加了大量的人工时间。

如果说大部分程序比较简单的话，形态交易法可是含有近200句命令和几十个参数，这对于文华的“麦语言”来说已经算是很复杂的程序了。如果这样的程序都无法应对未来行情，那么是否只有依靠人工经验来判断呢？2014年11月，我开始做最后的统计工作。这一次，我一次性打印了两年的图表，统计后，将原来图形交易法中的34类形态简化为文字版的18种形态；然后又统计了一遍，将形态简化为12种；之后，又打印了一遍图表，继续将形态简化为9种；接着再打印了一遍图表，统计了早盘抢先手的规律；最后，继续打印这些图表并将近两年的日K线图也打印了出来，希望能从日K线上找到日内变化的依据。经过对近1800张图表的统计后，高度简化的形态交易法终于出稿。但随即我就发现，这些高概率的走势规律竟然又开始失效——2014年11月17日之后，随着港股通的推出、杠杆工具的介入、“股指吧”的风靡，参与者的身份和手法都发生了巨大的变化，导致行情异动频繁、走势毫无章法，经常上演乱拳打死老师傅的现象。

每一次无路可走的时候，我总能拨开迷雾找到另一条路，这也是日内交易能拖住我几年时光的原因，但这究竟是蜜糖陷阱还是未尽努力的希望？人工交易不可取，程序化交易也行不通，我该如何对自己这几年来的付出做一个交代？无法交代，那就继续吧！在放弃了程序化交易两个月之后，2015年1月，我将文字版的形态交易法重新配上图谱，同时又开发出了一套新的程序：折返交易法，测试近三个月后的总资金收益率约为30%（扣除2跳滑点和手续费，以100万元为基础但只交易1手）。之后，我又从过去的程序中挑出了几套，重新测试了近几个月来的行情，但总资金的收益率只在15%~30%之间；后来我又继续开发出一些分别用在15分钟、30分钟、60分钟图上的方法，使近三个月来的总资金收益率增加到了30%~50%。这是几套跟形态毫无关联的方法，类似随机交易，即使面对形态交易或趋势交易的死穴——2014年12月30日的超级喇叭图，它们当日所取得的盈利也分别为0.5万元、1.6万元、1.7万元、1.7万元、2.2万元、3.3万元。这是一份意外的收获，但它仍然不是我想要的东西，我不能把命运交给随机交易，尽管它也许最具生命力。于是，我开始跳出微观，从日K线的角度来考虑日内交易的问题。

日内交易有三难：一是不知何时开仓；二是不知何时止损；三是不知何时收获。日内交易的时机看似很多，但若在日K线的角度看，一日只交易1~2次，那么何时开仓就不难确定了；至于止损，只要结合开仓位置和心理承受能力就可以给出一个大致的尺度；最难确定的是何时收获，因为谁也不能平在最好的位置。实际上，在开仓之后，行情往往会出现四种可能：第一种是单边顺势到底，日K线上表现为大阴线/大阳线；第二种是曲折顺势到底，日K线上同样表现为大阴线/大阳线；第三种是趋势当日反转，日K线上表现为带上影线的大阴线或带下影线的大阳线；第四种是开仓后以失败告终，而反向开仓也铩羽而归，日K线上表现为十字星线。针对这四种行情，可以设计四种收获策略：一是将持仓从头拿到尾；二是进进出出但只顺向交易；三是顺势做反手（又分为只做2次反手和做无数次反手）；四是见好就收（又分为到点止盈和回撤了结）。

这里面，好看而不中用的是到点止盈。若盈亏比小了则因试错成本的存在而难以获利，若加大止盈尺度则获利的日子又会减少，而模拟测试也显示该策略的收益率位居上述策略之末。同样不中用的策略是将持仓从头拿到尾的策略，因为市场难测，动荡无比，只有少数时候才能走出几乎光头的阴线或光脚的阳线，这也注定了守株待兔的策略不可能是最优策略。好一些的策略是单边无数次进出和顺势回撤了结。前者的出发点是避免趋势反向，所以采取了暂停又跟进的策略，但若当日最终收大阴线/大阳线，则该策略徒增摩擦成本，若趋势最终反向并带出长影线，则该策略又会丧失做反手的机会。后者以回撤了结取代止盈了结则是比较好的做法，因为回撤的时间和幅度不可测，这比固定的止盈更有市场生命力，但其也错过了行情继续前进或反转的机会。较优的交易策略是做无数次反手，这也是以变应变的不得已之策，无论行情怎么往复它都会紧紧跟随，但该策略的摩擦成本略高。最优的策略是一日只做2次反手，即见势不对再返回，这样既能捕捉到反向趋势，又能纠正错误从而跟上旧趋势。

依据上述思路，我重新开发了几十套程序，最好的一套程序于近期3个月之内（2014年11月21日至2015年3月3日）使总资金收益率达到了79%（扣除2跳滑点和手续费，以100万元为基础但只交易1手，总计交易138次），满仓交易后带复利的总收益为7047万元，中途的资金回撤率为19%。虽然该套方法的收益率很可观，也将我2015年整个春节的时间都搭进去了，但最后仍被我放弃了。因为这是一套牛市交易策略，跟过去那套具有超高收益率的熊市交易策略一样，难以应对后续市场。我需要找到一套可以应对任何市道的方法，既含有多头策略也含有空头策略。实际上，即使是程序化交易，也不能不分场合全天候交易，因为日内交易实际上是日K线趋势的延续和展开，若能将日内程序化交易配合日K线趋势来使用，则成功率将大幅提高。程序化交易的优势不是算出满意的交易策略，也非制胜法宝，它只是一个执行好手，能从根本上杜绝人性的种种弊端，但是何时派出多头或空头程序，得由交易者定夺，这也是为什么很多程序化交易无法持续获利的原因。

经过多次测试和修改后，2015年3月6日，新的交易方法终于出炉。这套方法不仅具有明显的针对多头市场或空头市场的风格，而且连该何时派出多头程序及何时派出空头程序，都一并交给计算机处理了。在开发设计的时候，我希望近期3个月总资金的收益率能达到50%，但实际上，测试后的总资金收益率达到了64.7%。虽然收益率不及前一套程序，回撤率也稍大，但这套程序所采用的参数更少，这意味需要向未来求解的未知数也更少，对过去行情的依赖度更低。

相对于日K线上的趋势而言，日内交易属于间断性跟上趋势的行为，这无疑会失去很多差价空间，那么能不能将盈利成果带入次日，让计算机也实现隔夜交易呢？隔夜交易的程序化2014年就开发过不少，结果均不理想，但这次是在已有程序上进行简化，可行度应该很高。遗憾的是，因该日内交易程序是分组编写的，而文华软件对分组程序的隔夜处理并不理想，于是我不得不重新构思了一套新的隔夜交易程序，尽管因为软件限制而增加了一些循环交易的成本，但总资金的收益率也达到了83.4%，资金回撤率仅为3%（只做1手交易）。隔夜交易程序既然被开发出来了，那么意味着1分钟K线图上的测试也就基本结束了，于是我开始转向隔夜的波段循环交易。这个原本是要半自动化交易才能做好的事情，计算机是否也能做好呢？3天后，隔夜的波段循环交易程序被开发出来，同期总资金的收益率为49.7%，总计交易10次，资金回撤率仅为0.9%（只做1手交易）。按理说，隔夜的波段循环交易程序是最容易被开发的程序，但实际上，若没有日内交易程序作铺垫，就不可能开发出隔夜交易程序，若没有对隔夜交易程序继续提高容忍度，就不可能开发出隔夜的波段循环交易程序。

2015年4月，针对新的行情特征，我对有指导性的日内交易进行了调整，使之更能适应连续十字星的行情（对于日内趋势交易而言，十字星日几乎是必亏日，往往两边挨巴掌），且将之分为日内交易和隔夜交易两套程序；同时新增两套能适应当前牛市的非指导性程序，也分为日内交易和隔夜交易两套，其中隔夜交易程序在近期102天的行情中，满仓且扣除滑点后的收益已超过了4亿元。这四套程序都是基于对历史数据的统计，其假设前提是历史会重演，但历史若不重演该怎么办呢？同年5月，我又开发了两套单边交易法，但都不对行情做任何预测，也不依赖于历史统计。单边交易法的优点是错了就会停止交易，不会因为做反手而两边挨巴掌，但其缺点是停止交易后或许会错失大行情。前面四套日内交易方法其实都是循环交易法，其优点是无论行情如何动荡，都不会被甩掉，且多数时候不会有止损的困扰，但其缺点是因为做反手或许会两边挨巴掌。很明显，当这六套程序同时运行时，若出现单边行情，则所有程序都在盈利，使资金利润最大化；若行情反向，那么单边交易法就会分批离场，将未来的希望留给循环交易法，同时局部会出现锁仓，防止亏损扩大。可见，没有积极进取的循环交易法就没有安于认命的单边交易法，单边交易法的主要作用是以小博大、平滑亏损曲线。

我对能上实盘的程序化交易有三个硬性要求：一是总盈利必须超过同期一直持仓的盈利；二是中途资金回撤率不能超过30%；三是测试时每个月必须盈利。经核实后，以上几套程序均能满足要求。实际上，市场中还存在一种更慢节奏的交易——趋势加仓交易，只在牛市中交易多头且可以加仓，只在熊市中交易空头且也能加仓。但因为这种交易依赖对大势的判断，对止损的控制也不一样，且有多次加仓的机会，所以我就没有打算交给计算机执行了，慢节奏的交易还是交给半自动交易比较好。有波段交易打前锋，趋势加仓交易就属于最简单的一种交易了，当然收益率也是最低的，但适合大资金交易，也满足其稳健增值的要求。

这宇宙万物一直在不停地变化，任何结论都会逐渐失效，想凭过去的规律来应对无穷的变化，原本难以成功，但证券市场是一个由人造就和让人角逐的市场，而人本身就是一个不断进化的物种，必须靠经验总结以应对未来，所以这个市场就有一部分人造的规律可以借鉴；然后再凭借几套大概率的交易程序，以错开风险和平滑盈亏，盈利就只是时间问题了。程序化开发的工作极为烦琐，但最终的结果却是极简，极繁和极简看似一条线段上的两个末端，但是这条线段却能弯成一个圆，最后两个极端会相融并相互转换。万物其实都不曾真正对立，只是暂时地僵持和平衡，就像太极图上的阴与阳。

2015年4月30日

附：七套程序化交易的历史回测结果

一、无指导日内交易程序的历史回测结果

表3　无指导日内交易程序的历史回测结果

项目	近期90天内	2014年12月	2015年1月	2015年2月	2015年3月	2015年4月	满仓交易结果
合约	IF主连	IF主连	IF主连	IF主连	IF主连	IF主连	IF主连
K线周期	1分钟	1分钟	1分钟	1分钟	1分钟	1分钟	1分钟
信号计算开始时间	2014-11-19	2014-11-19	2014-12-19	2015-01-19	2015-02-25	2015-03-25	2014-11-19
结束时间	2015-04-24	2014-12-19	2015-01-19	2015-02-25	2015-03-25	2015-04-24	2015-04-24
保证金	16.00%	16.00%	16.00%	16.00%	16.00%	16.00%	16.00%
手续费	0.26‱	0.26‱	0.26‱	0.26‱	0.26‱	0.26‱	0.26‱
滑点	2跳	2跳	2跳	2跳	2跳	2跳	2跳
开仓手数/手	1	1	1	1	1	1	按资金比例
初始资金比例	12.19%	12.19%	16.61%	15.98%	16.73%	18.94%	97.52%
初始资金/元	1000000	1000000	1000000	1000000	1000000	1000000	1000000
最终权益/元	1961310	1348194	1233765	1125309	1110152	1143888	157254789
夏普比率	84.04	56.32	45.94	29.48	30.47	25.39	41.05
权益最大回撤比率	4.40%	4.40%	4.38%	4.93%	3.47%	5.93%	28.72%
损益最大回撤比率	2.98%	2.98%	2.38%	3.27%	2.49%	4.68%	22.68%
盈利率	96.13%	34.82%	23.38%	12.53%	11.02%	14.39%	15625.48%
年化单利收益率	223.49%	409.97%	266.64%	120.36%	138.64%	169.42%	36326.75%
年化复利收益率	378.77%	3270.79%	998.05%	210.80%	272.56%	386.88%	12786475.00%
胜率	59.35%	60.61%	57.14%	60.00%	63.64%	56.67%	59.35%

（续表）

项目	近期90天内	2014年12月	2015年1月	2015年2月	2015年3月	2015年4月	满仓交易结果
平均盈利/平均亏损	1.89	2.87	2.14	1.44	1.78	1.45	1.31
净利润/元	961310.88	348194.66	233765.72	125309.48	110152.42	143888.61	156254784
总盈利/元	1508743.25	450131.03	359627.59	233286.75	162040.06	303657.81	326803808
总亏损/元	547432.31	101936.38	125861.87	107977.26	51887.64	159769.19	170549008
总盈利/总亏损	2.76	4.42	2.86	2.16	3.12	1.9	1.92
交易次数	155	33	35	35	22	30	155
盈利比率	0.59	0.61	0.57	0.6	0.64	0.57	0.59
盈利次数	92	20	20	21	14	17	92
亏损次数	63	13	15	14	8	13	63
平均盈亏（利润）/元	6202.01	10551.35	6679.02	3580.27	5006.93	4796.29	1008095.44
平均盈利/元	16399.38	22506.55	17981.38	11108.89	11574.29	17862.22	3552215.25
平均亏损/元	8689.4	7841.26	8390.79	7712.66	6485.96	12289.94	2707127.25
最大盈利/元	78608.63	78608.63	43267.13	43085.79	36904.56	41752.94	24497742
最大亏损/元	20593.75	15234.26	16136.82	15535.31	17702.06	20593.75	16866268
期间最大权益/元	2003639.24	1364854.25	1233911.57	1138096.13	1140010.99	1186216.94	191748824.7
期间最小权益/元	998900.22	998900.22	977336.95	1000000	994992.77	992829.25	991201.72
手续费/元	8711.33	1605.36	1914.48	1891.02	1267.77	2032.7	2423274.71
滑点成本/元	−37200	−7920	−8400	−8400	−5280	−7200	−9415920
成交额/元	335049782	61743720	73633919	72731280	48760620	78180240	93202876064

二、有指导日内交易程序的历史回测结果

表4　有指导日内交易程序的历史回测结果

项目	近期90天内	2014年12月	2015年1月	2015年2月	2015年3月	2015年4月	满仓交易结果
合约	IF主连	IF主连	IF主连	IF主连	IF主连	IF主连	IF主连
K线周期	1分钟	1分钟	1分钟	1分钟	1分钟	1分钟	1分钟
信号计算开始时间	2014−11−19	2014−11−19	2014−12−19	2015−01−19	2015−02−25	2015−03−25	2014−11−19
结束时间	2015−04−24	2014−12−19	2015−01−19	2015−02−25	2015−03−25	2015−04−24	2015−04−24
保证金	16.00%	16.00%	16.00%	16.00%	16.00%	16.00%	16.00%
手续费	0.26‱	0.26‱	0.26‱	0.26‱	0.26‱	0.26‱	0.26‱
滑点	2跳	2跳	2跳	2跳	2跳	2跳	2跳

（续表）

项目	近期90天内	2014年12月	2015年1月	2015年2月	2015年3月	2015年4月	满仓交易结果
开仓手数/手	1	1	1	1	1	1	按资金比例
初始资金比例	12.28%	12.28%	16.65%	16.38%	17.37%	19.23%	98.23%
初始资金/元	1000000	1000000	1000000	1000000	1000000	1000000	1000000
最终权益/元	1979497.53	1361326.4	1333714.15	1092231.87	1126679.51	1022014.59	200009195.9
夏普比率	105.31	73.79	73.25	29.4	45.64	4.66	38.96
权益最大回撤比率	3.68%	3.61%	4.80%	4.81%	2.22%	6.81%	32.16%
损益最大回撤比率	2.82%	2.52%	2.75%	3.60%	1.54%	5.37%	26.20%
盈利率	97.95%	36.13%	33.37%	9.22%	12.67%	2.20%	19900.92%
年化单利收益率	227.72%	425.43%	380.64%	88.59%	159.44%	25.92%	46266.47%
年化复利收益率	389.15%	3678.31%	2569.91%	133.36%	348.71%	29.23%	22365201.47%
胜率	59.52%	62.79%	62.79%	59.52%	66.67%	50.00%	59.52%
平均盈利/平均亏损	1.72	2.79	2.36	1.22	1.75	1.09	1.03
净利润/元	979497.56	361326.41	333714.16	92231.87	126679.52	22014.59	199009200
总盈利/元	1621657.38	458649.66	445831.91	209186.28	177183.95	261901.69	582074624
总亏损/元	642159.88	97323.25	112117.74	116954.41	50504.45	239887.11	383065408
总盈利/总亏损	2.53	4.71	3.98	1.79	3.51	1.09	1.52
交易次数	210	43	43	42	30	42	210
盈利比率	0.6	0.63	0.63	0.6	0.67	0.5	0.6
盈利次数	125	27	27	25	20	21	125
亏损次数	85	16	16	17	10	21	85
平均盈亏（利润）/元	4664.27	8402.94	7760.79	2196	4222.65	524.16	947662.81
平均盈利/元	12973.26	16987.02	16512.29	8367.45	8859.2	12471.51	4656597
平均亏损/元	7554.82	6082.7	7007.36	6879.67	5050.44	11423.2	4506652
最大盈利/元	78608.63	78608.63	46747.04	28446.92	31385.25	40976.55	41837036
最大亏损/元	21605.85	17331.74	13134.46	17633.8	9721.72	21605.85	26586324
期间最大权益/元	2019119.47	1369058.36	1333860.04	1096158.96	1152275.83	1061636.53	260729062.8
期间最小权益/元	1000000	1000000	992719.16	993745.35	986291.7	989322.33	1000000
手续费/元	11884.56	2093.91	2346.27 .	2268.56	1720.7	2885.93	6091972.61
滑点成本/元	−50400	−10320	−10320	−10080	−7200	−10080	−23762640
成交额/元	457094941.4	80534700.19	90240299.93	87251340.48	66180240.32	110996580.3	2.34307×10^{11}

三、无指导隔夜交易程序的历史回测结果

表5　无指导隔夜交易程序的历史回顾结果

项目	近期90天内	2014年12月	2015年1月	2015年2月	2015年3月	2015年4月	满仓交易结果
合约	IF主连	IF主连	IF主连	IF主连	IF主连	IF主连	IF主连
K线周期	1分钟	1分钟	1分钟	1分钟	1分钟	1分钟	1分钟
信号计算开始时间	2014-11-19	2014-11-19	2014-12-19	2015-01-19	2015-02-25	2015-03-25	2014-11-19
结束时间	2015-04-24	2014-12-19	2015-01-19	2015-02-25	2015-03-25	2015-04-24	2015-04-24
保证金	16.00%	16.00%	16.00%	16.00%	16.00%	16.00%	16.00%
手续费	0.26‱	0.26‱	0.26‱	0.26‱	0.26‱	0.26‱	0.26‱
滑点	2跳	2跳	2跳	2跳	2跳	2跳	2跳
开仓手数/手	1	1	1	1	1	1	按资金比例
初始资金比例	12.19%	12.19%	16.61%	15.98%	16.73%	18.94%	97.52%
初始资金/元	1000000	1000000	1000000	1000000	1000000	1000000	1000000
最终权益/元	2224341.44	1409616.78	1302800.75	1177749.33	1134696.55	1211416.14	411226090.1
夏普比率	66.66	40.51	35.79	27.38	14.82	34.95	41.32
权益最大回撤比率	4.29%	4.29%	4.70%	6.30%	3.65%	5.13%	35.51%
损益最大回撤比率	2.49%	1.28%	3.35%	3.83%	2.77%	2.36%	24.40%
盈利率	122.43%	40.96%	30.28%	17.77%	13.47%	21.14%	41022.61%
年化单利收益率	284.64%	482.29%	345.38%	170.73%	169.53%	248.93%	95371.03%
年化复利收益率	541.49%	5595.67%	1943.28%	381.37%	390.60%	856.56%	119487071.58%
胜率	55.14%	57.89%	48.28%	58.33%	41.18%	68.42%	55.14%
平均盈利/平均亏损	3.56	6.74	3.81	2.13	4.69	2.26	2.7
净利润/元	1224341.5	409616.78	302800.75	177749.33	134696.55	211416.14	410226080
总盈利/元	1586912.38	459162.56	421278.16	267266.88	193712.44	265532.19	586767040
总亏损/元	362570.94	49545.79	118477.41	89517.56	59015.88	54116.04	176540944
总盈利/总亏损	4.38	9.27	3.56	2.99	3.28	4.91	3.32
交易次数	107	19	29	24	17	19	107
盈利比率	0.55	0.58	0.48	0.58	0.41	0.68	0.55
盈利次数	59	11	14	14	7	13	59
亏损次数	48	8	15	10	10	6	48
平均盈亏（利润）/元	11442.44	21558.78	10441.41	7406.22	7923.33	11127.17	3833888.75

（续表）

项目	近期90天内	2014年12月	2015年1月	2015年2月	2015年3月	2015年4月	满仓交易结果
平均盈利/元	26896.82	41742.05	30091.3	19090.49	27673.21	20425.55	9945204
平均亏损/元	7553.56	6193.22	7898.49	8951.76	5901.59	9019.34	3677936.5
最大盈利/元	127921.73	119717.29	105245.52	57245.47	127921.73	52077.09	73938744
最大亏损/元	23694.06	15169.79	17156.85	23694.06	15894.76	20232.76	38887316
期间最大权益/元	2259649.74	1414684.06	1302946.64	1188571.39	1163774.51	1246724.44	475095085.1
期间最小权益/元	998900.22	998900.22	975896.92	1000000	994992.77	992829.25	991201.72
手续费/元	6019.05	963.12	1579.26	1290.58	963.62	1284.36	3085278.82
滑点成本/元	−25680	−4560	−6960	−5760	−4080	−4560	−11860320
成交额/元	231502080.9	37042859.91	60740339.79	49637520.48	37063260.13	49398420.56	1.18664×10^{11}

四、有指导隔夜交易程序的历史回测结果

表6　有指导隔夜交易程序的历史回测结果

项目	近期90天内	2014年12月	2015年1月	2015年2月	2015年3月	2015年4月	满仓交易结果
合约	IF主连	IF主连	IF主连	IF主连	IF主连	IF主连	IF主连
K线周期	1分钟	1分钟	1分钟	1分钟	1分钟	1分钟	1分钟
信号计算开始时间	2014-11-19	2014-11-19	2014-12-19	2015-01-19	2015-02-25	2015-03-25	2014-11-19
结束时间	2015-04-24	2014-12-19	2015-01-19	2015-02-25	2015-03-25	2015-04-24	2015-04-24
保证金	16.00%	16.00%	16.00%	16.00%	16.00%	16.00%	16.00%
手续费	0.26‱	0.26‱	0.26‱	0.26‱	0.26‱	0.26‱	0.26‱
滑点	2跳	2跳	2跳	2跳	2跳	2跳	2跳
开仓手数/手	1	1	1	1	1	1	按资金比例
初始资金比例	12.26%	12.26%	16.60%	16.10%	16.92%	19.13%	98.04%
初始资金/元	1000000	1000000	1000000	1000000	1000000	1000000	1000000
最终权益/元	2104696.2	1343178.62	1295707.42	1166578.94	1154284.01	1160073.76	258837825
夏普比率	108.26	75.94	50.66	42.43	35.91	41.08	64.61
权益最大回撤比率	5.44%	5.44%	4.28%	4.39%	5.47%	5.80%	33.69%
损益最大回撤比率	3.18%	3.18%	3.23%	1.82%	3.99%	2.60%	24.19%
盈利率	110.47%	34.32%	29.57%	16.66%	15.43%	16.01%	25783.78%

（续表）

项目	近期90天内	2014年12月	2015年1月	2015年2月	2015年3月	2015年4月	满仓交易结果
年化单利收益率	256.82%	404.07%	337.29%	160.00%	194.19%	188.47%	59943.19%
年化复利收益率	464.11%	3126.06%	1819.92%	339.27%	508.53%	474.47%	40729042.00%
胜率	49.43%	46.05%	49.18%	52.27%	56.67%	47.06%	49.43%
平均盈利/平均亏损	2.52	3.13	2.59	2.16	2.68	2.24	2.07
净利润/元	1104696.25	343178.63	295707.44	166578.94	154284.02	160073.75	257837824
总盈利/元	1858827.63	548873.5	491382.94	288978.41	215750.03	322062.75	509403456
总亏损/元	754131.44	205694.86	195675.5	122399.48	61466.03	161989	251565616
总盈利/总亏损	2.46	2.67	2.51	2.36	3.51	1.99	2.02
交易次数	261	76	61	44	30	51	261
盈利比率	0.49	0.46	0.49	0.52	0.57	0.47	0.49
盈利次数	129	35	30	23	17	24	129
亏损次数	132	41	31	21	13	27	132
平均盈亏（利润）/元	4232.55	4515.51	4847.66	3785.89	5142.8	3138.7	987884.38
平均盈利/元	14409.52	15682.1	16379.43	12564.28	12691.18	13419.28	3948864
平均亏损/元	5713.12	5016.95	6312.11	5828.55	4728.16	5999.59	1905800.13
最大盈利/元	95105.31	78976.23	104225.55	42967	70322.02	46316.74	33560184
最大亏损/元	14691.29	14449.62	14691.29	8816.39	8395.16	10924.39	12272143
期间最大权益/元	2136217.11	1350940.48	1295853.33	1182839.74	1166737.89	1191594.67	301486433.7
期间最小权益/元	996500.12	996500.12	988044.8	1000000	999672.46	981008.9	972000.92
手续费/元	14664.93	3801.31	3332.69	2381.05	1716	3487.31	5150129.09
滑点成本/元	−62640	−18240	−14640	−10560	−7200	−12240	−19521600
成交额/元	564034561.2	146203020	128180039.7	91579200.66	65999759.99	134128440.8	1.98082×10^{11}

五、单边1次交易程序的历史回测结果

表7　单边1次交易程序的历史回测结果

项目	近期102天内	2014年12月	2015年1月	2015年2月	2015年3月	2015年4月
合约	IF主连	IF主连	IF主连	IF主连	IF主连	IF主连
K线周期	1分钟	1分钟	1分钟	1分钟	1分钟	1分钟

（续表）

项目	近期102天内	2014年12月	2015年1月	2015年2月	2015年3月	2015年4月
信号计算开始时间	2014-11-19	2014-11-19	2014-12-19	2015-01-19	2015-02-26	2015-03-26
结束时间	2015-04-24	2014-12-18	2015-01-16	2015-02-25	2015-03-25	2015-04-24
保证金	16.00%	16.00%	16.00%	16.00%	16.00%	16.00%
手续费	0.26‱	0.26‱	0.26‱	0.26‱	0.26‱	0.26‱
滑点	2跳	2跳	2跳	2跳	2跳	2跳
初始资金比例	37.83%	37.83%	47.22%	47.95%	52.09%	57.70%
初始资金/元	1000000	1000000	1000000	1000000	1000000	1000000
最终权益/元	2340434.64	1408997.32	1217518.19	1246117.61	1205288.21	1081923.42
夏普比率	50.56	24	19.11	27.26	33.99	8.27
权益最大回撤比率	6.70%	6.70%	3.39%	8.37%	4.54%	10.63%
损益最大回撤比率	4.35%	3.18%	1.71%	4.27%	1.82%	9.22%
盈利率	134.04%	40.90%	21.75%	24.61%	20.53%	8.19%
年化单利收益率	311.63%	497.61%	273.77%	236.40%	267.61%	99.67%
年化复利收益率	622.03%	6382.47%	1090.73%	727.69%	1040.45%	160.65%
胜率	48.75%	55.56%	45.45%	47.62%	66.67%	21.43%
平均盈利/平均亏损	4.14	4.18	5.13	3.48	2.94	6.02
净利润/元	1340434.63	408997.31	217518.19	246117.61	205288.2	81923.42
总盈利/元	1796667.75	505787.47	283916.97	359866.31	247322.28	209580.58
总亏损/元	456233.13	96790.13	66398.79	113748.7	42034.08	127657.16
总盈利/总亏损	3.94	5.23	4.28	3.16	5.88	1.64
交易次数	80	18	11	21	12	14
盈利比率	0.49	0.56	0.45	0.48	0.67	0.21
盈利次数	39	10	5	10	8	3
亏损次数	41	8	6	11	4	11
平均盈亏（利润）/元	16755.43	22722.07	19774.38	11719.89	17107.35	5851.67
平均盈利/元	46068.41	50578.75	56783.39	35986.63	30915.29	69860.2
平均亏损/元	11127.64	12098.77	11066.46	10340.79	10508.52	11605.2
最大盈利/元	240146.08	240146.08	115571.46	72498.48	45234.2	76310.85
最大亏损/元	19474.34	18695.2	13731.41	11624.12	12418.82	19474.34
期间最大权益/元	2395270.74	1443379.16	1260183.72	1250044.69	1217679.14	1136579.62
期间最小权益/元	991077.74	991077.74	988386.91	1000000	1000000	999366.46
手续费/元	13526.88	2663.26	1841.9	3422.48	2072	2856.85
滑点成本/元	-57600	-12960	-7920	-15120	-8640	-10080
成交额/元	520267680.7	102433739.5	70842599.33	131634300.6	79692000.28	109879861

六、单边2次交易程序的历史回测结果

表8　单边2次交易程序的历史回测结果

项目	近期120天内	2014年12月	2015年1月	2015年2月	2015年3月	2015年4月
合约	IF主连	IF主连	IF主连	IF主连	IF主连	IF主连
K线周期	1分钟	1分钟	1分钟	1分钟	1分钟	1分钟
信号计算开始时间	2014-11-19	2014-11-19	2014-12-19	2015-01-19	2015-02-26	2015-03-26
结束时间	2015-04-24	2014-12-18	2015-01-16	2015-02-25	2015-03-25	2015-04-24
保证金	16.00%	16.00%	16.00%	16.00%	16.00%	16.00%
手续费	0.26‱	0.26‱	0.26‱	0.26‱	0.26‱	0.26‱
滑点	2跳	2跳	2跳	2跳	2跳	2跳
初始资金比例	36.41%	36.41%	50.23%	47.95%	51.95%	56.78%
初始资金/元	1000000	1000000	1000000	1000000	1000000	1000000
最终权益/元	2229338.59	1400250.49	969318.51	1302410.24	1302795.45	1025646.35
夏普比率	57.16	31.21	-4.25	33.79	42.81	3.09
权益最大回撤比率	11.76%	8.64%	17.73%	6.88%	5.38%	17.35%
损益最大回撤比率	9.53%	7.14%	14.51%	4.76%	3.54%	14.31%
盈利率	122.93%	40.03%	-3.07%	30.24%	30.28%	2.56%
年化单利收益率	285.80%	486.97%	-38.62%	290.47%	394.72%	31.20%
年化复利收益率	544.84%	5909.47%	-32.44%	1165.27%	3044.08%	36.08%
胜率	34.07%	39.47%	17.65%	36.84%	46.43%	27.03%
平均盈利/平均亏损	3.7	4.08	4.22	3.75	3.35	2.9
净利润/元	1229338.63	400250.5	-30681.49	302410.25	302795.44	25646.35
总盈利/元	2578530.5	641144.06	289393.41	557396.81	461637.59	371129.47
总亏损/元	1349191.88	240893.55	320074.91	254986.58	158842.14	345483.09
总盈利/总亏损	1.91	2.66	0.9	2.19	2.91	1.07
交易次数	182	38	34	38	28	37
盈利比率	0.34	0.39	0.18	0.37	0.46	0.27
盈利次数	62	15	6	14	13	10
亏损次数	120	23	28	24	15	27
平均盈亏（利润）/元	6754.61	10532.91	-902.4	7958.16	10814.12	693.14
平均盈利/元	41589.2	42742.94	48232.23	39814.06	35510.59	37112.95
平均亏损/元	11243.27	10473.63	11431.25	10624.44	10589.48	12795.67
最大盈利/元	240146.08	240146.08	115571.46	71958.56	57728.95	76310.85
最大亏损/元	29733.82	18809.31	16251.58	13783.85	13858.86	29733.82
期间最大权益/元	2414680.97	1454848.31	1078741.09	1306337.32	1337817.57	1212369.42

（续表）

项目	近期120天内	2014年12月	2015年1月	2015年2月	2015年3月	2015年4月
期间最小权益/元	970988.11	970988.11	853566.04	1000000	979321.76	978957.91
手续费/元	30665.15	5350.18	5601.65	6170.24	4824.91	7534.95
滑点成本/元	-131040	-27360	-24480	-27360	-20160	-26640
成交额/元	1179435120	205777320	215449800.1	237317580.6	185574900.4	289805698.7

七、波段循环交易程序的历史回测结果

表9　波段循环交易程序的历史回测结果

项目	近期90天内	循环1		满仓交易结果	循环2	
合约	IF主连	多头	空头	IF主连	多头	空头
K线周期	日线	—	—	日线	—	—
信号计算开始时间	2014-11-19	—	—	2014-11-19	—	—
结束时间	2015-04-24	—	—	2015-04-24	—	—
保证金	16.00%	—	—	16.00%	—	—
手续费	0.26‱	—	—	0.26‱	—	—
滑点	2跳	—	—	2跳	—	—
开仓手数/手	1	—	—	按资金比例	—	—
初始资金比例	12.49%	—	—	87.45%	—	—
初始资金/元	1000000	—	—	1000000	—	—
最终权益/元	1847746.23	—	—	33571620.65	—	—
夏普比率	12.37	—	—	7.91	—	—
权益最大回撤比率	3.68%	—	—	28.74%	—	—
损益最大回撤比率	1.00%	—	—	8.91%	—	—
盈利率	84.77%	74.12%	10.66%	3257.16%	2962.75%	294.41%
年化单利收益率	197.09%	—	—	7572.38%	—	—
年化复利收益率	316.77%	—	—	352792.66%	—	—
胜率	81.82%	—	—	81.82%	—	—
平均盈利/平均亏损	9.3	∞	4.09	6.18	∞	2.28
净利润/元	847746.25	741154.63	106591.63	32571620	29627486	2944134.25
总盈利/元	868494.75	741154.63	127340.15	33785616	29627486	4158129.5
总亏损/元	20748.53	0	20748.53	1213995	0	1213995
总盈利/总亏损	41.86	∞	6.14	27.83	∞	3.43
交易次数	11	6	5	11	6	5

（续表）

项目	近期90天内	循环1		满仓交易结果	循环2	
盈利比率	0.82	1	0.6	0.82	1	0.6
盈利次数	9	6	3	9	6	3
亏损次数	2	0	2	2	0	2
平均盈亏（利润）/元	77067.84	123525.77	21318.32	2961056.5	4937914.5	588826.88
平均盈利/元	96499.41	123525.77	42446.72	3753957.25	4937914.5	1386043.13
平均亏损/元	10374.26	0	10374.26	606997.5	0	606997.5
最大盈利/元	353155.66	353155.66	50945.69	22601962	22601962	2343502.5
最大亏损/元	15114.86	0	15114.86	1073153	0	1073153
期间最大权益/元	1860322.97	—	—	34376532.75	—	—
期间最小权益/元	999679.73	—	—	997758.14	—	—
手续费/元	593.86	—	—	22246.36	—	—
滑点成本/元	−2640	—	—	−96000	—	—
成交额/元	22841099.88	—	—	855628739.8	—	—

期货交易研究四

CHAPTER 4

程序化交易的精进及资金管理要求

2015年6月中旬，携带之前完成的几套程序，我又开始进行实盘验证。在开始的前半个月内，日内循环交易不顺畅，因为牛市开始反向了；日内单边交易法也不理想，因限制条件过多而错失了很多行情；波段循环交易法做1手的盈利虽然在200%以上，但随着市场极端状况的出现，特别是随着救市政策的干预，程序的极端值也出现了，曾于一日之内将所有利润拱手相送（当时加仓到了4手，接近50%的仓位）。即使在程序中加入止损暂停也无用，除非加入“止损后停止交易”的条件，但若是如此程序便无法知道之后在何处重新开仓了。因为波段循环交易法的运行逻辑是：行情只有涨或跌，既然不看好就做反手，止损只是把自我意志强加给市场的表现。不能用某一个值或某一日去赌市场是否开始反转，于是我又开发了三套波段循环交易程序，尽量使反手开仓不发生在同一条件、同一日内。但经过一段时间的测试后，我发现，前两套程序能紧跟趋势，但无法应对极端状况；后两套程序可以应对极端状况，但回撤率相当大。尽管这四套程序有对冲的性质，但出于种种原因，它们自从被开发出来后就一直被束之高阁。

我们入场后都会立即承担每一笔交易带来的风险，无论何时入场都是如此。入场后是盈是亏，我们无法左右，只能听天由命。关键是，入场后的盈亏其实是和时间紧紧捆绑在一起的。也就是说，何时进场不重要，何时出场才重要。有时，你持仓时间长一点就能获利，但有时，你持仓时间短些才能保住利润。理论上，几乎每笔交易你都可以获利，但前提是要能算出持仓时间的长短，但这是不可能实现的预测。每个人的每笔交易都有自己的理由，你如何知道自己的理由是对的，而且在此时也正好是对的？实际上，每秒钟K线或每分钟K线的形成，都是由偶然且不可预知的理由来促成的，是数万次感性或非感性交易相互搏杀的结果。既然每秒钟K线、每分钟K线的形成都是偶然的，那么那些在分时图上、日线图上所呈现出的“规律”，从长期来看，其实都是偶然的“规律”。没有一张图表是一样的——这就是我花了两年时间统计近万张图表之后所要面对的现实。

如果所有的统计都有时效性或都有局限性，那么如何总结出大概率？没有大概率作为指导，我们又如何去交易？这世间有一种东西叫作规律，它被用来指导我们生产和休息，但这世间还有一种东西叫无常，总是以嘲笑的方式颠覆我们的认知并具有很大的破坏性。到底是尊重规律还是尊重无常？规律有那么多，到底要尊重哪一条？是尊重那条总的原则，还是尊重那些具有阶段性的规律？在投资界，尊重规律使很多人盈利，但最终也使很多人损失惨重，因为尊重规律就是尊重统计数据，尊重大概率经验，但无常无孔不入，如影相随。尊重规律就必然不会尊重无常，所以无常就会在必要时狠狠地给你上一课。明天的市场上，究竟是规律先到还是无常先到？既然统计靠不住，预测不靠谱，概率也无效，那么循环交易就只能永远停留在理论上。这条路，无论你付出多少，都是走不到头的。唯一的一条日内交易之路，就只剩那看似狭窄而幽深的单边交易了。

单边交易之所以能长期获利，是因为它在理论上守住了根本：你无法控制胜率，但可以控制盈亏比。在10笔交易中，如果胜率是30%，制定的盈亏比是2∶1，即盈利20点或亏损10点就离场，那么将获利60点、亏损70点，最后以亏损收场；但是如果将盈亏比提升到3∶1呢？结果就是盈利90点、亏损70点，也就是说，即使只有30%的成功率，我们也能保持获利出场——这就是西方投资界盛行的“斩断亏损，让利润奔跑”的根本逻辑。这是唯一不靠统计、不靠预测就能制胜的秘诀。交易本质是对概率和盈亏比的把握。对于期货来说，只要交易次数少，方向上的概率多数时候是可以知道的，而盈亏比也可根据趋势结构大致估算得出。随着对交易本质了解的深入、人工交易次数的增加，我越来越厌倦人工交易，也越来越倾向于程序化交易。

既然完美的转折点难以寻觅，那么就开始不完美的单边交易之旅吧。于是，在已有的单边交易程序上，我又开始了一系列的对比计算，比如：开仓价是和开盘价比还是和高低价比才算理想？开仓尺度是按点数好还是按比例好？开仓尺度是大点好还是小点好？一日是开一次好还是开多次好？止损位范围是窄点好还是宽点好？止损是一次给足好还是分批给出好？盈利后的当日遇到大回撤要不要平仓？盈利后是隔夜好还是不隔夜好？隔夜后若即将收盘时的状况不理想是否要立即离场？隔夜且加仓后如何针对平均开仓价进行止损？隔夜后如何应对反向跳空？利润多了后要不要减仓？利润多了后是根据比例止损好还是根据K线止损好抑或是根据均线止损好？仓位是保持金字塔好还是倒金字塔好抑或是菱形好……经过近千遍的程序回测之后，新的单边交易法终于诞生了。后来，我乘胜追击，又增加了一套高胜率的程序以降低回撤率，同时还增加了一套止盈的程序以进一步降低回撤率。

但是在实盘交易中我发现，当一波行情来临时，这种纯粹投机的方法往往只能抓住很小的一段行情，而在其余日子里则频遭止损。于是，我开始进一步优化，以减少失误率。股指是2015年有效跌破30日均线且开始大幅反转的，在6月19日至8月28日的51个交易日里，之前的两套单边交易法的盈亏状况是：一套将100万元做到了168万元，回撤率为10.3%，胜率为27.4%；另一套将100万元做到了150万元，回撤率为6.7%，胜率为29.8%。经过修正后，一套优先法单边程序将100万元做到了191万元，回撤率降到了5.5%，胜率提高到了39.6%；另一套指导法单边程序则将100万元做到了176万元，回撤率降到了4.3%，胜率提高到31.8%。之后，我又开发了一套趋势法单边程序，将100万元资金做到了192万元，回撤率继续降到3.7%，胜率则提高到65.8%；为了抓住一波有利的行情，将之转化为隔夜程序后，总资金增加到了193万元，回撤率降低到了1.8%，胜率则提升到了68.8%。若将100万元资金交由该程序不断累积加仓，则同期资金可增长到282万元，而回撤率降为4.2%。同一时期，激进版的波段循环交易法做到了216万元，回撤率为2.8%，胜率为63.6%；稳重版的波段循环交易法则只做到了146万元，回撤率为6.8%，胜率为62.5%。

上述回撤率均是成交时的实际回撤率，并非账面上的波动回撤率。对于单边交易法而言，两种回撤率相差无几，即使是隔夜程序的波动回撤率也只有4.6%；但对于波段交易法而言，激进版的波动回撤率为5.6%，稳重版的波动回撤率则为11.3%。有时这种回撤率就是成交时的最大实际回撤率，且往往会在一日之内出现（一日之内做了2次反手），并会超过历史最大回撤率，这实在是考验人的心理承受能力和程序的可信度。为了错开风险，实盘交易时会将两套波段循环交易法同时运行，这相当于1手可将100万元资金做到181万元，而平均回撤率为4.2%；相比同等回撤率的单边隔夜加仓程序而言，这个成绩少了101万元，即后者收益率比之高了56%，且波段交易属于循环交易，其反手开仓幅度需要根据不同时段的波动率进行调整，但就算是用两套波段交易法一快一慢地错开交易，也不一定就可以稳抓反转点。由此可见，完美的波段交易法不会有很长的市场生命力，倒是不完美的单边交易法在有止损位的基础上，可以应对任何行情，且每手收益率并不比两套波段交易法的平均收益率低。关键的是，除非出现极端波动，否则单边交易法的每日最大亏损都是已知的，但盈利是未知的；而波段交易法的每日盈利是未知的，亏损也是未知的，这就违反了基本的生存法则。当然，只用少量资金来做波段交易也未尝不可，毕竟波段交易法的胜率很高，从长期来看，其盈利依然是非常可观的。

随着程序的不断更新和完善，我发现自己的交易观发生了根本性的改变。以前是先统计分析，然后将形态和参数赋予波段循环交易法进行买卖，等于是先预测趋势后应对无常，但遵照大概率的预测入市，就必须忽视小概率的可能，只要小概率行情突然发难，就会防不胜防。后来是每日无视过往趋势和概率，只按规定条件开仓1~2次，错则止损，对则继续持有，但这样做的风险是不知道要连续亏损多少天才能收获成果，且往往会错失很多利润，让人心有不甘。如今是既相信趋势也相信无常，或者说两者都不信，所以以两套提高了胜率之后的日内单边交易法应对无趋势性运动，以一套可以隔夜的单边交易法应对趋势性运动，以一快一慢两套波段循环交易法随着趋势翻滚。至此，无趋势、有趋势、乱趋势的行情利润均被收入囊中，而依附于主观判断的惯性风险也基本消失，对趋势的依赖和彷徨也彻底根除，且无论行情如何演绎，都只接受原则中的收益和亏损，真正做到了“日出而作，日落而息”。

有了好的交易方法就可以高枕无忧了吗？仓位管理也至关重要，否则就会出现小赚大赔或错失大利的状况。回头想想，我发现自己曾犯了一个“合理”的错误：本着谨慎的原则，我需要1手资金盈利到可以做2手时才会考虑加仓，因为此时才能说明程序是稳健的、可持续获利的。但事后分析，这是完全错误的决定。因为从长期来看，导致最终盈亏的基本因素是交易方法，关键因素却是仓位控制，但进行仓位控制不是酌情适量就能做好的。交易程序化之后，我也曾认为资金管理只需看历史回撤率即可有定论，但事实上，因为数据样本不够多，历史最大回撤率往往不是极端回撤率，若要考虑极端回撤率，就要根据程序中某一点发生时的最大亏损来计算，且为防止一段时间内出现两次这种状况，这个最大亏损还要乘以2。波段循环交易法中，若某一日反手错误2次，最大亏损比例可达到10%，乘以2就是20%。假使当前1手股指期货合约的价值是100万元，期货公司设定的杠杆为8倍，那么交易1手合约需要12.5万元保证金，若1手亏损20%再乘以8倍杠杆，即是1手亏损160%，相当于亏损20万元（若1手合约价值为150万元，则亏损会更大）。可见，为了防止总资本出现超过20%的亏损率，那么每次就只能动用12%以内的总资本，这等于是完全去杠杆了。失去了杠杆，也就失去了暴利，只要我们为风险预留了位置，暴利就得离场消失。

在开发测试这些交易方法时，我对概率有了全新的认识，为了完善这一认识，我特意拿出一个1元的硬币做了个抛硬币的测试。第一轮，我每次将硬币翻滚着抛出，结果出现正面的概率在第一个10次为50%，第二个10次为50%，第三个10次为50%……总计100次后出现正面的概率为41%。第二轮，我每次将硬币平放着使它自由落地，结果出现正面的概率在第一个10次为20%，第二个10次为50%，第三个10次为60%……总计100次后出现正面的概率为48%。于是此时就出现了几个值得思索的问题：若上次出现正面，则下次出现正面的概率一定会大于50%？每次出现正面的概率都是50%，是因为每次出现正面的机会都一样？根本没有概率的说法，是因为出现正面或出现反面都是唯一的？如果硬币正面和地面都具有磁力，那么还存在猜测的余地吗？由此延伸到股指：若昨日市场收阳线，则次日继续收阳线的概率一定会大于50%？每天收阳线的概率都是50%，是因为每天都是新的一天？根本没有概率的说法，是因为市场当天不是收阳线就是收阴线（0和1的关系）？如果标的物已被主力操纵，那么分析概率还有意义吗？

人们惧怕未知和无常，所以就捣鼓出了概率，但概率究竟是唯物的还是唯心的？就像人类对任何东西的任何看法一样，我们能找到其唯物和唯心的界限吗？我似乎看见无常穿着概率的衣服，边走边语："世人叫我概率，其实我是无常，他们只看到我概率的外表，却看不到我无常的心。世人因有而喜欢拥有，因在而指望长在。殊不知，他们一直都活在无常中，却把偶然当作概率，把必然当作无常。"

2015年8月30日

附：四套波段循环交易法的历史回测结果及交易图示

一、四套波段循环交易法的历史回测结果

表10　四套波段循环交易法的历史回测结果

项目	波段循环交易1	波段循环交易2	波段循环交易3	波段循环交易4
合约	IF主连	IF主连	IF主连	IF主连
K线周期	日线	日线	日线	日线
信号计算开始时间	2014-11-18	2014-11-18	2014-11-18	2014-11-18
结束时间	2015-08-24	2015-08-24	2015-08-24	2015-08-24
保证金	16.00%	16.00%	16.00%	16.00%
手续费	0.26‱	0.26‱	0.26‱	0.26‱
滑点	2跳	2跳	2跳	2跳
开仓手数/手	1	1	1	1
初始资金比例	12.49%	12.49%	12.49%	12.84%

（续表）

项目	波段循环交易1	波段循环交易2	波段循环交易3	波段循环交易4
初始资金/元	1000000	1000000	1000000	1000000
最终权益/元	2757945.72	2103675.09	2135062.52	1995568.35
夏普比率	29.37	10.13	14.46	8.71
权益最大回撤比率	9.81%	11.42%	11.98%	12.47%
损益最大回撤比率	8.41%	6.78%	6.17%	5.93%
盈利率	175.79%	110.37%	113.51%	99.56%
年化单利收益率	229.16%	143.87%	147.96%	129.78%
年化复利收益率	275.26%	163.65%	168.79%	146.13%
胜率	57.41%	55.00%	43.75%	68.75%
平均盈利/平均亏损	3.17	3.99	4.74	2.15
净利润/元	1757945.75	1103675.13	1135062.5	995568.38
总盈利/元	2295876.5	1388338.38	1558014.75	1262038.5
总亏损/元	537930.75	284663.28	422952.19	266470.16
交易次数	54	20	32	16
盈利比率	0.57	0.55	0.44	0.69
盈利次数	31	11	14	11
亏损次数	23	9	18	5
平均盈亏（利润）/元	32554.55	55183.75	35470.7	62223.02
平均盈利/元	74060.53	126212.58	111286.77	114730.77
平均亏损/元	23388.29	31629.25	23497.34	53294.03
最大盈利/元	238745.02	373069.66	282714.88	363769.41
最大亏损/元	62951.82	82753.77	63356.03	78254.38
期间最大权益/元	2757945.72	2103675.09	2135062.52	1995568.35
期间最小权益/元	1000000	1000000	1000000	995419.04
手续费/元	3358.56	1225.79	1999.55	972.62
滑点成本/元	-12960	-4800	-7680	-3840
成交额/元	129175979.5	47146379.96	76906859.84	37409700

二、四套波段循环交易法的交易图示

说明：除第一次开仓外，每次交易都是反手交易，图中的连线自动连在了开仓当日的收盘价处，而正确的连法应该是连在开仓当日的开仓价处。

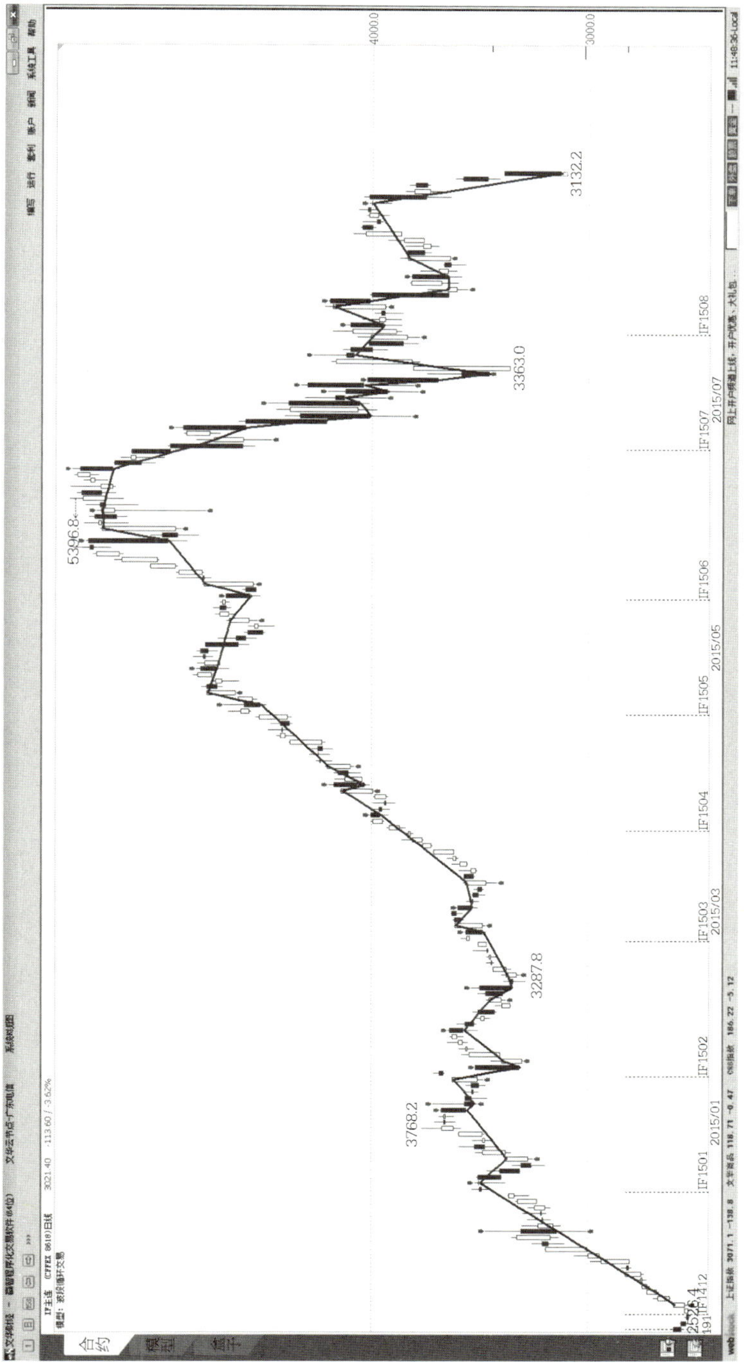
5396.8
3768.2
3287.8
3363.0
3132.2
IF1501
IF1502
IF1503
IF1504
IF1505
IF1506
IF1507
IF1508
2015/01
2015/03
2015/05
2015/07
4000.0
3000.0

图4　波段循环交易1

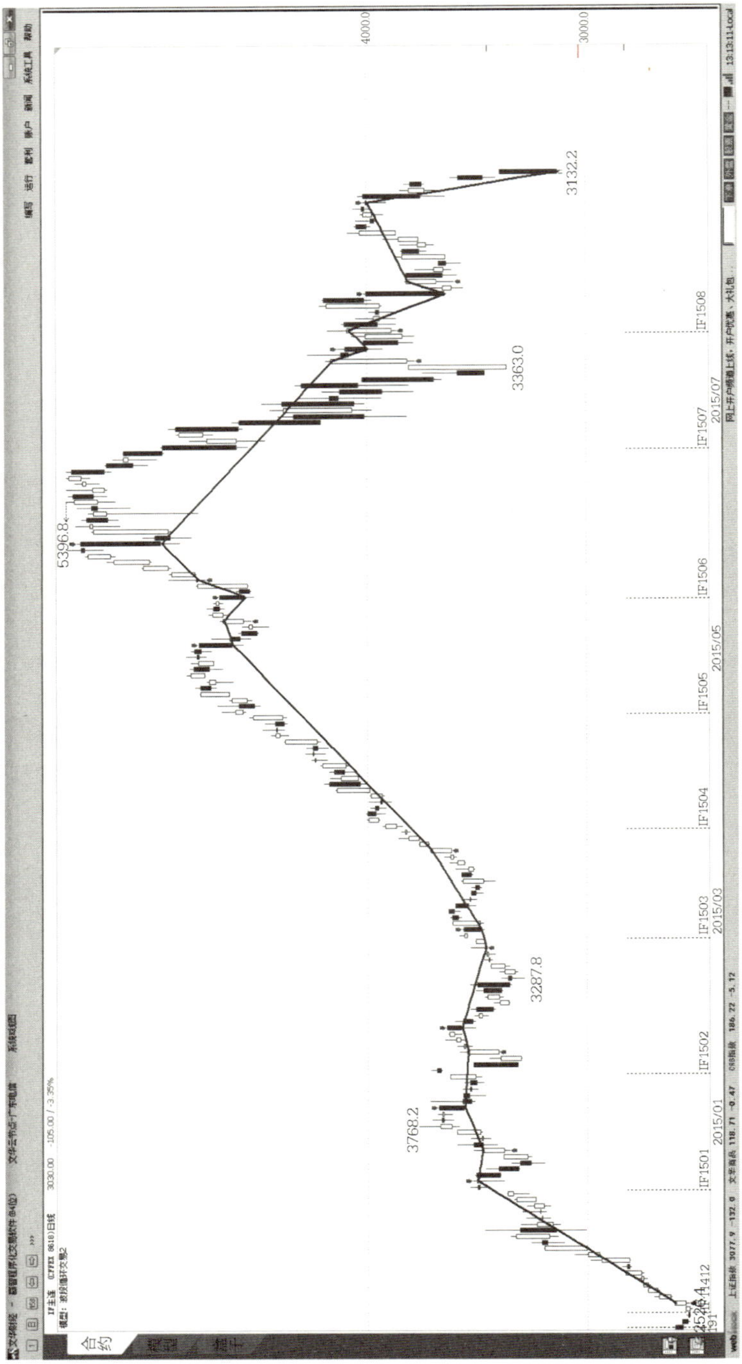
4000.0
3000.0
5396.8
3363.0
3132.2
3768.2
3287.8
IF1501
2015/01
IF1502
IF1503
2015/03
IF1504
IF1505
2015/05
IF1506
IF1507
2015/07
IF1508

图5 波段循环交易2

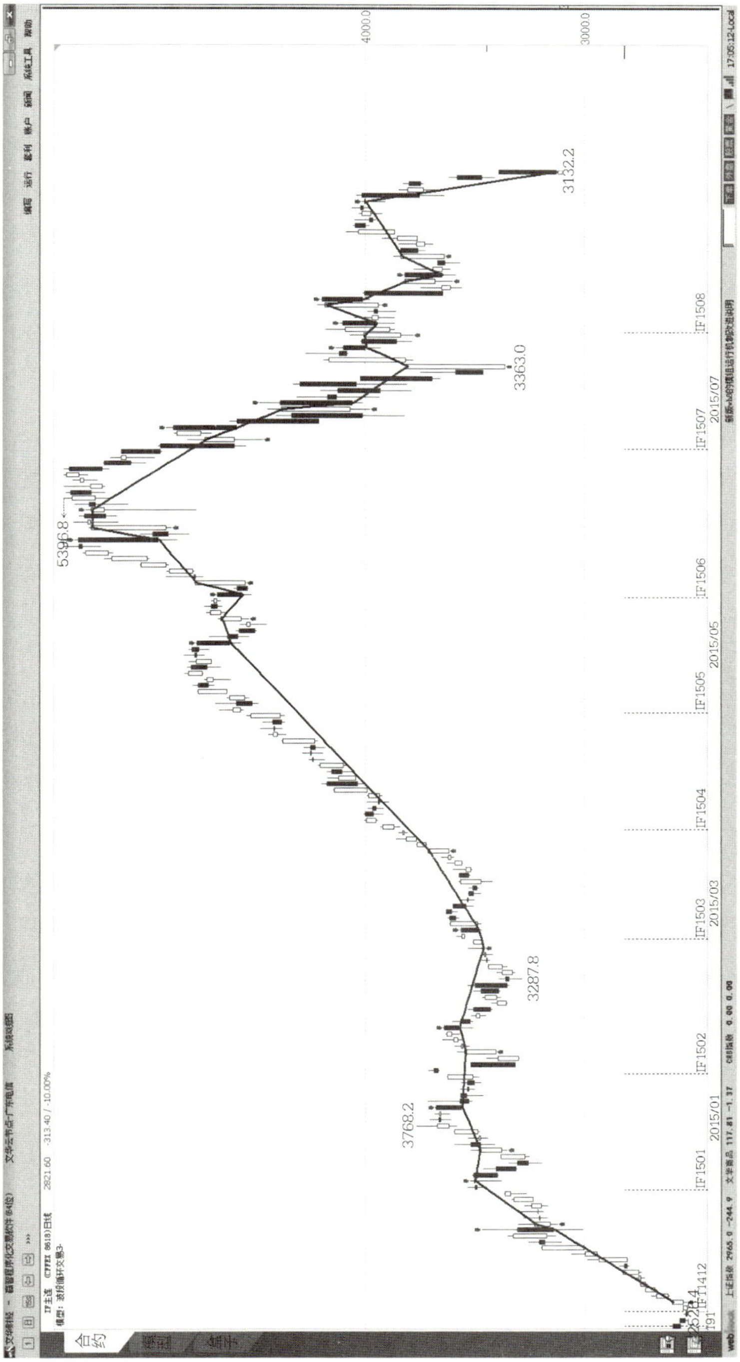
5396.8
3363.0
3132.2
3768.2
3287.8
IF1501
IF1502
IF1503
IF1504
IF1505
IF1506
IF1507
IF1508
2015/01
2015/03
2015/05
2015/07
4000.0
3000.0

图6　波段循环交易3

当时截图时不完整，此图缺少了前一段的交易记录。

图7　波段循环交易4

期货交易研究五

CHAPTER 5

通用程序化策略及商品期货的程序化开发

这是一条黑暗孤独的路，这是一条洒满汗水的路，这是一条自强不息的路，这是一条从崎岖走向平坦的路，这是一条从艰辛走向荣耀的路，这是一条从愚昧走向智慧的路。这条路太难走，仅有聪明不行，再加勤奋也不足，唯有注入坚持，再加一点点幸运，才有可能走通。但世上哪一样大成就，不是聪明、勤奋、坚持、幸运四者俱兼的结果？任何一个市场，任何一样生意，拼的都是出类拔萃。在这几年中，我不计成本地投入人力、物力、财力，深居简出且废寝忘食，总结过30多套手工交易方法，开发过3000多套程序，测试过1万多遍程序，统计过近万张图表，近10台电脑几乎昼夜不停地运算，几年内连换3副眼镜……我就像1台无需保养的挖掘机，一直在黑暗里挖掘、推进，且不顾身心疲惫，无视外事外物。多少次累到想吐，多少次黯然憔悴，多少次山穷水尽……但是漫漫长夜，当我仰视星空，除了不断超越外，我别无选择。纵使还有更有意义的选择，都必须建立在当下的得失之上。

曾与索罗斯合作过的吉姆·罗杰斯说自己非常勤奋，一个人要做6个人的工作，但是这9年内，我却做了12个人的工作。作者：曾写过几本书，在投资领域的论述广度和深度，公众自有评价。编辑：曾花了半年以上的时间数次校对稿件，确保错误率远低于新闻出版署一万分之一的规定。设计员：亲手设计了自己的公司、家居、公司网站、公司标志及名片等。研究员：在外汇、证券、期货、人文等领域都留下了研究的足迹，并结出了一些成果。交易员：每天要交易股票和期货，要修改交易规则，熟悉交易品种，精通软件操作。程序员：构思交易策略并负责编程、修改、测试、优化、上线、监控等。技术员：维修及更新电脑硬件、软件、系统、局域网、网站等问题。培训师：偶尔为大学和券商的投资者讲课，还要训练一批批内部交易者。管理者：招聘员工，管理员工，制定规章，解决财务问题及发展问题。会计：联系工商所、税务所、银行等，同时整理每月财务报表并报税。内勤人员：采购电脑设备、办公设施、家具电器、生活用品等，处理水管、电路、防水等问题。司机：保养车辆，处理违章，处理事故，满足家人出行等。

如果这世间真有捷径，那么我想勤奋就是那条捷径。那些未曾投入努力即匆匆入市的人们，想想凭什么可以赚取财富吧。在一个人治的国度，投机泛滥是必然的，故而中国股市有“牛一年、熊五年”之说，因为要用漫长的时间消除泡沫、回归市值、忘掉伤痛、等待新手。为在一年牛市所搭配的几年熊市中有所作为，2011年我开始转战期货市场，且一开始就着手于最激烈的股指期货市场和最紊乱的日内交易。第一阶段研究耗时一年，凭过往经验交易，但不甚理想，因为人是有情绪有想法的动物；第二阶段研究又耗时一年，凭统计规律交易，但未能坚持，因为所谓的日内规律太多且太不堪用；第三阶段研究仍然耗时一年，继续更多角度地统计并指望交易员，结果收效甚微，因为法常变且人善变；第四阶段研究又用去一年，开始依赖计算机并尝试程序化交易，但未见成效，因为熊市规律无法应对后期牛市；第五阶段研究再用去一年，程序化交易才开始由统计走向逻辑、由日内走向隔夜、由循环走向单边、由单笔走向加仓，并终于走向正轨。

回顾程序化交易之路，颇感市场无常，命运多舛。记得2014年7月，当我携带历经9个月开发的程序进入实盘测试时，牛市却来了，于是所有的熊市交易策略全部作废。当我将牛市日内规律摸清后，并于2015年4月再次进入实盘测试时，却在7个交易日内罕见地遭遇了6个十字星（在当时，十字星日是日内交易的死穴，因为日内交易本质上也是趋势交易），所以实盘交易宣告暂停。将牛市规律完善之后，我在2015年6月15日继续进入实盘测试，结果从那天起牛市开始转向，且后期市场出现了百年难得一遇的股灾加人祸，于是程序化交易再次受挫。2015年8月底，有趋势、无趋势、乱趋势的方法终于都齐备了，且有了更好的资金管理策略，结果2015年9月2日，一纸中金所的公告宣布了股指期货名存实亡——这是命，还是劫？

千径已过，万鸟归林，是该推开那扇门了。9月2日，我携带最后的趋势加仓交易法重返商品市场。在过去近两年的时间里，我曾无数次将股指期货上的程序应用到商品期货上，结果屡遭失败。但这一次没有理由不成功，因为趋势加仓法的交易原则符合后面几乎所有的“智者交易原则”。9月6日，橡胶期货最近一年的回测数据出来了，25万元本金在12个月之后增加到了102万元，回撤率为10.2%。之后我将之套用到中证500指数期货、香港恒生指数期货、美国原油期货上，最近四个半月的获利均在250%~500%之间。一年5倍以内带有杠杆的盈利，用波段循环交易法就可轻松做到，这也是我曾不愿开发趋势加仓法的原因。之后，我同时在橡胶、沪铜、螺纹钢、郑醇这四个品种上反复测试，以求得到一个更适合商品交易的通用规则，并且我又将趋势加仓交易法运用到股指1分钟图上，在略有盈利的基础上继续优化测试。4周后，结果出来了，上述4个商品近一年的收益率均在1~4倍之间，回撤率则在1%~20%之间（3跳滑点，0.5‱手续费）；股指期货的测试成绩则出乎意料，500万元的测试本金在9月3日之前的两个半月内，增加到了3182万元，使月均不含复利的收益率超过了2倍，回撤率则为26.8%（2跳滑点，0.26‱手续费）。之后，我继续完善了隔夜单边加仓程序，同一时期内，橡胶、沪铜、螺纹钢、郑醇的收益率也均在1~4倍之间。

人说做交易就是要把999条错误的路都走完，最后剩下的那条就是可持续盈利之路，而我则是想把各种技术性的盈利之路都走上一遍，以获得一个完整的覆盖短、中、长线的交易体系。所以从超高收益率的日内间断性交易到日内循环交易，再到收益率较低的隔夜波段循环交易；从高收益率的日内单边交易到单边隔夜交易，再到收益率更低的趋势加仓交易……我开发了无数种方法，但最后只留下了趋势日内单边加仓交易法（规避隔夜风险）、趋势隔夜单边加仓交易法（抓住一波主流行情）、趋势隔夜加仓交易法（抓住主要趋势）、隔夜波段循环交易法（紧随趋势变化）。其中，第二种和第三种为主要方法，因为它们的加仓均建立在有浮盈的基础上，故可充分利用杠杆优势进行加仓交易；第一种胜在盈亏比大但失误较多，第四种则胜在大概率但难避小概率。以上是四把万能钥匙，适用于绝大多数市场里的绝大多数品种。检验一套方法是否能长期有效，要看其能否通用其他品种，能通用则说明其肯定把握住了交易中最核心的东西和最朴素的道理，否则就是特例。至此，交易技术这条路终是走穿了，程序化交易这条路也终是走通了。

2015年9月15日

附：期货趋势加仓交易法

一、股指期货的趋势加仓交易法

跌超15%后，在20日均线附近出现回调超过2日的二攻时则开多（不能用在开空止损后，若是开空后止损，则在大力突破近期高点后再开多）；回调至10日均线附近再出阳线则加仓；回调至20日均线附近再出阳线则加仓；上破盘整最高价时则加仓；极端时，若一波跌超20%且从近期最低价开始涨且2日内总涨超5%则开仓（含下影线，若开多失败并快速创新低，则不宜开空）。注意，当出现盘整超过1个月的情形时，均线开仓法失效，须等价格冲过盘整区之后才能开仓。

大阴线（含跳空）加速跌破20日均线时则开空；先小阴线或中阴线跌破20日均线，然后2日内继续创新低时则开空（遇盘整区则过盘整区最低价后再开）；反弹至20日均线附近又出阴线时则加仓；跌过小盘整区或大盘整区（小盘一般在10日内，大盘则往往超过30日）最低价时则加仓；跌过反弹前的最低价时则加仓；极端时，若一波涨超30%且从近期最高价开始下跌且1日内跌5%（含上影线），或4日内总跌超5%且出2阴夹1~2根十字星，则开空。

凡过者，要视前期K线部位过0.5%~1%，有平台压力线或支撑线的须过线1%；若是当时未开而之后补开的，则须再过前期K线部位0.5%~1%或过新的压力线1%后再开；凡第一次开仓的，视K线部位或均线在-1%~2%的范围内设止损，顺行超过5%之后，可选择在开仓价附近止损；加仓后，在开仓平均价的-1%~2%之间止损，顺行超过5%之后可选择在开仓价附近止损；止损后择机再动，不可平仓马上反手。

二、商品期货的趋势加仓交易法

若几条均线均处于空头排列状态，则只开空不开多。跌过5日均线1%开空，若被均线压制且在5日均线下跌1%则加仓；涨过5日均线1%则平仓（或在2日内总涨超过5%时平仓），然后继续等待空头机会；若开错，止损为2%~4%（加仓后的止损为反过开仓平均价的2%左右），且盈利超过5%之后，可将止损线移至开仓价附近；若开盘出跳空且超过预计交易处，则在再过开盘价的0.5%时交易。

若几条均线均处于多头排列状态，则只开多不开空。涨过5日均线1%开多，若受均线支撑且在5日均线上涨1%则加仓；若跌过5日均线1%则平仓（或在2日内总跌过5%时平仓），然后继续等多头机会；若开错，止损为2%~4%（加仓后的止损为反过开仓平均价的2%左右），且盈利超过5%之后，可将止损线移至开仓价附近；若开盘出跳空且超过预计交易处，则在再过开盘价0.5%时交易。

在均线未呈多头排列时，多为大趋势不明之时。若均线出现多头排列且商品大涨过多之后，通常第1次跌过30日均线后还能上涨，但第2次或第3次又跌过30日均线，则往往是熊市来临的征兆；若均线出现空头排列且商品大跌过多之后，通常第一次上穿30日均线时宜观望，但若经过1个月左右的调整后还能继续向上，则往往是牛市即将来临的征兆。一旦面临这样的行情，及时开仓并假定牛熊开始反转；但若2个月内价格又跌过250日均线且较多，则往往是牛熊并没有反转的征兆。

对于新上市品种，在能显示均线之后可以开仓，但开仓方向应顺应整个商品市场的大趋势方向。

期货交易研究六

CHAPTER 6

理性看待交易研究和交易行为

我之前说过，我早就看到了那扇门，只是不愿过早地去推开它。那么那扇门究竟是什么门呢？最近，我有幸看到一些同行的经验总结，发现很多人在技术分析上失利后就开始彻底放弃，而另一些人则在程序化失败后就对其全盘否定，但他们会从哲学上或科学上找到很多高、大、上的论点，以此推翻过去，并认为就此可以获得一个新的未来。可这世界并非只有白猫或黑猫，在人所参与的金融世界就更是如此了。这里没有科学，任何想借科学的论据或手段来战胜这个市场的人，只会无从下手或获得失败。因为科学并不能应对未来，它连过去都未曾彻底弄清楚，谈何应对未来？更何况，每一个买卖点背后的交易者都会认为自己当时的决定是对的，并且真正的对错又与持仓时间的长短密切相关，科学又如何算出多、空双方在N次交战之后的结局呢？所以，即使牛顿炒股也会亏钱，而那么多科学家也没有被华尔街雇佣。只有少数数学家被华尔街聘用，但他们用大量的持续盈利说明了我们对未来的世界并非无从下手，说明了统计分析或逻辑推理或经验常识并非完全无效。

科学本身并不神秘也非万能，把它神秘化和万能化的是人。就像技术分析，它本身并没有错，错的是人，是我们总想对事物有一个确定的认知或结果。或许人类最大的错，就是喜欢下结论，而且是早早地就下结论。君不见，三十年河东三十年河西，谁不是在反反复复地推翻过去？可推翻了过去并没有获得新的东西，只是获得了被推翻的对立面，获得了更完整的认知（释迦牟尼也逃脱不了这个轮回）。那么，究竟什么样的认知可以无限地接近正确呢？想想陈抟老祖画的那张太极图，想想近代最先进的马克思主义哲学观，我们就应该知道：万事万物唯有用对立、统一、联系、发展的观点做全盘解释，才会更接近真理。接近真理的观点必须先承认：阳的存在必然带来阴的存在，阴的存在也必然促使阳的存在，如果只剩其一，那么阳与阴就都难以存在；因为一物若不受对立面的制约，则持续发展的结果就是扩散，且一物若不能向对立面转换，则世间就无平衡也无物可存；阳与阴共生、转化且成为一体，是其能量平衡的外在体现，也是其生存发展的内在根本。有了这个认知后，我们若想说明白一只手，就得同时说其正面与反面、外表与内在、作用与功能、现在与未来——但谁愿意这样来阐述每一物呢？又有谁说得清呢？所以，即使科学观点已接近真理，也往往不会被人采用，因为这使人无法随心所欲。在事实和意愿面前，人们往往更容易接受意愿，因为意愿是自己的。

有人说科学是客观的而人是主观的，所以人在使用某种东西时会有选择性。可是从广义上来说，这世界没有客观的东西，因为所有的“存在”都被我们在头脑中加工过，即便是那些看似客观的科学结论，也不过是人总结出来的而已。人为什么要总结呢？因为生物能存在并能进化的原因之一，就是不断总结经验，以获得新的认知从而使自己赢得竞争。所以，人世间就必须有分别心，若非如此，我们就连一二三都数不清楚了，连桌子板凳都说不清楚了，还谈什么沟通和合作呢，还谈什么作为与事业呢。但是，有分别心就一定是对的吗？佛陀是不讲分别心的，因为万物起源于空又归寂于空，你不看过去和未来，就只说当下，那是说不对也说不清的。实际上，文字是肤浅的，语言是片面的，地球没有文字和语言也繁衍了40多亿年，诞生了无数智慧生物。若从时间和相对的角度来看，绝大多数人所认为的“存在”其实并不存在，因为“存不存在及如何存在”是由人来解释的，而人的观点都是唯心的、唯利的、片面的。万事万物一旦互换空间和时间，已存在的就会消失，而不存在的却会呈现，如何去说明存在与否呢？所以，你相信什么、执迷什么，什么就会愚弄你、伤害你。

佛家重空性，道家重无为，儒家重中庸，哲学重辩证，科学重客观……

其实都是在破除主观执迷、视野狭窄、自我局限。低级生命羡慕高级生命，高级生命也会羡慕低级生命，就像阴总是追逐阳，而阳又总是跟随阴，如此轮回——哪有好坏？哪有高低？哪有先后？究竟什么是幸福？满足欲望就会感到幸福，但如果欲望滋生贪、嗔、痴，那么欲望就是毒，那么幸福就长在毒里。如此，究竟有没有幸福？究竟有没有美好？究竟有没有技术分析？没有！但为什么又“有”？因为必须有！为什么必须有？因为人想有！因“必须有”而有的是不是有？那只是片面而短暂的有。阴阳互离即不存，所以世间其实无阴也无阳，但我们的看法却可以单独存在，就像最美好的东西永远藏在心里一样，因为那里的美好只有阳面而没有阴面。人类最大的烦恼，或许就是“本没有”和“必须有”之间的矛盾，这也是人的自然属性和社会属性之间的矛盾。

好了，既然什么都是空，难道那扇门就是空门？当然不是，但是空门和空杯思想却是我们达到成功的必要条件。因为这是一个有为的社会，是人造的社会，而自然规律是不认可社会规律的，既然自然规律更具有持久性和普遍性，那么我们所坚持的社会规律就可能是短暂的、特殊的，此时，空的意义就尤其具有现实价值。既然你以为的都不存在，那么怎么交易呢？要知道，哲学虽然很高明，但往往无法指导我们具体操作。想要弄明白怎么交易，就必须先清楚另一个问题：在一个自由交易的博弈市场，究竟是什么使人们有机会获利？是内幕消息吗？应该是但不会都是。是技术分析吗？也许是但也许不是。是价值投资吗？可能是也可能不是。是计算机交易吗？有的是有的不是。是随机运气吗？有时是也有时不是……其实真实答案是：优势。有后台支撑的人、有内幕消息的人、有资金优势的人、有更快交易速度的人、有超于常人定力的人、有严格操作纪律的人、能享用特权的人、能操纵市场的人、精通技术分析的人、善于实地调研的人、更加勤奋的人、更加聪明的人……这些人均比那些没有如此优势的人具有更大的获利可能。但是对于大多数个体而言，我们能具备的优势只能是聪明。遗憾的是，和你交易的并不是猴子，他们也都是一帮聪明的人，所以你必须将聪明提升为智慧。有了智慧，你即使不能利用其他优势条件，也会知道该在何时买入什么和在何时卖出什么了，因为你知道了为什么要这样做而且只能这样做。你再也不会局限于技术、方法、工具了，世人皆认为有，而你却以为无。

那么，有智慧的人是如何交易的呢？在回答这个问题之前，必须先给出一个假设条件，即关于愚笨人、聪明人、智慧人三者的区别。我们先假定：愚笨人反应很慢，看问题单一思维，凡事凭喜恶和情绪，只重眼前利益得失；聪明人则是反应很快，看问题较为全面，凡事爱斤斤计较，善于见风使舵以趋利避害；智慧人则是反应不快不慢，看问题瞻前顾后，凡事按规律去办，肯吃小亏以换大利。有了这个假设前提，我们就可以知道智者是如何交易的了（其实智者多数不会进入这个充满铜锈之地）。智者会按常识给出一些交易原则并尽量做到知行合一：第一，认同物体频繁运动会消耗能量，所以不会参与日内交易；第二，认同君子不立危墙之下，所以不会参与趋势不明的行情；第三，认同覆巢之下无完卵，所以不会逆市交易；第四，认同大道甚夷而民好径，所以会坚持跟随趋势明显的方向；第五，认同冰冻三尺非一日之寒，所以会以长周期来看待市场和交易；第六，认同内因决定外延，所以会寻找价格运动的本质原因并加以利用；第七，认同实事求是是风险最小的行动原则，所以有的也会一直依赖但不掺杂念地凭K线及均线来交易；第八，认同先戒后定再慧，所以会耐心等待且专注于目标；第九，认同世事无常而有备无患，所以会分批入场且同时给出出场条件；第十，认同一切成果都是时间的结晶，所以会安于享受那段并不算长久的主升浪；第十一，认同工欲善其事必先利其器，所以会寻找好的执行者或辅以计算机来完成交易过程；第十二，认同富贵险中求，所以不会抗拒风险也不会追求铁板钉钉；第十三，认同二八定律，所以愿取他人不愿取的东西。

是的，那扇门就是智慧之门，但那扇门从来都藏在危难之地。记得刚入股指期货市场时，我给自己定的目标是：挑战日内交易盈利极限且有固定方法可传承。从常理来看，这难以实现，但若将其作为一种追求，则未尝不值得去努力。理想出行动，实践出真知。若非如此，灯泡和汽车就永远不能被造出来，小米加步枪就永远胜不过飞机加大炮。但智者是不会走新路的，因为新路就意味着风险；而强者则必须开疆拓土，否则就不会收获新世界。倘若仅仅是为了盈利，那么运用ETF交易法，我可以在绝大多数品种上获利，这已是多位读者来信验证了的事实。期货交易研究耗去了我近五年的时光，可到最后，得到了正解、失去了憧憬，得到了真相、失去了乐趣，得到了理智、失去了激情。若一开始就知道这条路要走一年以上，我也会直接放弃，支撑我走了近五年的是不甘和不服。很多时候，我们的亏损和磨难即源于此。但不入黑则不知白，不疯魔则不成器，不涅槃则不新生。科学需要证伪，人生需要证反，最后却是一个轮回：不经历暗、坏、无，就难以得到光、好、有，即使偶然拥有，也容易失去。所以人生的苦难和弯路都是有价值的，所以每个好名词背后都有个坏名词在做抵押，所以世人眼里的“好”往往就是“不好”的由来。

虽然一切都无法固定且无法预测，一切都在发生变化且互生有无，但是有三个规律却似乎是恒定的：其一，对立面一定存在，且彼此酝酿；其二，当量变达到质变时，对立面就会全面转化；其三，一旦对立面全面转化，那么就会维持较长一段时期。生命、人情、交易等概莫如是。在知道了“所知非所知，所有非所有”之后，我们尚且可以有所作为，但是如何很好地活下去，却成了个难题。

2015年10月15日

附：股指期货的非日内交易法

一、股指期货日K线交易法

1．开多情形

跳空高开：凡跳空高开后涨3.5%即开（包括跳空的幅度）。

大阳线：一日从近期低点附近大涨3.5%（实体）时即开仓。

大锥形线：若跌超4%（实体）后当日涨回80%、跌超5%后当日涨回70%、跌超7%后当日涨回60%，则开仓。

锥形线+1根小阳线：若一日出现2%~3%的长下影线，次日或之后某日涨超1%（实体）且过近期最高价的0.1%~0.5%（实体），则开仓。

大阳线+1根小阳线：若一日出2.5%以上大阳线（实体），次日涨超1%（实体）且过近期最高价的0.1%~1%（实体），则开仓。

小阳线+1根大阳线：若一日出1%以上小阳线（实体），次日涨超2.5%（实体）且过近期最高价的0.1%~0.5%（实体），则开仓。

二次上攻：若先几根K线总涨超2.5%（实体），调整1~9日后在某日涨超1%（实体）且过近期最高价的0.1%~0.5%（实体），则开仓。

2. 开空情形

跳空低开：凡跳空低开后跌3.5%即开仓（包括跳空的幅度）。

大阴线：凡一日从近期高点附近大跌3.5%（实体）即开仓。

大吊线：若一日出2.5%以上长上影线且继续跌过开盘价的2%，则开仓。

吊形线+1根小阴线：若一日出2%以上长上影线，次日或之后某日跌超1%（实体）且过近期最低价的0.1%~0.5%（实体），则开仓。

两连阴：凡一日跌1%（实体）、次日再跌3%即开仓；若一日跌3%（实体），次日再跌1%且过昨日最低价的0.1%~0.5%（实体），则开仓。

三连阴：连出三根阴线且总跌超3.5%即开仓（中间阴线可以是小阳线/十字星线，三连阴中也可额外多含一根十字星线）。

下破小平台：若2~9日总跌超3.5%且破近期小平台支撑线，跌破之日跌超1%（实体）且过支撑线的0.1%~0.5%（实体），则开仓。

3. 止损及重新开仓

设止损为1%且盈利2%后将止损线顺移至开仓价附近。止损后，若价格又过止损之前近期的最高价/最低价，则重新开仓。

上述重新开仓是指止损后顺原势再进时重新开仓，但原势少数时候也会反向，故当某日涨/跌超过2%且反过止损附近小平台的0.1%~0.5%时，开仓。

若次日开盘出跳空，使价格超过了止损线或预计开仓线，则将该线移至开盘价之外的0.5%处。

二、股指期货波段循环交易法

（1）1~3波跌超10%后，若从近期最低点起一日净涨90点（指从开盘价到当前价的涨幅，大约上涨3%），则开多。

（2）1~3波跌超10%后，若从近期最低点起两日反转100点（超50点的下吊线加阳线或两根少影线的阳线），则开多。

（3）1~3波跌超10%后，若从近期最低点起1~9日反转超80点，调整0~9日后在1~2日过此前最高收盘价30点，则开多。

（4）1~3波跌超10%后，若1~9日反转超80点，调整2~9日后在2日内涨过近期压力线30点，则开多（最少110点）。

（5）第（1）~（3）条开空时，附近8%以内不得有上次反弹失败后的压力线，若有，则放弃，或涨过该压力线50点后再开多。

（6）第（1）~（4）条开空后，无论曾经上涨多少，若（再次上攻失败或盘整超过4日）后又跌过近期支撑线25点，则开空。

（7）第（1）~（4）条开空后，若涨超10%且在拔尖后出3连阴（可孕一个十字星）并跌超80~160点（涨10%~40%），则开空。

（8）因某些保险措施导致中途止损出局后，若价格再次创出近期低/高价并过近期支撑线/压力线40点后，则开空/开多。

（9）若在预计开多/开空的空间里出现了涨幅/跌幅超1%，且正力破盘整区或呈波浪前进状态，则可在突破5点处提前开仓。

（10）开仓后，根据形态设止损为20点；涨超50点后，将止损线移至开仓线附近；平仓后若价格折回此处，再进入市场。

（11）上条是为了防范行情对自己不利的保险措施，切不可在止损后提前反手；加仓则在分钟图上按日内交易法进行。

期货交易研究七

CHAPTER 7

清醒认识标的物和市场及交易者

先来谈谈股市里的交易标的物——上市公司。环顾四周，如今的商业社会，“上市”声音不绝于耳，全社会都热衷于上市，热衷于在一级市场买股票，然后在二级市场套现。人们普遍忘了开公司的意义是展现自己的商业能力和价值，忘了开公司的使命是为社会创造财富和就业机会，忘了开公司的义务是为股东争取可见的红利。诸多法人和股东常向他们的信任者虚构一个个远景以获取支持并慰藉自身，他们从一开始就忘了应对投资者肩负什么样的责任，忘了应对这个社会尽什么样的义务，你能指望他们上市后不会为了卖个好身价、为了恶意圈钱、为了挥霍权利而无视你的权益吗？你能保证自己一定可以从股市中百里挑一地找到那家有良知的公司吗？即便这家公司有良知，它就一定有大好前途吗？即便它有大好前途，它就可以成为百年企业吗？即便它可以成为百年企业，你就能跟它安度牛、熊市更迭吗？看看那么多上市公司重融资、轻经营，重投资、轻管理；看看那么多上市公司第一年绩优、第二年亏损、第三年重组；看看那么多上市公司送股、配股、增发，就是不分红……再看看那些动荡的金融风波不仅洗劫了大众甚至洗劫了一个国家，你还有什么理由来坚持投资呢？

真正的投资是入股一家企业，与其一同经历荣衰，只期望股息收益，绝不会中途退出，就像真正的企业家不会出售自己的公司一样。凡是因为价高或价低或别的因素转让股份的，都只是价格的投机者。但是，往往理想很热情，现实却很冷酷。面对公司内部的道德与操守、人事与财务、经营与管理等诸多不可确信事项，面对公司外部的行业竞争、国家政策、国际金融、信息舆论等诸多不可确定因素，谁又真敢长期持股呢？暂不论多数上市公司从来就不分红因而导致股息率不如利息率，即使上市公司有分红，谁又能抵住股票差价收益数倍于股票分红的诱惑呢，谁又受得了股票差价损失数倍于股票分红的煎熬呢？即使纵观全球，好的投资标的都非常稀少，不可能所有的人都去高价购入，所以更多的人不得不披着投资的外衣去投机那些貌似有机会的公司，或是因为有牛、熊市的存在而不得不围绕着投资标的进行价格投机。很多人在股市中的失败，是因为他们不仅蒙蔽了别人也蒙蔽了自己，进而抱着投资的安心和侥幸蜷伏于股市。明知无而说有，以为有而说有，希望有而说有……人类的无知、虚伪和狡诈，在这里体现得淋漓尽致。

再来谈谈股票流通的场所——股票市场。股票要流通就需要有一个集市，这个集市就是股票市场。这个集市以投资的名义号召流通货币直接对接上市公司，省掉诸多中介机构，为企业融资提供便利、减少成本，也为盘活资产、繁荣经济、优化结构等提供动力，同时也增加了群众投资渠道且缓解了储蓄负利率的影响。可想而知，这是一个多么庞大的市场，尤其是这个市场又有13亿人口和近1000万平方公里的资源作为支撑，且还是一个涉及亿万大众利益却无法被亿万大众监督的市场。于是各路财团纷纷登台，联手失去道德底线的政客和媒体，坑蒙拐骗，强取豪夺……谁又能阻止资本逐利的洪流呢？既然大家都是在博取股票价差，那么一方的盈利必然得自另一方的亏损，非生产所得也非公司红利，实则是洗劫他人所致。这个集市的上空飘扬着投资的旗帜，实际上却是一个公开的洗劫场，有话语权的大佬们却都在心领神会地洗劫收割，所谓“宝马车进去，自行车出来；老板进去，打工仔出来”即是此因。

几乎所有二级市场的介入者不但要以几十倍甚至数百倍的价格承接上市公司的虚高权益、不良资产、恶意圈套，而且还要豢养这条生物链上诸多栖息者，比如证券交易所、证券登记结算公司、国家税务总局、证券公司、会计师事务所、基金公司等。无数入场资金不断地被各路神仙蚕食鲸吞，几千万买卖者中终是诞生了几十个大户明星，但是每一个大户明星盈利神话的背后，也都是无尽储蓄的改名换姓、无数家庭的欲哭无泪。除去那些无良官员和大财团外，上市公司就是股市里最大的赢家了，其股票一上市就是N倍的差价，而二级市场的接手者却要绞尽脑汁地抬高价格并寻找下一个买家。实际上，多数公司的股东从成立公司之日起就一直在忽悠下一个股东进入，如此循环直到公司上市，所有股东才得以解脱，然后如此故事心照不宣地在股市继续上演。上市公司也是市场最大的空头，他们上市的目的就是融资与套现，所以他们有无穷的理由发行无尽的股票，但流通市场的资金是有限的，所以理论上，股市永远都是空头的天下，只有当流通市场的钞票累积过多而上市公司发行股票的势头有所遏制的局部时期，牛市才有机会抬头。只是身在一个洗劫场，你有什么信心可以胜过那些手持长枪短炮的“八国联军”呢？

再来谈谈商品期货和期货市场。商品大致可分为自然开采物品、生产加工物品、农业种植物品、畜牧养殖物品，其产量同地域环境、开采工艺、加工技术、天气气候、各地政策、市场需求甚至金融动荡等都有关。对商品的研究比较简单，往往是供应和需求决定了价格；商品的交易也比较简单，纯粹是围绕着商品价格进行投机。商品交易市场是一个光明正大的投机市场，不像股市那样挂羊头卖狗肉、坑人到底。正是因为如此，绝大多数人宁可抱着投资的幻想进入股市，也不会进入以投机著称的期市；也正是因为如此，那些看穿股市面目的人反而更愿意进入期市，这里有备受投机者欢迎的保证金制度和双向的T+0交易。保证金制度使参与者天然拥有资本杠杆，不必再花成本去融资或配资，这显然相对于股市而言具有莫大的吸引力。但就是这个平均10倍的杠杆，放大利润的同时也放大了亏损，本来放大亏损就容易使本金快速减少，而杠杆的特性又会迫使或诱使你追涨杀跌、频繁交易，于是本金就很容易消耗殆尽。常听说某人在期货市场又爆仓了，好像期货市场吃人不吐骨头似的，其实股市才是如此，因为你根本不知道本金是怎么被消灭的（其实根本原因是失去监督的市场制度和挂羊头卖狗肉的市场行为）。但在期货市场，你一定知道本金是怎样被消灭的，原因无非三种：①在单个品种上满仓交易；②非满仓交易但不设止损；③有止损但频繁交易。

股市因为能够扯上投资的大旗，所以世人趋之若骛，尽管他们并不了解什么是投资，而仅仅只是觉得那个名词很美好，那种买入便持有的方法很安逸；期市因为品种有限且又属于高度投机，所以世人皆恶之。这就有点像谎言偷了真实的衣服后备受世人追捧，而真实不愿穿上谎言的衣服所以不得世人待见。实际上，万事万物无时不在运动和变化，导致这个宇宙永远充满着不确定性，置身其中的我们在做每一次选择、每一步行动时，其实都是在赌博，没有人可以对未来做100%的保证。股市虽然可以使散户和上市公司直接对接，但最终散户会委托专业化基金去交易；期市想要繁荣，也必须大力发展机构投资者或私募基金，只要他们有方法在市场中长期获利，散户自然就会委托他们跟进。实际上，因为可以双边交易且商品的系统性风险相对较小，所以相对于股市而言，期市才可能是能长期稳定获利的地方（但100%不建议非5年以上的职业交易者进入期货市场，因为亏损的概率超过95%）。

最后再来谈谈交易者。自第二次世界大战结束之后，世界经济已发展了70年，物质大量生产促使货币超额供应，如此年复一年，市场所累积的货币数量已非常庞大。这么多资本都需要保值增值，这是一股多么汹涌的洪流，无论冲击哪个国家，它都会被洗劫一空。但谁也无法阻挡金钱流动的步伐，谁也难以遏制人类逐利的本性。全球负利率时代，货币证券化已是必然趋势，而无数家庭储蓄也必然会沦为财团们保值增值的牺牲品，成为官商勾结利益体的洗劫对象。面对这样一股洪流、一座金山，大众难道就注定只能被动洗劫吗？其实有两条路可以走：一是在牛、熊市分别把钱交给公募基金、私募基金去打理，让他们用职业化手段帮你盈利（如果不是热衷交易，切勿自己买卖股票，否则既输钱，又输时间、精力、健康，透支太大，失去太多）；二是自己成为职业交易者，拥有清醒的认识、独到的技术和职业化的行为。所谓职业化的行为，并非意味着天天盯盘、时时交易，只需做到求知、有法、守纪即可。职业交易者将打败绝大多数非职业交易者，那些一知半解、自以为是、自由散漫、稀里糊涂的交易者，将以损失多年的积蓄来成就这些职业交易者。职业交易者不会局限于投资或投机这两个名词，他们只是更明白事理、更懂得取舍而已。忘掉“投资”和“投机”吧，“交易”才是资本买卖的真实写照。但大众是无法接受“交易”的，因为这意味着一份辛苦的工作，他们喜欢“投资”，那是一个轻易就能实现的举动。所以，他们注定失败。

在资本市场，有靠市场制度获利的，有靠内幕消息获利的，有靠操纵市场获利的，也有靠幸运获利的，还有靠时运获利的，靠技术获利的……而作为职业交易者，你只能依靠时运和技术，但靠技术获利是最难的，因为大多数人都在走同一条路，是成为佼佼者的概率大还是抓住时运的概率大呢？显然是后者。所以你要明白，绝大多数人盈利不是因为选择对了股票，而是选择对了时机。当好时机来临时，无论是大象还是猪都会被吹到天上，无论是大船还是帆板都会被冲到另一个国度。所有人都只是长年累月地在押宝，获得好收成仅仅是因为牛市来了或是今年上涨板块里正好也有他的持仓而已。股市大盈利同人生里的财富所得一样，其实都是时运之果。但是股市里有那么多的盘踞者，为了自我生存和利益，他们当然要想方设法地诱惑你，若大家都不上当，谁来供养他们、成全他们呢？个人生命是有限的，而钞票是可以无限印制的；个人资本是有限的，而股票是可以无限发行的；其实无论你是否入场，无论你身在哪个国家，都有被洗劫的命运，除非你爬上金字塔的顶尖。入市容易出市难，一将功成万骨枯，你确定要进入二级市场吗？别忘了还有一条大路：像马化腾一样创业，让二级市场为你买单；像任正非一样创业，永不向资本市场献媚。

2015年10月30日

附：股市和期市入市前须知事项

一、股市入市交易前须知

背景：高大上的办公室，古色古香的工夫茶。

侍者：客官，您来了？您坐！喝口茶吧！都说天下没有免费的午餐，但这里却有免费的好茶，还特别好喝！

侍者：客官，来这里有何贵干？啥？来赚钱？这里可没有钱赚哦！想知道如何在股市赚钱？这个……不急，您先看本漫画，我去换壶茶，稍等！

一本《股市江湖录》赫然出现在桌上，上有以下文字：入江湖、江湖志、修炼道。

入江湖

背景：写字楼门口的花坛边，摆放着一张证券公司的小桌子，无人但有一块招牌，上写“股票对折，数量有限，欲购从速”。

清洁工看向招牌：隔壁王老头炒股又赚了，我也去碰碰运气吧！

退休者看向招牌：这年头，储蓄负利率，得寻找增值渠道！

白领行色匆匆但看向招牌：打工存钱太慢了，听说股市有暴利！

老总刚出车门也看向招牌：公司正在重组并购，是不是也可以买一点？

背景：证券公司门口，竖着一块警示牌，上写“投资有风险，入市须谨慎”。

清洁工看向警示牌，心想：跟着王老头买，怕什么？

退休者看向警示牌，心想：赚点菜钱而已，不至于吧？

白领看向老板，心想：像投资您公司一样去投资，没什么问题吧？

老总看向白领，心想：向巴菲特学习，我看好你！

背景：证券公司内部大厅。

清洁工心想：什么是股票？

退休者心想：怎么做交易？

白领心想：投资没那么难吧？

老总心想：内幕交易不会真给逮住吧？

一个穿制服的女生笑眯眯地说：地球人都在买股票呢，您怕什么？

背景：营业大厅内外、办公室内外。

清洁工在打电话：王老头，帮我也买点吧？

退休者在交易大厅挠头：买哪一只呢？

白领托着下巴在看电脑：看来这个不错，买了！

老总乐呵呵地在看手机：又涨了！

周围有些人，也想打听些什么。

背景：上市公司股东大会。

人头攒动，纷纷要求分红。

清洁工说：买了这么久，却什么红利都没有！

退休者说：还不如存在银行吃利息！

白领说：这不是让我们的投资打水漂吗？

老总说：不分红，我们把钱投给你做什么啊！

一个胖乎乎的中年人无奈地摊开双手，说：遇到瓶颈，需要扩张，争取送股。

背景：一个有大吊灯的小房里。

清洁工说：这不是偷鸡不成反蚀一把米吗！

退休者说：得想想办法自救！

白领说：咱们相互把股价抬起来吧？

老总说：对，抬高了再转给别人！

于是相互报价：20元，30元，40元，50元……

背景：上市公司投资介绍会现场。

清洁工把股票递给路人甲说：这股票都在抢呢，所以这么贵！手直接抓向对方鼓囊囊的口袋。

退休者把股票递给路人乙说：听说马上每买10股送10股呢！眼睛盯着对方的大皮包。

白领一手接过钞票一手递出股票说：公司还在继续扩张，未来还会涨更多！

老总接过路人丁厚厚的一个信封说：公司下周就会发重组并购的公告！

得到股票的一群人在现场介绍会的横幅下兴奋不已，并相互传递信息。

背景：十字路口。

清洁工心想：不能怪我，是上市公司恶意坑我们！

退休者心想：幸亏自救，否则不知道要亏多少！

白领心想：哄抬股价，倒卖差价，这也叫投资？

老总心想：投资是面子，投机是底子，相信的人是傻子！

之后，每个人心中出现同一个声音：再来一次！

侍者：客官，您怎么看股市？是要理想还是要现实？是要面子还是要底子？是要感觉还是要挣钱？是您去适应它，还是让它来适应您？

侍者指着一张地图上的“股票综合指数走势图”说：您看，您要是坚持长期投资，2008年9月您还剩多少资产？2015年9月您还剩多少资产？结果能接受吗？

侍者：理想很丰满，现实很残酷。长期投资是主观理想，但要看有没有客观环境来实现。您要是只会买不会卖，我劝您还是打道回府吧！

侍者：啥？您还是想入股市？确定及一定？

侍者：好吧，那您接着看！

江湖志

背景：一座银行大楼，上有旗帜，写着“年利率1.5%”。

路人甲看着旗帜想：物价天天涨，这点利率有啥用？

路人乙看着旗帜想：这点利率完全抵不过通货膨胀率嘛！

路人丙看着旗帜想：银行不是救世主，存钱实在不划算！

路人丁看着旗帜想：要想保值增值，还得靠理财投资！

背景：一排工厂，上有AA公司、BB公司、CC公司、DD公司的招牌。

AA公司正在考虑：找内部员工募集资金的可能性太小了！

BB公司正在考虑：找外部个人募集资金的风险太高了！

CC公司正在考虑：找借贷公司融资的成本太高了！

DD公司正在考虑：没资格找银行贷款、发公司债券啊！

背景：一条街道上，一边是店铺，一边是民房。

店铺里伸出无数双手呼吁：要融资！

民房里伸出无数双手呼吁：要投资！

路的一个尽头是三根大柱，分别写着：高——房产投资，大——股权投资，上——艺术品投资。

路的另一个尽头是闷闷不乐的银行，楼上的大旗上写着：140万亿元储蓄。

政府官员背手站在街道中间思考：金钱的价值在于流通，得赶紧使金钱和产业对接。

官方职能部门：证监会（依靠财政拨款）。

背景：一排长桌，桌上的工作牌上写着“证监会”，后面坐着一排人，前面的人排成几队。

大中型企业排队：申请主板上市。

中小型企业排队：申请中小板上市。

创业型企业排队：申请创业板上市。

新三板企业排队：申请转板上市。

科技型小企业排队：申请挂牌新三板，被隔壁队伍指出“你站错队了”。

江湖四大鳄之一：证券交易所（收取上市初费、上市年费、交易经手费）。

背景：一个环形大圆桌，里外三层，上面有个吊牌，吊牌上写着“证券交易大厅”。

内部一层全是电脑，上面写着：撮合交易，时间优先，价格优先。

中间一层全是证券公司，上面写着：请先开户，后买卖股票。

还有几条线从证券公司连接到了最外面的几张小桌子的电脑上，桌子上标注着：基金公司，社保基金，保险机构，QFII。

场外是证监会巡视人员，头上有三面锦旗：盘活资产，促进经济；升级产业，优化资源；改善居民投资渠道，改善企业融资渠道。

江湖四大鳄之二：国家税务总局（收取交易印花税）。

背景：几个佩戴着证券公司证件的人，各自扛着一麻袋，上面写着“交易印花税”，向国家税务总局走去。

江湖四大鳄之三：证券登记结算公司（收取证券过户费）。

背景：几个佩戴着证券公司证件的人，各自扛着一麻袋，上面写着“过户费”，向证券登记结算公司走去。

江湖四大鳄之四：证券公司（收取各类服务费）。

背景：几张桌子，几个人，几张工作牌。

一张工作牌是证券经纪。一人向前面的投资人说：此路是我开，要想从此入场，交费！

一张工作牌是投资咨询。一人向前面的投资公司说：想要第一手的投资报告，交费！

一张工作牌是财务顾问。一人向前面的股份制公司说：可以辅导你上市，但要收费！

一张工作牌是证券承销。一人向前面的拟上市公司说：可以代销你的股票，但要收费！

江湖九大门派：九个神态各异的人站成一个环形。

国家队——社保基金，跟右边的门派说：牛市我能盈利，熊市我能自保，你能吗？

国家队——公募基金，跟右边的门派说：我先收客户管理费，稳赚不赔，你能吗？

国家队——信托公司资金，跟右边的门派说：我先收阳光私募的通道费，稳赚不赔，你能吗？

国家队——保险公司资金，跟右边的门派说：我钱多，扛得住，你行吗？

国家队——QFII资金，跟右边的门派说：我情报多，公关强，你行吗？

国家队——证券公司资金，跟右边的门派说：我有一手研报，又能组织大户进攻，你行吗？

民间队——各类公司资金，跟右边的门派说：我有内幕消息，你有吗？

民间队——私募基金，跟右边的门派说：我善于调研，纪律性强，还能对冲，你行吗？

民间队——散户资金，豪情万丈：我是散户我怕谁！

侍者：客官，这就是股市当前格局，大块头都有“大智慧”，您确信您有能力从这里获取收益？

侍者：啥？您还想入市？来，您看看这张图，无数小河汇聚成大海湾，那都是资金。可海湾被江湖四鳄凿开了四条小渠，有些水流到渠里再也回不来了。海湾里，八条大船各显神通，唯有散户的帆板七零八落。远方有一座高山和一望无际的沙漠，上市公司在那里摇旗高喊“吾等可发无尽股票，尔等可有无尽钞票”。

侍者：连证监会主席大人都说了，低收入者和靠养老金为生的人不太适合在股市投资。您要是实在想入场，那么就在牛市把钱交给公募基金打理，在熊市把钱交给私募基金打理吧！

侍者：啥？您想掌握自己的命运？您想入市交易？好吧！

侍者：茶凉了，我烧茶去，您继续！

修炼道

背景：练武场，九个方位插着九样兵器，一个修行者在犹豫。

剑上标注——价值投资：万法之宗。修行者在想：适合国情吗？

刀上标注——技术分析：万法之门。修行者在想：容易学吗？

枪上标注——内幕消息：法是表象。修行者在想：没那机会啊！

斧上标注——股票坐庄：我就是法。修行者在想：没那本钱啊！

叉上标注——盘感交易：无所谓法。修行者在想：这不是胡来吗？

钩上标注——跟风交易：没法的法。修行者在想：倒是要有人肯让我跟啊！

棒上标注——跟随经济：脱离万法。修行者在想：这个适合经济学家吧！

锤上标注——只做牛市：万法之王。修行者在想：倒是要先能分辨牛熊市啊！

鞭上标注——高频交易：速度为王。修行者在想：这还是人学的吗？

一个老者朝他走来，说：世人都只是价格的投机者而已，还是从万法之门开始吧。

背景：练武场，老者向修行者摊开一幅长卷，上写“彭石交易法”，下有小字“术虽易，人难易”。

老者第一句话：此乃技术分析之结晶、趋势交易之精华，属看图交易，但蕴含世间基本常识和逻辑。

老者第二句话：无论何种惯性、阴谋、意外等，都会在图里体现，依据此法，市场无法伤尔之根基。

老者第三句话：坚持此法，必然收获累累，而世人的贪、嗔、痴、慢、疑则会致其陷入无常的轮回中。

老者第四句话：此法传一万人会有一万种结果，关键是人的习性作祟，最终好坏不在于法而在于人。

背景：练武场，老者盘坐，出现四位询问者。

第一个人问：学该法一定可以盈利吗？老者答：只要相信+坚持+平常心，就一定可以盈利。

第二个人问：该法可用在任何品种上吗？老者答：只需有K线图、成交量正常、隔夜跳空少即可。

第三个人问：该方法难学吗？老者答：只要肯用心，快则一周，慢则一月，足以学会。

第四个人问：这是最好的方法吗？老者答：没有最好的方法，只有适合你的方法，此乃万法之门。

背景：练武场，四位询问者起身，个个意气风发。

第一个人想：欲练神功，不必困苦几年啊！

第二个人想：练成此功，岂不快意江湖？！

第三个人想：练就此功，豪车、豪宅岂非唾手可得？！

第四个人想：这可是打开金库的一把钥匙啊！

老者渐行渐远，丢了句话：圣贤书到处有，圣贤者却没见几个；技术方法容易得，能功成身退的却没几人。

侍者：客官，想什么呢？我劝您还是算了吧，交易这碗饭不是谁都可以吃的，跟人性做斗争可难着呢！

侍者：啥？与人斗，其乐无穷？好吧，若您非要坚持，就先求知后行动吧。就此别过！

二、理性看待“股指吧”现象

近来，“股指吧”如雨后春笋般出现在全国各地，给金融秩序和股指运行造成了一定的负面影响。下面就“股指吧”的几个方面进行探讨，使各方参与者有较为清醒的认识。

先谈谈“股指吧”的性质问题。“股指吧”其实是变相的经纪商，即资助并网罗、促使客户进行交易，但个体是无法充当这个角色的，而且即使是期货公司在做经纪业务时，除了要具备相应资质和专业人员外，还必须核查客户是否具备交易资格。所以，个体从事经纪商业务并提供迷你账户进行交易其实是不合法规的，一旦客户出现重大亏损，而亏损又导致家庭矛盾并出现意外事故后，就有可能出现当事人家属集体闹事的现象，这样的情况即使是医院或证监会都难以面对，何况是个体经营者。即使没有出现这样的极端现象，大量的客户出现重大亏损，也会蚕食经营者的社会资源，破坏其社会形象、折损其福寿健康。

再谈谈“股指吧”的生存问题。“股指吧”给客户的融资成本太高，如：一个客户一天只交易3个来回，每天的利息成本就是900元，一个月下来就是近2万元，按15万元做1手来计算，月利率约是13.3%；如果一天交易6次，那么月利率就高达26.6%，这样的利率比民间借贷利率高了10倍，而且客户还交了保证金。这还不是关键，关键的是客户在现场的每笔交易都会出现人工下单的延迟现象（思考—喊价—确认—下单—成交），同画线自动交易相比，平均每笔人工交易会因延迟而出现2点的亏损，即每个交易来回会出现4点的亏损。如果每天只交易3次，那么交易成本就高达15点（含每次1点的融资成本），月交易成本高达9.9万元，为借款本金15万元的66%；如果日交易6次，那么月交易成本就高达借款本金15万元的132%了，这还不包括每笔交易的自然滑点，而且还是按15万元做1手而不是按10万元做1手来计算的。在日内交易里，最多只有5%的人能够盈利，但如果月交易成本高达

66%，那么能够盈利的人连1%都没有了。客户都亏损出局了，“股指吧”也难以维系，这就好比银行贷款年利率一旦超过30%，绝大部分实体企业就会消亡一样。

再谈谈“股指吧”的发展问题。如果让客户在现场自己下单（每人一台电脑），无疑既可大幅减少交易延迟成本，又可减少人工开支和下单失误问题，但新的问题就是：要让40岁以上的人熟练操作软件并自行进行技术分析且能控制下单的那只手，是很难实现的。而且一旦让客户自己下单了，客户就可以在家交易了，为了防范风险，“股指吧”就会要求客户存入更多的保证金，这样“股指吧”就变成了配资公司。显然，“股指吧”同行业其他公司相比，并不具备配资成本上的优势。与此同时，还有一个软件使用问题，为了方便资金管理，“股指吧”给客户提供的软件都是分账户软件，这样的软件侧重于手工下单，因而没有超价委托功能、自动止损功能、画线交易功能等。在如此动荡的行情下，仅没有下单超价委托这一项功能，客户就几乎无法交易了，因为这会导致多数时候的单子都无法及时成交，需要不断撤单后再下单。如果客户大面积盈利且“股指吧”也获利丰厚，那么“股指吧”谈连锁加盟也是水到渠成的事。但若是出现以上情形，那么连锁加盟只会把主导者拖入深渊，因为参与者越多，亏损面就越大，出事的概率也越大。

最后谈谈“股指吧”的出路问题。很明显，“股指吧”面临的是一个唇亡齿寒的问题，即客户能获利，“股指吧”就能发展，反之“股指吧”就会消亡。那么客户盈利就真的那么难吗？答案是否定的。任何一个交易者，只要遵循“入场浅止损、有利宽止损”的原则，那么从长期来看，都是可以赚到钱的，这里面的关键要诀是不能做日内交易。如果在日K线上寻找开仓方向，每次入场后设置10点止损，一日只做1次，那么即使连错4次也只会亏损40点；若趋势一旦明显且被捕捉到，则后面往往会连行6%以上，只要设一个2%的追踪止损，即可至少赚到4%的行情（如果当时是3000点的位置，意味着可以获利120点），即1手至少获利3.6万元。如果存入的保证金为3万元，那么该笔交易的盈利率将会超过100%，即使扣除40点的前期亏损，也有2.4万元的盈余。如果这个波段交易耗时半个月，那么这半个月内客户只交易了

5次，借贷成本只有1500元，即月借贷成本大约为3000元，为借贷资金15万元（1手）的2%或10万元（1手）的3%，正好等同于其他配资公司的借款利息。显然，这样的交易频率和借贷成本才较为合理。但是，如果“股指吧”的资金也是借贷而来的，或者股东们有更好的投资渠道，那么每年20%~30%的投资回报就无法让股东们满意了。

还有一个问题，日内交易看似可以凭高频率交易获利，但客户的单次交易量往往并不大，导致“股指吧”的资金使用率难以提高（100手的资金规模，每日资金使用率在10%~50%之间），再算上股东为活跃交易氛围所带来的亏损、客户必然会出现的亏损赖账、现场的运营管理成本等，股东最终能否获利还是个未知数。波段交易的交易频率虽然不高，但是只要能稳健获利，客户就会不断追加保证金，导致“股指吧”的资金借贷率可能达到100%，且客户的保证金比例会随着其资金的增大而不断提高，反过来可以减少“股指吧”的资金投入。也就是说，波段交易可以使“股指吧”做大，但无法增加其投资回报率，因为一旦客户增加交易频率，就会自然消亡。“股指吧”若得不到较高的交易频率，则其投资回报率也就无法提高。

可见，现实的问题是：若“股指吧”盈利丰厚，客户就会全部消失，“股指吧”也就随之解散（只有一个例外，那就是至少有一个客户精通日内交易）；若客户盈利丰厚，“股指吧”则无法生存，但配资公司可以生存（配资公司得以生存的前提是，至少有一个客户精通波段交易）。由此推断，“股指吧”或配资公司得以发展的基础是：能稳定获利的交易，即使这样的交易者只有一个。但有一个悖论，就是一旦找到了这样的交易者，就会成为C2C模式（个体对个体）而不是B2C模式（公司对个体）了，所以，“股指吧”或配资公司注定无法持续存在。

期货交易研究八

CHAPTER 8

如何做好商品期货交易

商品期货交易和股市交易有所不同：商品期货交易仅仅是交易商品本身，因而纯粹是对商品价格的投机；但股市交易的是股票，其背后有上市公司作为支撑，因而会产生各种交易依据。商品研究虽然简单，趋势性也很强，但因为有杠杆的存在，所以本是简单的东西会因为人的贪婪而变得复杂，本是明确的东西会因为人的担心而变得紊乱。于是，长期获利在这里成为一种龟兔赛跑的游戏，长期生存在这里成为谆谆教导的话题。业界人士常说，若在期货市场不被折磨五年，就难以做到持续盈利，这话在我身上也得到了验证。但在这行业，很少有什么东西是可以拿来教人的，原因如下：其一，该行业信奉的是惩罚使人进步，只有那些被市场洗礼过成千上万次却还能坚持下来的人，才能成为市场收割者；其二，如果不是你自己以痛苦的代价领悟到的东西，那么始终是别人的东西，即便你懂了也用不上，即便用得上也无法坚持；其三，人是有想法有情绪的动物，而交易是很理性很枯燥的事情，因而对致力于追求快乐的人类而言，是难以做好交易这项工作的。但是，抱着启蒙开悟且使人少走弯路的想法，我在这里还是对商品期货交易做一些个人总结。

常听说某人在期市只用了几万元就赚了几千万元，或只用了几百万元就赚了多少亿元，于是就有人开始雄心勃勃地入市交易。其实他并不知道，在高度投机的期货市场，偶然获得暴利是一个很正常的现象，但高收益背后必然存在高风险，即使某人能大跨步前进九次，但只要出现一次重挫就足以使其“一夜回到解放前”，这是其尊重大概率就必须否定小概率的必然因果。

在平均杠杆是10倍的期货市场，随便哪个商品出现1%的涨跌幅，就可以收获10%左右的盈利，于是这里无时无处都有机会。但是一旦你真要去捕捉这样的机会，它就像镜中花、水中月。原因很简单：如果机会很多，其实就意味着没有机会，真正的机会是对比出来的、酝酿出来的、等待出来的。既然一个市场的大、小机会都很多，其实也就说明了大、小风险也很多，所以我们首先要考虑的不是盈利的可能，而是如何在这个市场中长期生存下来，只有常驻于市场才能谈长期盈利的可能。总体来说，在期市想要做到长期盈利，需要连过交易情绪、资金管理、方法策略这三关。西方人认为这三者的比重依次为6∶3∶1，而我却宁可将其看作是三个变数：X、Y、Z。如果你同时拥有这三个变数，那么三者相乘的结果一定是亏损。风险是什么？风险就是不确定，你同时拥有这么多不确定，亏损就成为必然。盈利之道即是尽量去掉不确定之道，但这条道路唯有程序化交易可以无限接近，至于人能做到什么地步，又是否可以一以贯之，姑且作为一种希望吧。

先来谈谈情绪管理。一个再好的剑客若无法控制情绪，交战的后果可想而知。同理，即使你有再好的方法和策略，若无法控制交易中的情绪，也最终会以亏损收场。交易中的情绪无非以下几种：未入场时的担心、入场后的恐惧、亏损后的沮丧、盈利后的喜悦、连续亏损后的愤怒、连续盈利后的狂喜、不亏不盈时的不耐烦。越在乎得失，交易时的情绪化就会越严重，即使一开始不那么在乎，但随着亏损或盈利的增加，最后也不得不在乎并深陷其中难以自拔。人有七情六欲，以上都是常态，但是你若想成为那百里挑一的胜者，就必须斩除人性的劣根，保持心态的平和。首先是在意识上，你要知道长期盈利不是靠一时而是靠累积，所以不必在意每笔单子的得失。其次是你要有一套行之有效的交易方法和资金管理策略，如此才能有保持心态平和的客观基础。最后是坚决用程序化交易或画线下单取代手工下单，且一定不要看分时图或1分钟K线图，那是一张乱人心性的魔图——图动必然眼动，眼动必然心动，心动必然手动，手动多数亏损，亏损必然烦乱，烦乱加剧亏损。但是从根本上来说，人是不可能完全没有交易情绪的，因为情绪是感性的，而现实生活中很多感性的存在其实是美好的存因，因而感性会根深蒂固地存在于我们身上。如果说理性属于意识、感性属于潜意识，那么想要时刻用10%的意识去约束那90%的潜意识，肯定难以办到。但程序化交易就可以100%做到，所以在这一点上，机器交易胜过人工交易。

再来谈谈资金管理。资金管理好比作战时的行军部署，没有科学的资金管理策略，犹如散兵游勇在千军万马中东冲西突，败亡是迟早的。如果你有10万元本金，假使每次交易亏损1万元，那么你只有不到10次的入场机会，但是如果连续亏损5次，当亏损超过本金的50%之后，你就难以坚持该计划了，就容易胡作非为进而招致爆仓。所以对于拥有10万元本金的人，至少要给自己20次入场机会（那些还没完善交易方法的人，则需要给自己至少50次入场机会）。如果给自己20次入场机会，那么每次亏损就不得超过5000元。假使交易标的物是10倍的杠杆，且每次比开仓价亏1%就止损，那么单次亏损比例就会达到10%，所以你投入的资金不能超过5万元；如果每次亏0.5%就止损，那么就可以投入10万元资金入场交易。至于你是把这5万元或10万元分成几等份去交易，就涉及后面的交易策略了。可见，资金管理策略同你的止损幅度密切相关，而止损幅度又同你的交易方法密切相关。对于一个老资格交易员而言，10万元、100万元、1000万元所采取的资金管理策略是不一样的，若有10万元本金可以给自己20次交易机会，若有100万元本金则可以给自己50次交易机会，若有1000万元本金则至少应分配到5个品种上去，且要根据每个品种的月平均成交金额来匹配入市资金比例，以防止流动性不足所带来的滑点损失。如果资金管理涉及子基金，那么还必须预留一部分资金作为后备补给，去补充那些已经到达预警线的子基金，使其恢复继续交易的资格。可见，当交易的资金过于庞大后，要想对资金做更细的分配或更动态的分配（根据盘中盈亏及时调整仓位等），就不是人力可以胜任的了。此时，机器交易再次胜过人工交易。

再来谈谈交易方法。交易方法有很多种，包括根据K线、指标、时间以及这几者的结合进行的交易，也包括在分时图上、1~30分钟K线图上、日K线图上、周K线图上进行的交易。但无论是什么交易方法，无论在什么周期上使用，其本质都是围绕着盈亏比来展开的。没有人可以预料到后续的行情走势，所以一方面我们要提高胜率，另一方面要保持高盈亏比，这样即使5次交易中失误了4次，也可以仅凭1次盈利就将亏损扳回；如果5次交易中能成功2次，那么盈利就毋庸置疑了。事实上，因为有止损的存在，所以交易的成功率往往只有30%左右。在诸多交易方法中，不建议采用日内交易法，因为在一天近4小时的行情中，追涨杀跌会错失有限的进场机会，而很多商品平均每日的涨跌幅度只有1.5%左右，即平均每日的盈利难以超过1%，于是在有0.5%的止损情况下，平均每日的盈亏比就只能达到2∶1了，这意味着如果交易的成功率只有三分之一，那么就只能勉强持平。要想使平均盈亏比超过2∶1，就必须使交易的单子可以隔夜，使盈利有继续扩大的可能。抛开各种纷繁的指标形态和交易思路，非日内交易的开仓本质上是围绕着开盘价来进行的，无非是早开还是晚开的问题而已。在止损相同的情况下，比开盘价高或低0.5%就入场，同比开盘价高或低2%才入场而言，自然是前者获利更多，但前者开仓时趋势不明因而成功率较低，而后者开仓时趋势较明因而成功率较高，所以总收益其实是难分伯仲的。总体来看，做日内交易的属于喜欢扎堆的虾米，最后绝大多数会沦为食物；做波段日线交易的属于来去自由的龙鱼，在吞食虾米的同时也多数会沦为食物；只有做趋势长线交易的才是鲨鱼，吞食那些不断游走的生物。但是无论采用什么交易方法，人往往只能专注于一种，最多也只能是一快一慢两种，且仅限于几个主流品种。程序化交易就不一样了，多策略、多品种、多市场同时交易，就像每天派出几十个甚至几百个特种兵去冲锋陷阵一样，部署得当、纪律严明，市场其他单兵作战的个体怎么会是其对手呢？此时，机器交易再次胜过人工交易。

再来谈谈交易策略问题。交易方法是解决在什么周期上、用什么做参照物、在哪里入场、在何时离场的问题，而交易策略则是将资金分给谁和如何分的问题。1000万元资金拥有者，应去追逐熊市里反弹最多或下跌最多的品种，因为它们都有做反手的机会且获利空间较大，同时对于顺势的品种也可一直持有；100万元资金拥有者，可以追踪10个品种以内的波段性交易机会，此时，均线应成为比日K线更重要的参照物；10万元资金拥有者，建议将资金分成五等份（平均止损为开仓价乘以0.5%），两份顺势抢先机，两份捕捉当日领头羊，且只有在获利了结的情况下，才能再去捕捉其他品种的机会（在总盈利较大的基础上，也可以动用最后一份资金去捕捉其他品种的机会）。对于1000万元以上的大资金而言，不仅要分配资金的去向，还要分配资金的入场时机，它的交易方法并非是每次去赌一个胜负，而是要顺势分批入场，这样，其平均开仓成本虽然比一次性赌胜负的要高很多，但若看错了它亏钱的份子少，看对了赚钱的份子多。交易策略是解决将资金分给谁和如何分的问题，所以此时人的理性思考和对风险的防范能力肯定是胜过机器的，机器的交易性优势此时就得不到体现了。人胜在思考，而机器胜在执行，但再好的策略、再好的部署终归是要落实到执行上才能谈结果的，所以从最终结果来说，机器交易完胜人工交易。

程序化交易还有更大的优势，即可根据资金对风险的偏好来调整清仓线。如果某程序满仓后于近期一年的收益率为100%~300%，而历史最大损益回撤率为15%，那么即使将清仓线设为总资金亏损5%或10%时，也大致可获得33%~100%或66%~200%的年度收益率，且无须改动程序，只需将入市资金调整为总资金的三分之一或三分之二即可。这样，只要能承受些许亏损的资金就都可被吸纳入市了。所以，有机会上程序化交易的公司或个人都应尽早上。未来世界，多数工种都会被智能机器取代，包括交易员岗位。

2015年11月15日

附：全球主要期货交易所及其主要商品期货合约

一、全球主要期货交易所概览

表11　全球主要期货交易所概览

国家/地区	交易所名称	代码	主要交易对象
中国	上海期货交易所	SHFE	主要交易金属、能源、橡胶等期货
	大连商品交易所	DCE	主要交易大豆、玉米、铁矿石等期货
	郑州商品交易所	CZCE	主要交易菜粕、棉花、白糖等期货
	中国金融期货交易所	CFFEX	主要交易沪深300、上证50、中证500的指数期货
美国	芝加哥国际货币市场	IMM	主要交易6种国际货币的期货
	芝加哥期货交易所	CBOT	主要交易豆粕、豆油、玉米等农产品期货
	芝加哥商品交易所	CME	主要交易育牛、活牛、活猪等畜产品期货
	芝加哥期权交易所	CBOE	主要交易指数期权和个股期权
	纽约商品交易所	NYMEX	主要交易原油、燃油、天然气等能源期货
	纽约期货交易所	NYBOT	主要交易咖啡、糖、可可等农产品期货
	纽约金属交易所	COMEX	主要交易金、银、铜等贵金属期货
英国	伦敦金属交易所	LME	主要交易铜、镍、锌等基础金属期货
	伦敦洲际交易所	ICE	主要交易原油、柴油、燃油等能源期货
欧洲	欧洲期货交易所	EUREX	主要交易德国国债和欧元区股指期货
	泛欧证券交易所	Euronext	主要交易欧元区短期利率期货和股指期货
加拿大	加拿大蒙特利尔交易所	MX	主要交易个股期权和股指期货
日本	东京国际金融期货交易所	TIFFE	主要交易短期利率期货
	东京工业品交易所	TOCOM	主要交易能源和贵金属期货
	东京谷物交易所	TGE	主要交易农产品期货
新加坡	新加坡国际金融交易所	SIMEX	主要交易摩根台指、日经225、A50指数的期货
澳大利亚	悉尼期货交易所	SFE	主要交易当地的股指和利率期货
中国香港	中国香港期货交易所	HKFE	主要交易恒生指数期货、H股指数期货
中国台湾	中国台湾期货交易所	TAIFEX	主要交易股指期货与个股期权
韩国	韩国证券期货交易所	KRX	主要交易债权、股票、KOSPI200指数期货与期权
南非	南非期货交易所	SAFEX	主要交易当地金融期货品种

二、外国主要商品期货合约

表12　外国主要商品期货合约

类别	商品	报价单位	交易所
农牧产品	玉米	美分/蒲式耳	CBOT
	大豆	美分/蒲式耳	CBOT
	小麦	美分/蒲式耳	CBOT
	豆油	美分/蒲式耳	CBOT
	豆粕	美分/蒲式耳	CBOT
	可可	美元/吨	NYBOT
	咖啡	美分/磅	NYBOT
	糖	美分/磅	NYBOT
	橙汁	美分/磅	NYBOT
	棉花	美分/磅	NYBOT
	育牛	美分/磅	CME
	活牛	美分/磅	CME
	活猪	美分/磅	CME
	棕榈油	林吉特/吨	MDEX
金属	黄金	美元/盎司	COMEX
	白银	美分/盎司	COMEX
	铂金	美分/盎司	COMEX
	钯金	美分/盎司	COMEX
	铜	美分/磅	COMEX
	铜	美元/吨	LME
	锡	美元/吨	LME
	铝	美元/吨	LME
	铅	美元/吨	LME
	锌	美元/吨	LME
	镍	美元/吨	LME

（续表）

类别	商品	报价单位	交易所
能源	原油	美元/桶	NYMEX
	燃油	美元/加仑	NYMEX
	无铅汽油	美元/加仑	NYMEX
	天然气	美元/mmbtu	NYMEX
	布伦特原油	美元/桶	ICE
	柴油	美元/吨	ICE

期货交易研究九

CHAPTER 9

期货交易的核心思想

1．抓住主要趋势

技术面的核心就是趋势，如当前的价格运动趋势是整体向下还是整体向上，若向下则应只开空而不开多，反之则反。如果把价格的整体运动趋势定为主要趋势，那么因为价格总会反弹或回撤，故而在主要趋势里还会存在次要趋势。很多人想把主要趋势和次要趋势都抓住，这过于天真，因为次要趋势往往短暂且不易捕获。所以在交易时必须有所取舍，必须把精力放在主要趋势上，无论是加仓还是离场后重新进场都应这样。总想捕捉次要趋势，是那些自作聪明者的想法，你必须同他们分离，否则会影响交易心态、分散注意力。

2．在大势中加仓

博弈市场，法无定法，想以一套恒定的方法去应对变化无常的市场，或想以过去的统计结论来准确预测后市走势，都是行不通的。虽然一切都无法固定且无法预测，但是对立面一定存在且彼此酝酿，当量变达到质变时对立面就会全面转化，一旦对立面全面转化就会维持较长一段时期。所以，要善于捕捉主要趋势并在主要趋势行进中不断加仓，如此才能摆脱以单次开仓来赌胜负的命运；且单次加仓后，止损的依据是平均开仓价，所以会减少单次开仓的止损频率；又因为加仓通常是在盈利后，故难以伤及本金。

3．慎抓次级趋势

沿着主要趋势交易，我们会获得高成功率和大概率的盈利，但主要趋势也是从微小的反弹或回撤开始展开的，就像太极图。大概率本身分为两种：

一种是价格会大概率地顺着当前大势前进，另一种是随着价格大幅度地涨或跌，回转概率也会越来越大。前一种大概率容易捕捉故而成功率高，后一种大概率不易捕捉故而失败率高。对于后一种，若是价格一年内急跌50%或连跌5年以上，或连涨半年以上且涨幅超过1倍，则未尝不可用少量资金抄底或抄顶，但此时抄底或抄顶的依据应是30日均线，且要严格控制止损。

4．坚持理性交易

绝大多数人在期市亏钱的主要原因是：交易多个品种但无止损、有止损但重仓单一品种、有止损但频繁交易。所以为了不成为这样的绝大多数人，必须坚持预备止损、坚持将资金分散到多个品种上、坚持不做日内交易、坚持不看分时图或1分钟K线图、坚持有利后放宽止损以避免频繁进出、坚持瞄准高盈亏比的商品及机会、坚持在主要趋势上加仓、坚持在多次加仓后用浅中宽三种止损离场。趋势大幅前进且止损后，对于次级趋势中的二次前进或破平台行情，可谨慎参与，但不可加仓，且在顺大趋势重新开仓时离场。

5．坚守交易原则

交易有五原则要坚守。顺势：即顺大势交易（在连行过多的基础上偶尔可用小资金做逆市交易，但也要在价格过30日均线之后）。分批：即在顺大势交易时，要分批进场且要分批离场。因为从长期来看，无人可以在预测的成功率上有所提高。等待：即未入场时要等待交易时机到来，入场后则等待离场时机到来。宽容：宽是指开仓线或离场线的设置要宽一些，不要逼得太紧；容则是指在趋势前进时，对反向的异动走势要能容忍。无为：即在等待和执行之外，不要患得患失、担心侥幸、自作聪明、恣意妄为。

6．始终预备止损

世事无常，后市难测。即使坚持大概率开仓原则，也必须时时预备止损。止损虽然不会每次正确，但是最终结果却对我们有利。你不能依据历史统计数据而加大止损幅度，以图最终获得更大收益率，因为过去的走势永不会再现，而现实的风险则必须时刻控制；也不能因为账户资金的变动或以患得患失的心态而减少止损幅度或随意止盈，因为中途出局后就很难找到风险更低的入场点。合理的绝对止损及浮动止损，有利于减少亏损、收获盈利、减少中途出局机会、减少重新入场次数、有资本卷土重来、减少心理压力。

7. 置风险于首位

投资的目的不是交易，而是盈利。交易是一个行为，只涉及开仓和平仓，因而容易凭主观意愿而频繁发生；盈利则是一个系统，涉及大概率走势方向、高盈亏比产品、适合的入场时机、入场后的绝对止损、盈利后的浮动止损，以及加仓和减仓。投资的核心不是盈利，而是控制风险，只有首先考虑到风险，才会顺势交易，才会减少交易，才会因为活得长久而收获更多的机会。反之，当把注意力放在盈利上时，风险控制必然要做出让步，如此，不仅会产生高失误率的频繁交易，也会因推后止损线而导致大额亏损。

8. 重视高盈亏比

控制了风险也必然控制了盈利，比如会因降低交易次数而减少盈利机会，会因止损或保本行为而导致中途出局，会因分散投入而丧失在获利品种上的重仓机会。所以理论上，承受10%的亏损只会获得10%的盈利，但若始终抓高盈亏比的机会，则有可能以10%的亏损来博取30%以上的收益。所以，高盈亏比才是“投资—风险控制—盈利”中的关键因素，而基本因素是资金管理，辅助因素则是止损。也就是说坚持抓高盈亏比机会的同时也必须时刻设置止损，但止损可控制风险却不等于不会亏损，所以还要学会管理资金。

9. 善于管理资金

资金管理是控制风险的源头。为使我们有资金在亏损后继续交易，就必须控制初次入场的交易量，同时以止损来控制绝对亏损值。若总资金为100万元、亏损20%即清仓、每次入场承受1万元亏损，那么最多能有19次机会来博取高盈亏比的行情。倒推过来，在平均10倍杠杆的基础上，每次入场的资金若分别为10万元或20万元，则亏损1万元所对应的止损幅度分别为价格回转1%或0.5%。为了防范重仓单一商品的风险，同时也为了争取其他商品上的行情机会，这19次开仓还要分到其他商品上去，但切勿太过分散。

10. 合理利用杠杆

无论100万元是自有资金还是以1：5的杠杆配资而来，若均是亏损20%即清仓来处理，则在资金管理上均可按上述方案处理。假设只有20万元资金且允许全部亏损，那么也可以采用上述方案处理，最后所得与配资100万元的所得或许一样，只是配资100万元后，同一时段内有更多的资金可用于加仓或交易其他商品。而对于非套利交易的大资金而言，因为要兼顾20%的清仓线，所以不仅不能配资，还必须去掉期货公司所给的部分杠杆。可见，若资金少，则要主抓高盈亏比的商品及机会；若资金多，则可增加几个品种。

11. 强化优势条件

在期货市场，有靠内幕消息获利的，有靠操纵市场获利的，有靠基本面获利的，有靠技术面获利的，有靠运气获利的，有靠时运获利的……你必须建立和强化自己的优势条件，使自己不同于90%以上的交易者，方能在百万期市大军中成为佼佼者。上述所有思路经验和行为准则，均是在确保你能建立与众不同的优势，并终将因为这些优势而使自己脱胎换骨，成为市场中的最终赢家。所以这些思路经验和行为准则必须长期坚守，长期优化。期市盈利没有捷径，若真有捷径，那就是你本身就与众不同，且深谙世事规律。

12. 成为人生赢家

投资的最高境界是投资自己，交易的最高境界是交易自己，你的长期交易成绩单，其实是你的品德、学识、技能、修为、智慧与市场交易的结果。有四个因素决定了你是否能成为人生大赢家：其一是视野，大视野和长周期决定了你能够获取的最大收益和最终成就；其二是专注，专注于交易和专注于品种决定了你行进过程中的稳定性；其三是耐心，空仓的耐心和持仓的耐心强化了交易的稳定性和获利的最大可能性；其四是自律，对于交易行为的自律和生活习惯的自律决定了那些可预见的成就是否会最终变成现实。

2015年11月30日

附：全球主要期货交易所交易时间及美国节假日时间

一、全球主要商品期货交易所交易时间

（1）纽约金属交易所（COMEX）。

交易时间：20：50~03：35。

夏令时执行时间：4月第一个星期天至10月最后一个星期天。

纽约与北京的时差：-13小时。

（2）纽约商业交易所（NYMEX）。

人工喊价：23：00~03：30。

电子报盘：04：15~22：30（周二至周五）。

08：00~22：30（周一）。

夏令时执行时间：4月第一个星期天至10月最后一个星期天。

纽约与北京的时差：-13小时。

（3）纽约期货交易所（NYBOT）。

交易时间：23：30~03：15。

夏令时执行时间：4月第一个星期天至10月最后一个星期天。

纽约与北京的时差：-13小时。

（4）芝加哥期货交易所（CBOT）。

人工喊价：23：00~03：15。

电子报盘：09：30~20：00。

夏令时执行时间：4月第一个星期天至10月最后一个星期天。

芝加哥与北京的时差：-14小时。

（5）伦敦金属交易所（LME）。

第一节交易时间：19：40~20：20。

第二节交易时间：20：30~21：10。

第三节交易时间：23：10~23：50。

第四节交易时间：23：55~00：35。

注：每小节八个品种，每个品种5分钟；

第二节交易在官方报价后于21：30结束；

第四节交易在01：00结束。

夏令时执行时间：3月底至10月底。

伦敦与北京的时差：–8小时。

（6）东京工业品交易所（TOCOM）。

交易时间：08：00~10：00；

11：30~14：30。

东京与北京的时差：+1小时。

二、美国与期市有关的法定节假日时间

（1）新年	1月1日
（2）马丁·路德·金纪念日	1月的第三个星期一
（3）华盛顿诞辰	2月的第三个星期一
（4）耶稣受难日	复活节的前一个星期五
（5）战争纪念日	5月的最后一个星期一
（6）美国独立日	7月4日
（7）劳工节	9月的第一个星期一
（8）感恩节	11月的最后一个星期四
（9）圣诞节	12月25日

期货交易研究十

CHAPTER 10

期货交易的基本哲理

1. 重基本面OR重技术面

影响商品价格变动的因素非常多，我们难以在交易时获取全部影响因素，也难以在第一时间得到这些因素，更难以知晓这些因素背后的真实意图。在如此现实的基础上，若依据那些不完整、不及时、不真实的信息而坚持不入场或不离场，必然失误连连。所以，在人力有穷尽而天意常弄人的客观条件下，我们不可能完全按基本面来交易。实际上，很多所谓的基本面因素，又何尝不是基本面主力用来欺骗对手的手段呢。

绝大多数影响价格的基本面因素都会延时反映在K线图上，包括主力想法和市场情绪。我们不能去探讨市场现在是否理性，更不能据此做出决策，因为市场行为会碾轧一切反对者。有人妄想通过基本面和技术面的趋同而展开行动，这往往也行不通。原因有二：一是如上所述，二是当价格走势对你越来越不利时，你还是面对现实而采取行动，所以终究还是技术面说了算。可见，忠实于技术面是期货交易中的理性选择。

2. 收益第一OR风险第一

在股市中，或许可以坚持收益第一而风险第二的原则，因为只要不是使用了杠杆或频繁交易，持有好股票后即使几年不卖，最后往往还是会找到更好的卖出点的（当然，在历史最高价买入的除外，未来会退市的股票也除外）。但是期货有平均10倍的杠杆，即使只动用十分之一的资金入场，也依然存在将本金亏完的风险。但期货交易的魅力之一就是具有杠杆，而绝大多数人的重大收益也正是因为合理利用了这个资金杠杆。

可见，期货交易的首要任务不是如何盈利而是控制风险。只有首先考虑到了风险，才会顺势交易，才会减少交易，才会因为活得长久而收获更多的机会。反之，当把注意力放在盈利上时，风险控制必然要做出让步，如此，不仅会产生高失误率的频繁交易，也会因推后或废除止损而导致大额亏损。风险控制是一个系统，包括分散交易产品、分散入场时间、沿高概率方向开仓、适当止损、盈利后加仓、适时离场。

3. 要低杠杆OR要高杠杆

假设自有资金为10万元、允许亏完、每次入场资金为20%、能承受5000元亏损、利用10倍杠杆，那么最多会有19次入场机会并能专注于5个品种；若是以杠杆配资100万元、允许亏损10%、每次入场资金为2%、能承受5000元亏损、利用10倍杠杆，那么最多也会有19次入场机会且能把握5个品种。可见，在亏损值一样的基础上，两者的入场方式和未来收益率相仿，即期市中的再融资几乎没有必要。

在没有盈利之前，最好不要使用杠杆。即：若产品的平均杠杆为10倍，则最好只动用十分之一的总资金，且根据上面的规划将资金分批入场。因为在上面的推论中，即使是1：10的杠杆，也能经得起风险考验，所以在盈利之后，唯有遵循1：10的杠杆原则，才能在不放大风险的同时充分利用杠杆优势。即：资金每增加10万元，才能增加1倍的资金杠杆，以此类推；若本金允许亏完，则只要有盈余即可投入使用。

4. 要高胜率OR要高盈亏比

无论什么交易方法的盈利，本质上都是高胜率或高盈亏比的结果。连续多次开仓后，若每次亏损1%或盈利1%即走，那么当胜率高于50%时，则必然可见盈利（不含手续费）。高胜率的形成往往有三种原因：一是利用了确定的内幕消息；二是操纵了短期的价格走势；三是利用了特定的规律且买卖周期非常短（如程序化高频交易）。坚持高胜率交易者认为：市场变化莫测，唯有利用并强化自身优势，方可长期获胜。

坚持高盈亏比者则认为：高胜率不是人可以强求得到的，但是高盈亏比却是自己可以坚持得到的。当盈亏比为1：1时，若胜率为50%，则多次交易后只会亏损些许手续费；但是当盈亏比为3：1时，只要胜率高于25%，则多次交易后就可见到盈利。实际上，由于止损的存在，交易的胜率往往只有三分之一左右，所以坚持高盈亏比是唯一的出路。但不可主动止盈，因为最终的盈余往往来自盈亏比超过10：1的那笔交易。

5. 抓主要趋势OR抓次要趋势

技术面的核心就是主要趋势，如当前的价格运动趋势是整体向下还是整体向上，若向下则应只开空而勿开多，反之则反。若把价格的整体运动趋势定为主要趋势，那么因为价格总会回转，故而在主要趋势里还会存在次要趋势。很多人想把主要趋势和次要趋势都抓住，这太不切实际，因为次要趋势往往短暂且不易捕获。所以在交易时必须有所取舍，必须把精力放在主要趋势上，无论是加仓还是离场后重新进场都应这样。

沿着主要趋势交易会获得大概率的盈利，但主要趋势也是从微小的回转开始展开的，就像太极图一样。大概率本身分为两种：一种是价格会大概率地顺着当前大势前进，另一种是随着价格大幅度地涨或跌，回转的概率也会越来越大。前一种大概率容易捕捉，因为即使入场后短暂受挫但趋势最终还会继续前进；后一种大概率不易捕捉，因为只有最后一次回转才是大幅度的回转，故只可用少量资金尝试且不要加仓。

6. 集中资金OR分散资金

如前所述，若是有19次入场机会，则可在盈利的情况下通过逐步加仓，将资金集中到某个品种上以扩大胜利成果。但如此一来，当该行情反复时，剧烈的盈亏波动则会使人备受煎熬，且丧失了捕捉其他品种上的获利机会。若兼顾胜率、高盈亏比及其他品种机会，则宜将资金分散到2~10个品种上，即每个品种投入的资金量宜为总资金的10%~50%。若资金量过于庞大，则投到所有流动性较好的品种也未尝不可。

很多人喜欢集中资金重仓某个品种做波段交易，但这样的盈利结果往往不如轻仓某个品种做趋势性交易。因为当重仓某个品种时，只要行情有所回转，资金盈亏的波动就会变得较剧烈，一旦止盈、保本、少亏的想法占据上风，那么就无法坚持到高盈亏比显现的时候，在每次入场均可能触发止损的现实中，过低的盈亏比只会慢慢地蚕食本金；而后者因为轻仓，资金的盈亏波动不大，故而可以将一波趋势坚持到底。

7．早开仓OR晚开仓

对于早开仓而言，若之后价格完全折返，则会止损；若价格只折返一定程度又前进，则仍在其中；若价格一路前进而没有折返，则稳定盈利。对于晚开仓而言，若之后价格完全折返，则会止损；若价格只折返一定程度又前进，则或许已经出局；若价格一路前进而没有折返，则稳定盈利但没有早开仓的盈利多。可见，早开仓比晚开仓要占有优势，只是失误率较高。所以早开仓也要把握好一个度，此度跟均线有关。

要善于在主要趋势行进中加仓，因为加仓后的止损依据是平均开仓价，所以会减少单次开仓的失误率；又因为加仓通常是在盈利后，故而难以伤及本金。高盈亏比是盈利的核心，而顺势加仓则因为亏是少数份子亏、赚是多数份子赚，且多数占据了高盈亏比的优势，故而是大资金的最佳盈利方式。若整个下跌区间有20%的幅度，则宜在前10%的下跌区间内完成5次加仓，投入量至少占该品种计划投入资金的50%。

8．浅止损OR宽止损

止损是把自我意志强加给市场的表现，因而失误率较高，但在期货市场，只要利用了杠杆或是去杠杆后满仓交易，就不得不用止损来应对无常或失误，否则就难以生存下去。你不能加大止损幅度以防止中途出局，也不能因为患得患失而保本离场或止盈离场，因为离场后往往难以找到风险更低的入场点。合理的绝对止损及浮动止损，有利于减少亏损、收获盈利、减少出局机会、减少入场次数、有资本卷土重来。

若止损过浅，虽然每次亏损较小，但是多次小亏之和往往会超过一次宽止损所带来的亏损；若止损幅度过宽，则会导致一次性损失过大。所以为了防止高风险并兼顾高盈亏比，最佳方法是入场后设置中等止损，有盈利后则放宽浮动止损。为容忍行情的小幅波动，中等止损一般设置为开仓价回转1%~5%之间。当然，这个止损幅度还必须符合资金管理的要求（比如为保持19次开仓机会，每次入场只承受1万元亏损）。

9. 要预测OR不要预测

人间有善恶吗？没有，只有因果和无常。世间有是非吗？没有，只有对立和循环。所以对于市场而言，没有对或错，只有上或下，而上或下是不可预测的，除非你能操控它。一条鱼放到海里，你能知道它游到哪里去吗？一个人进入社会，你能知道他的晚年生活吗？一家公司上了市，你能知道它10年后的变化吗？我们什么都不知道，但我们却想知道，于是预测由此大行其道，但这种主观意愿是多么的不靠谱。

所有价值分析、技术分析、程序化交易、奖杯荣誉……都是伪装，都是用来欺骗外行而满足私利的，因为阴阳始终对立且循环，你看好的终究会不好，信奉的终究会不信，得到的终究会失去……大家都将摔倒，只是迟早的问题。没有预测，没有对错，就不能交易了吗？非也。无论何时入场，不是赔就是赚，坚持赔少赚多即可胜出；若想减少赔的次数，坚持顺大势开仓即可；若想增加收益，坚持顺大势加仓即可。

2015年12月15日

附：中国期货市场交易品种概览及持仓限制

一、中国期货市场交易品种概览

表13　中国期货市场交易品种概览

交易所	品种	代码	合约乘数	最小变动价位	保证金比例		涨、跌停板比例			涨、跌停板交易所保证金		
					期货公司	交易所	D1	D2	D3	D1	D2	D3
上海期货交易所	铜	CU	5	10元	13%	8%	6%	9%	11%	8%	11%	13%
	铝	AL	5	5元	9%	5%	4%	7%	9%	5%	9%	11%
	锌	ZN	5	5元	10%	6%	5%	8%	10%	6%	10%	12%
	天然橡胶	RU	10	5元	14%	8%	6%	9%	11%	8%	11%	13%
	黄金	AU	1000	0.05元	11%	6%	5%	8%	10%	6%	10%	12%
	螺纹钢	RB	10	1元	10%	6%	5%	8%	10%	6%	10%	12%
	线材	WR	10	1元	24%	20%	5%	8%	10%	20%	20%	20%
	燃料油	FU	50	1元	24%	20%	5%	8%	10%	20%	20%	20%
	铅	PB	5	5元	9%	5%	4%	7%	9%	5%	9%	11%
	白银	AG	15	1元	14%	8%	6%	9%	12%	8%	11%	15%
	石油沥青	BU	10	2元	13%	8%	6%	9%	12%	8%	11%	14%
	热轧卷板	HC	10	1元	10%	6%	5%	8%	10%	6%	10%	12%
	镍	NI	1	10元	12%	8%	6%	9%	12%	8%	11%	14%
	锡	SN	1	10元	9%	5%	4%	7%	9%	5%	9%	11%
大连商品交易所	黄大豆1号	A	10	1元	8%	5%	4%	6%	8%	5%	8%	10%
	黄大豆2号	B	10	1元	23%	5%	4%	6%	8%	5%	8%	10%
	玉米	C	10	1元	8%	5%	4%	6%	8%	5%	8%	10%
	豆粕	M	10	1元	9%	5%	4%	6%	8%	5%	8%	10%

（续表）

交易所	品种	代码	合约乘数	最小变动价位	保证金比例		涨、跌停板比例			涨、跌停板交易所保证金		
					期货公司	交易所	D1	D2	D3	D1	D2	D3
大连商品交易所	豆油	Y	10	2元	9%	5%	4%	6%	8%	5%	8%	10%
	棕榈油	P	10	2元	9%	5%	4%	6%	8%	5%	8%	10%
	聚氯乙烯	V	5	5元	9%	5%	4%	6%	8%	5%	8%	10%
	聚乙烯	L	5	5元	9%	5%	4%	6%	8%	5%	8%	10%
	焦炭	J	100	0.5元	9%	5%	4%	6%	8%	5%	8%	10%
	焦煤	JM	60	0.5元	9%	5%	4%	6%	8%	5%	8%	10%
	铁矿石	I	100	0.5元	10%	6%	5%	6%	8%	6%	8%	10%
	鸡蛋	JD	10	1元	12%	8%	5%	6%	8%	8%	8%	10%
	纤维板	FB	500	0.05元	23%	20%	5%	6%	8%	20%	20%	20%
	胶合板	BB	500	0.05元	23%	20%	5%	6%	8%	20%	20%	20%
	聚丙烯	PP	5	1元	9%	5%	4%	6%	8%	5%	8%	10%
	玉米淀粉	CS	10	1元	8%	5%	4%	6%	8%	5%	8%	10%
郑州商品交易所	强麦	WH	20	1元	8%	5%	4%	7%	10%	5%	9%	12%
	普麦	PM	50	1元	23%	5%	4%	7%	10%	5%	9%	12%
	PTA	TA	5	2元	9%	5%	4%	7%	10%	5%	9%	12%
	菜籽油	OI	10	2元	9%	5%	4%	7%	10%	5%	9%	12%
	棉花	CF	5	5元	9%	5%	4%	7%	10%	5%	9%	12%
	白糖	SR	10	1元	9%	5%	4%	7%	10%	5%	9%	12%
	早籼稻	RI	20	1元	23%	5%	4%	7%	10%	5%	9%	12%
	甲醇	MA	10	1元	11%	7%	5%	7%	10%	7%	9%	12%
	玻璃	FG	20	1元	9%	5%	4%	7%	10%	5%	9%	12%
	油菜籽	RS	10	1元	23%	5%	4%	7%	10%	5%	9%	12%

（续表）

交易所	品种	代码	合约乘数	最小变动价位	保证金比例		涨、跌停板比例			涨、跌停板交易所保证金		
					期货公司	交易所	D1	D2	D3	D1	D2	D3
郑州商品交易所	菜籽粕	RM	10	1元	9%	5%	4%	7%	10%	5%	9%	12%
	动力煤	TC	200	0.2元	9%	5%	4%	7%	10%	5%	9%	12%
	粳稻	JR	20	1元	23%	5%	4%	7%	10%	5%	9%	12%
	晚籼稻	LR	20	1元	23%	5%	4%	7%	10%	5%	9%	12%
	硅铁	SF	5	2元	23%	5%	4%	7%	10%	5%	9%	12%
	锰硅	SM	5	2元	23%	5%	4%	7%	10%	5%	9%	12%
中国金融期货交易所	5年期国债期货	TF	10000	0.005元	2.0%	1.2%	1.2%	1.2%	—	1.2%	1.2%	—
	10年期国债期货	T	10000	0.005元	3.0%	2.0%	2.0%	2.0%	—	2.0%	2.0%	—
	沪深300股指期货	IF	300	0.2元	42%	40%	10%	10%	—	40%	40%	—
	上证50股指期货	IH	300	0.2元	42%	40%	10%	10%	—	40%	40%	—
	中证500股指期货	IC	200	0.2元	42%	40%	10%	10%	—	40%	40%	—

二、中国期货市场临近交割月的保证金及持仓限制

表14　中国期货市场临近交割月的保证金及持仓限制

交易所	品种	项目	前2月第1个交易日	前2月第10个交易日	前1月第1个交易日	前1月第10个交易日	交割月第1个交易日	最后交易日前2个交易日
上海期货交易所	铜	保证金	—	—	10%	—	15%	20%
		限仓（客户/公司）	—	—	800/8000手	—	300/3000手	—
	铝	保证金	—	—	10%	—	15%	20%
		限仓（客户/公司）	—	—	1000/10000手	—	300/3000手	—
	锌	保证金	—	—	10%	—	15%	20%
		限仓（客户/公司）	—	—	800/8000手	—	300/3000手	—
	铅	保证金	—	—	10%	—	15%	20%
		限仓（客户/公司）	—	—	1000手/25%（X≥20万）	—	300手/25%（X≥20万）	—
	天然橡胶	保证金	—	—	10%	—	15%	20%
		限仓（客户/公司）	—	—	150手/25%（X≥5万）	—	50手/25%（X≥5万）	—
	燃料油	保证金	—	10%	—	15%	—	20%
		限仓（客户/公司）	300手/25%（X≥10万）	—	100手/25%（X≥10万）	—	—	—
	黄金	保证金	—	—	10%	—	15%	20%
		限仓（客户/公司）	—	—	900手/20%（X≥16万）	—	300手/20%（X≥16万）	—
	螺纹钢	保证金	—	—	10%	—	15%	20%
		限仓（客户/公司）	—	—	3000/30000手	—	600/6000手	—
	线材	保证金	—	—	10%	—	15%	20%
		限仓（客户/公司）	—	—	1800/18000手	—	360/3600手	—
	白银	保证金	—	—	10%	—	15%	20%
		限仓（客户/公司）	—	—	1800手/25%（X≥30万）	—	600手/25%（X≥30万）	—
	石油沥青	保证金	—	—	10%	—	15%	20%
		限仓（客户/公司）	—	—	1500手/25%（X≥30万）	—	500手/25%（X≥30万）	—
	热轧卷板	保证金	—	—	10%	—	15%	20%
		限仓（客户/公司）	—	—	9000手/25%（X≥360万）	—	1800手/25%（X≥360万）	—

（续表）

交易所	品种	项目	前2月第1个交易日	前2月第10个交易日	前1月第1个交易日	前1月第10个交易日	交割月第1个交易日	最后交易日前2个交易日
上海期货交易所	镍	保证金	—	—	10%	—	15%	20%
		限仓（客户/公司）	—	—	3000手/25%（X≥24万）	—	600手/25%（X≥24万）	—
	锡	保证金	—	—	10%	—	15%	20%
		限仓（客户/公司）	—	—	600手/25%（X≥6万）	—	200手/25%（X≥6万）	—

交易所	品种	项目	前1月第10个交易日	前1月第15个交易日	交割月第1个交易日
大连商品交易所	大豆1号	保证金	5%	10%	20%
		限仓（客户/公司）	5000手	—	2500手
	大豆2号	保证金	5%	10%	20%
		限仓（客户/公司）	5000手	—	2500手
	豆粕	保证金	5%	10%	20%
		限仓（客户/公司）	5000手	—	2500手
	玉米	保证金	5%	10%	20%
		限仓（客户/公司）	10000手	—	5000手
	棕榈油	保证金	5%	10%	20%
		限仓（客户/公司）	1000手	—	500手
	豆油	保证金	5%	10%	20%
		限仓（客户/公司）	2000手	—	1000手
	聚乙烯	保证金	5%	10%	20%
		限仓（客户/公司）	2000手	—	1000手
	聚氯乙烯	保证金	5%	10%	20%
		限仓（客户/公司）	5000手	—	2500手
	焦炭	保证金	5%	10%	20%
		限仓（客户/公司）	900手	—	300手
	焦煤	保证金	5%	10%	20%
		限仓（客户/公司）	1500手	—	500手
	铁矿石	保证金	5%	10%	20%
		限仓（客户/公司）	6000手	—	2000手

（续表）

交易所	品种	项目	前1月第10个交易日	前1月第15个交易日	交割月第1个交易日
大连商品交易所	鸡蛋	保证金	8%	10%	20%
		限仓（客户/公司）	30手	—	5手
	纤维板	保证金	7%	10%	20%
		限仓（客户/公司）	400手	—	100手
	胶合板	保证金	10%	10%	20%
		限仓（客户/公司）	80手	—	20手
	聚丙烯	保证金	5%	10%	20%
		限仓（客户/公司）	5000手	—	2500手
	玉米淀粉	保证金	5%	10%	20%
		限仓（客户/公司）	4500手	—	1500手
交易所	品种	项目	挂牌至前1月第15个公历日	前1月第16个公历日起	交割月第1日
郑州商品交易所	强麦	保证金	5%	10%	20%
		限仓（客户）	2500手	1000手	300手
	普　麦	保证金	5%	10%	20%
		限仓（客户）	2000手	600手	200手
	棉　花	保证金	5%	10%	20%
		限仓（客户）	15000手	3000手	400手
	白　糖	保证金	5%	10%	20%
		限仓（客户）	25000手	5000手	1000手
	PTA	保证金	5%	10%	20%
		限仓（客户）	25000手	10000手	5000手
	早籼稻	保证金	5%	10%	20%
		限仓（客户）	7500手	2000手	400手
	菜籽油	保证金	5%	10%	20%
		限仓（客户）	10000手	3000手	1000手
	甲醇	保证金	5%	10%	20%
		限仓（客户）	10000手	2000手	1000手
	玻璃	保证金	5%	10%	20%
		限仓（客户）	20000手	5000手	1000手
	油菜籽	保证金	5%	10%	20%
		限仓（客户）	10000手	1000手	500手
	菜籽粕	保证金	5%	10%	20%
		限仓（客户）	20000手	2000手	1000手

（续表）

交易所	品种	项目	挂牌至前1月第15个公历日	前1月第16个公历日起	交割月第1日
郑州商品交易所	动力煤	保证金	5%	10%	20%
		限仓（客户）	60000手	10000手	2000手
	粳稻	保证金	5%	10%	20%
		限仓（客户）	20000手	3000手	500手
	晚籼稻	保证金	5%	10%	20%
		限仓（客户）	20000手	3000手	500手
	硅铁	保证金	5%	10%	20%
		限仓（客户）	15000手	5000手	1000手
	锰硅	保证金	5%	10%	20%
		限仓（客户）	30000手	10000手	2000手

交易所	品种	项目	前1月下旬	交割月第1日	—
中国金融期货交易所	5年期国债期货	保证金	2%	3%	—
		限仓（客户/公司）	600手/25%（X>60万）	300手/25%（X>60万）	—
	10年期国债期货	保证金	3%	4%	—
		限仓（客户/公司）	600手/25%（X>60万）	300手/25%（X>60万）	—

期货交易研究十一

CHAPTER 11

期货交易的风险管理

在期货交易中，风险管理至关重要，即使有再好的交易方法，若在风险管理上有不当之处，也最终会成为输家。这是因为期货交易中存在着资金杠杆，这个原本是期货公司为了方便商品供求双方以少量现金投入即可实现风险对冲的一个金融工具，却成为投机性交易者的一把双刃剑，极少数人因此而暴富，绝大多数人则因此饮恨败北。风险管理是一个系统，涉及分散投入产品、分散投入时间、如何加仓、如何离场、如何止损等问题。这当中，既要顾及总的可亏损额度的问题，也要预料到未来极端状况的问题、同时还要考虑到未盈利前及盈利后的风控问题，其重要性和复杂程度并不逊于交易方法。

下面这张表格内容，大致论述了不同资金应如何进行风险管理：

表15　不同资金量的风险管理

资金量	未盈利前如何控制风险	盈利后如何控制风险
10万元本金	（1）假设10万元本金可以亏损完，且期货公司平均杠杆为10倍	（1）始终满10倍杠杆操作，若有盈余，即可使用
	（2）使用10倍杠杆	（2）若遇极端回撤状况，当作浮盈亏损看待
	（3）为防范风险且把握更多的机会，将资金分为5等份，分至2~5个产品上	（3）最好将资金分散到不同行业的产品上，且既有多头持仓又有空头持仓
	（4）每等份资金入场后的止损为反过开仓价的2.5%，即保留19次入场机会	（4）最好不要加仓，只在产品走势的拐点或突破点开一次仓，使利润最大化
	（5）若开仓后未有浮盈且遇大假来临，则只可留50%仓位承担风险	（5）资金低于100万元时不必加仓，等于100万元时，参考后面1000万元本金标准

（续表）

资金量	未盈利前如何控制风险	盈利后如何控制风险
100万元本金	（1）假设100万元本金只可亏10%，且期货公司平均杠杆为10倍	（1）收益每增加10万元，杠杆增加1倍，始终保持1：10的杠杆关系
	（2）未盈利前只用十分之一的资金入场	（2）按上条推论，当100万元本金分别增加到110万元/120万元/130万元/140万元/150万元/200万元/300万元时，可用资金应为200万元/300万元/400万元/500万元/600万元/1100万元/2100万元，等于使用了1.8/2.5/3.1/3.3/4/5.5/7倍的杠杆
	（3）为防范风险且把握更多的机会，将十分之一资金再分为等份，分至2~5个产品上	
	（4）每等份资金入场后的止损为反过开仓价的2.5%，即保留19次入场机会	（3）即使遇到全部产品行情回撤5%的极端状况，也最多只亏损105万元的浮盈
	（5）若开仓后未有浮盈且遇大假来临，则只可留50%仓位承担风险	（4）最好将资金分散到不同行业的产品上，且既有多头持仓又有空头持仓
	（6）若本金可亏损20%，则一开始即可用2倍杠杆，即入场资金为总资金的20%	（5）最好不要加仓，只在产品走势的拐点或突破点开一次仓，使利润最大化
1000万元本金	（1）假设1000万元本金只可亏10%，且期货公司平均杠杆为10倍	（1）收益每增加100万元，杠杆增加1倍，始终保持1：10的杠杆关系
	（2）未盈利前只用十分之一的资金入场	（2）按上条推论，当1000万元本金分别增加到1100万元/1200万元/1300万元/1400万元/1500万元/2000万元时，可用资金为2000万元/3000万元/4000万元/5000万元/6000万元/11000万元，等于使用了1.8/2.5/3.1/3.3/4/5.5倍的杠杆
	（3）为防范风险且把握更多的机会，将十分之一资金再分为10等份，分至5~10个产品上	
	（4）每等份资金入场后的止损为反过开仓价的2.5%，即保留39次入场机会	（3）即使遇到全部产品行情回撤5%的极端状况，也最多只亏损550万元的浮盈
	（5）若开仓后未有浮盈且遇大假来临，则只可留50%仓位承担风险	（4）最好将资金分散到不同行业的产品上，且既有多头持仓又有空头持仓
	（6）若本金可亏损20%，则一开始即可用2倍杠杆，即入场资金为总资金的20%	（5）因有39次试错机会，所以在兼顾多产品机会后，若有多余资金，则可用于加仓

2015年12月30日

附：资金预增与风险控制表

一、半自动化交易的资金预增与风险控制表

表16　半自动化交易的资金预增与风险控制表（一）

增值耗时	总资金变动/万元	动用资金/万元	资金使用状况/万元	每轮最大亏损情况/万元	可亏轮数	剩余资金/万元
—	100	10	每个品种投入2×5个品种=总投入10	每个品种亏20%×5个品种=总亏损2	5轮	90
5个月	110	20	每个品种投入2×10个品种=总投入20	每个品种亏20%×10个品种=总亏损4	5轮	90
2.5个月	120	30	每个品种投入3×10个品种=总投入30	每个品种亏20%×10个品种=总亏损6	5轮	90
2个月	130	40	每个品种投入4×10个品种=总投入40	每个品种亏20%×10个品种=总亏损8	5轮	90
1个月	140	50	每个品种投入5×10个品种=总投入50	每个品种亏20%×10个品种=总亏损10	5轮	90
1个月	150	60	每个品种投入6×10个品种=总投入60	每个品种亏20%×10个品种=总亏损12	5轮	90
半个月	155	—	—	—	—	—

说明：此表递增速度是按每月盈利20%计算的，预计最终一年盈利率为55%，但考虑到利润增大后的重大回撤会导致资金增速变慢，故年度收益率预测为50%。

1轮全部亏损，意味着5次或10次发生在不同产品和不同时间上的交易，无一次获利且无一次保本，这种概率不到5%

注意：清盘线为10%，慢速版，适合高度厌恶风险的超大资金、结构化资金、按比例分成者使用。

表17　半自动化交易的资金预增与风险控制表（二）

增值耗时	总资金变动/万元	动用资金/万元	资金使用状况/万元	每轮最大亏损情况/万元	可亏轮数	剩余资金/万元
—	100	20	每个品种投入2×10个品种=总投入20	每个品种亏20%×10个品种=总亏损4	2.5轮	90
2.5个月	110	30	每个品种投入3.5×10个品种=总投入35	每个品种亏20%×10个品种=总亏损7	3轮	90
2个月	120	40	每个品种投入4×10个品种=总投入40	每个品种亏20%×10个品种=总亏损8	3轮	96
1个月	130	50	每个品种投入5×10个品种=总投入50	每个品种亏20%×10个品种=总亏损10	3轮	100
1个月	140	60	每个品种投入6×10个品种=总投入60	每个品种亏20%×10个品种=总亏损12	3轮	104
1个月	150	70	每个品种投入7×10个品种=总投入70	每个品种亏20%×10个品种=总亏损14	3轮	108
1个月	160	80	每个品种投入8×10个品种=总投入80	每个品种亏20%×10个品种=总亏损16	3轮	112
半个月	170	90	每个品种投入9×10个品种=总投入90	每个品种亏20%×10个品种=总亏损18	3轮	116
半个月	180	100	每个品种投入10×10个品种=总投入100	每个品种亏20%×10个品种=总亏损20	3轮	120
半个月	190	110	每个品种投入11×10个品种=总投入110	每个品种亏20%×10个品种=总亏损22	3轮	124
半个月	200	120	每个品种投入12×10个品种=总投入120	每个品种亏20%×10个品种=总亏损24	3轮	128
半个月	210	130	每个品种投入13×10个品种=总投入130	每个品种亏20%×10个品种=总亏损26	3轮	132
半个月	220	140	每个品种投入14×10个品种=总投入140	每个品种亏20%×10个品种=总亏损28	3轮	136
一周	230	150	每个品种投入15×10个品种=总投入150	每个品种亏20%×10个品种=总亏损30	3轮	140
一周	240	—	—	—	—	—

说明：此表递增速度是按每月盈利20%计算的，预计最终一年盈利率为140%，但考虑到利润增大后的重大回撤会导致资金增速变慢，故年度收益率预测为100%。
1轮全部亏损，意味着10次发生在不同产品和不同时间上的交易，无一次获利且无一次保本，此概率不到5%，即使罕遇第二轮全亏，也还有第三轮机会

注意：清盘线为10%，中速版，适合高度厌恶风险的大资金、结构化资金、按比例分成者使用。

表18　半自动化交易的资金预增与风险控制表在（三）

增值耗时	总资金变动/万元	动用资金/万元	资金使用状况/万元	每轮最大亏损情况/万元	可亏轮数	剩余资金/万元
—	100	20	每个品种投入2×10个品种=总投入20	每个品种亏20%×10个品种=总亏损4	2.5轮	90
2.5个月	110	35	每个品种投入3.5×10个品种=总投入35	每个品种亏20%×10个品种=总亏损7	3轮	90
2个月	120	50	每个品种投入5×10个品种=总投入50	每个品种亏20%×10个品种=总亏损10	3轮	90
1个月	130	65	每个品种投入6.5×10个品种=总投入65	每个品种亏20%×10个品种=总亏损13	3轮	91
1个月	140	85	每个品种投入8.5×10个品种=总投入85	每个品种亏20%×10个品种=总亏损17	3轮	90
半个月	150	100	每个品种投入10×10个品种=总投入100	每个品种亏20%×10个品种=总亏损20	3轮	90
半个月	160	120	每个品种投入12×10个品种=总投入120	每个品种亏20%×10个品种=总亏损24	3轮	90
半个月	170	140	每个品种投入14×10个品种=总投入140	每个品种亏20%×10个品种=总亏损28	3轮	90
半个月	180	160	每个品种投入16×10个品种=总投入160	每个品种亏20%×10个品种=总亏损32	3轮	90
半个月	190	180	每个品种投入18×10个品种=总投入180	每个品种亏20%×10个品种=总亏损36	3轮	90
一周	200	200	每个品种投入20×10个品种=总投入200	每个品种亏20%×10个品种=总亏损40	3轮	90
一周	210	210	每个品种投入21×10个品种=总投入210	每个品种亏20%×10个品种=总亏损42	3轮	90

（续表）

增值耗时	总资金变动/万元	动用资金/万元	资金使用状况/万元	每轮最大亏损情况/万元	可亏轮数	剩余资金/万元
一周	220	220	每个品种投入22×10个品种=总投入220	每个品种亏20%×10个品种=总亏损44	3轮	90
一周	230	230	每个品种投入23×10个品种=总投入230	每个品种亏20%×10个品种=总亏损46	3轮	92
一周	240	240	每个品种投入24×10个品种=总投入240	每个品种亏20%×10个品种=总亏损48	3轮	96
一周	250	250	每个品种投入25×10个品种=总投入250	每个品种亏20%×10个品种=总亏损50	3轮	100
一周	260	260	每个品种投入26×10个品种=总投入260	每个品种亏20%×10个品种=总亏损52	3轮	104
一周	270	270	每个品种投入27×10个品种=总投入270	每个品种亏20%×10个品种=总亏损54	3轮	108
一周	280	280	每个品种投入28×10个品种=总投入280	每个品种亏20%×10个品种=总亏损56	3轮	112
一周	290	290	每个品种投入29×10个品种=总投入290	每个品种亏20%×10个品种=总亏损58	3轮	116
一周	300	300	每个品种投入30×10个品种=总投入300	每个品种亏20%×10个品种=总亏损60	3轮	120
一周	310	—	—	—	—	—
说明：此表递增速度是按每月盈利20%计算的，预计最终一年盈利率为210%，但考虑到利润增大后的重大回撤会导致资金增速变慢，故年度收益率预测为150%。 1轮全部亏损，意味着10次发生在不同产品和不同时间上的交易，无一次获利且无一次保本，此概率不到5%，即使罕遇第二轮全亏，还有第三轮机会						

注意：清盘线为10%，快速版，适合高度厌恶风险的大资金、结构化资金、超50%自提者使用。

表19　半自动化交易的资金预增与风险控制表（四）

增值耗时	总资金变动/万元	动用资金/万元	资金使用状况/万元	每轮最大亏损情况/万元	可亏轮数	剩余资金/万元
—	100	40	每个品种投入4×10个品种=总投入40	每个品种亏20%×10个品种=总亏损8	2.5轮	80
1个月	110	50	每个品种投入5×10个品种=总投入50	每个品种亏20%×10个品种=总亏损10	3轮	80
1个月	120	60	每个品种投入6×10个品种=总投入60	每个品种亏20%×10个品种=总亏损12	3轮	84
1个月	130	70	每个品种投入7×10个品种=总投入70	每个品种亏20%×10个品种=总亏损14	3轮	88
1个月	140	80	每个品种投入8×10个品种=总投入80	每个品种亏20%×10个品种=总亏损16	3轮	92
半个月	150	90	每个品种投入9×10个品种=总投入90	每个品种亏20%×10个品种=总亏损18	3轮	96
半个月	160	100	每个品种投入10×10个品种=总投入100	每个品种亏20%×10个品种=总亏损20	3轮	100
半个月	170	110	每个品种投入11×10个品种=总投入110	每个品种亏20%×10个品种=总亏损22	3轮	104
半个月	180	120	每个品种投入12×10个品种=总投入120	每个品种亏20%×10个品种=总亏损24	3轮	108
半个月	190	130	每个品种投入13×10个品种=总投入130	每个品种亏20%×10品种=总亏损26	3轮	112
半个月	200	140	每个品种投入14×10个品种=总投入140	每个品种亏20%×10个品种=总亏损28	3轮	116
半个月	210	150	每个品种投入15×10个品种=总投入150	每个品种亏20%×10个品种=总亏损30	3轮	120

（续表）

增值耗时	总资金变动/万元	动用资金/万元	资金使用状况/万元	每轮最大亏损情况/万元	可亏轮数	剩余资金/万元
半个月	220	160	每个品种投入16×10个品种=总投入160	每个品种亏20%×10个品种=总亏损32	3轮	124
半个月	240	180	每个品种投入18×10个品种=总投入180	每个品种亏20%×10个品种=总亏损36	3轮	132
半个月	260	200	每个品种投入20×10个品种=总投入200	每个品种亏20%×10个品种=总亏损40	3轮	140
半个月	280	220	每个品种投入22×10个品种=总投入220	每个品种亏20%×10个品种=总亏损44	3轮	148
半个月	300	240	每个品种投入24×10个品种=总投入240	每个品种亏20%×10个品种=总亏损48	3轮	156
半个月	320	260	每个品种投入26×10个品种=总投入260	每个品种亏20%×10个品种=总亏损52	3轮	164
半个月	340	280	每个品种投入28×10个品种=总投入280	每个品种亏20%×10个品种=总亏损56	3轮	172
半个月	360	300	每个品种投入30×10个品种=总投入300	每个品种亏20%×10个品种=总亏损60	3轮	180
半个月	400	—	—	—	—	—

说明：此表递增速度是按每月盈利20%计算的，预计最终一年盈利率为300%，但考虑到利润增大后的重大回撤会导致资金增速变慢，故年度收益率预测为200%。

1轮全部亏损，意味着10次发生在不同产品和不同时间上的交易，无一次获利且无一次保本，此概率不到5%，即使罕遇第二轮全亏，还有第三轮机会

注意：清盘线为20%，中速版，适合中度厌恶风险的大资金、结构化资金、按比例分成者使用。

表20　半自动化交易的资金预增与风险控制表（五）

增值耗时	总资金变动/万元	动用资金/万元	资金使用状况/万元	每轮最大亏损情况/万元	可亏轮数	剩余资金/万元
—	100	40	每个品种投入4×10个品种=总投入40	每个品种亏20%×10个品种=总亏损8	2.5轮	80
1个月	110	50	每个品种投入5×10个品种=总投入50	每个品种亏20%×10个品种=总亏损10	3轮	80
1个月	120	65	每个品种投入6.5×10个品种=总投入65	每个品种亏20%×10个品种=总亏损13	3轮	81
1个月	130	80	每个品种投入8×10个品种=总投入80	每个品种亏20%×10个品种=总亏损16	3轮	82
半个月	140	100	每个品种投入10×10个品种=总投入100	每个品种亏20%×10个品种=总亏损20	3轮	80
半个月	150	120	每个品种投入12×10个品种=总投入120	每个品种亏20%×10个品种=总亏损24	3轮	80
2个月	200	200	每个品种投入20×10个品种=总投入200	每个品种亏20%×10个品种=总亏损40	3轮	80
1个月	250	250	每个品种投入25×10个品种=总投入250	每个品种亏20%×10个品种=总亏损50	3轮	100
1个月	300	300	每个品种投入30×10个品种=总投入300	每个品种亏20%×10个品种=总亏损60	3轮	120
1个月	350	350	每个品种投入35×10个品种=总投入350	每个品种亏20%×10个品种=总亏损70	3轮	140
1个月	400	400	每个品种投入40×10个品种=总投入400	每个品种亏20%×10个品种=总亏损80	3轮	160
半个月	450	450	每个品种投入45×10个品种=总投入450	每个品种亏20%×10个品种=总亏损90	3轮	180
半个月	500	500	每个品种投入50×10个品种=总投入500	每个品种亏20%×10个品种=总亏损100	3轮	200
半个月	550	550	每个品种投入55×10个品种=总投入550	每个品种亏20%×10个品种=总亏损110	3轮	220
半个月	600	—	—	—	—	—
说明：此表递增速度是按每月盈利20%计算的，预计最终一年盈利率为500%，但考虑到利润增大后的重大回撤会导致资金增速变慢，故年度收益率预测为300%。 1轮全部亏损，意味着10次发生在不同产品和不同时间上的交易，无一次获利且无一次保本，此概率不到5%，即使罕遇第二轮全亏，还有第三轮机会						

注意：清盘线为20%，快速版，适合中度厌恶风险的大资金、结构化资金、超100%自提者使用。

表21　半自动化交易的资金预增与风险控制表（六）

增值耗时	总资金变动/万元	动用资金/万元	资金使用状况/万元	每轮最大亏损情况/万元	可亏轮数	剩余资金/万元
—	100	100	每个品种投入10×10个品种=总投入100	每个品种亏20%×10个品种=总亏损20	1轮	80
1个月	120	120	每个品种投入12×10个品种=总投入120	每个品种亏20%×10个品种=总亏损24	1.5轮	84
1个月	140	140	每个品种投入14×10个品种=总投入140	每个品种亏20%×10个品种=总亏损28	2轮	84
1个月	160	160	每个品种投入16×10个品种=总投入160	每个品种亏20%×10个品种=总亏损32	2.5轮	80
半个月	180	180	每个品种投入18×10个品种=总投入180	每个品种亏20%×10个品种=总亏损36	2.5轮	90
半个月	200	200	每个品种投入20×10个品种=总投入200	每个品种亏20%×10个品种=总亏损40	3轮	80
1个月	240	240	每个品种投入24×10个品种=总投入240	每个品种亏20%×10个品种=总亏损48	3轮	96
1个月	280	280	每个品种投入28×10个品种=总投入280	每个品种亏20%×10个品种=总亏损56	3轮	112
1个月	320	320	每个品种投入32×10个品种=总投入320	每个品种亏20%×10个品种=总亏损64	3轮	128
半个月	360	360	每个品种投入36×10个品种=总投入360	每个品种亏20%×10个品种=总亏损72	3轮	144
半个月	400	400	每个品种投入40×10个品种=总投入400	每个品种亏20%×10个品种=总亏损80	3轮	160

（续表）

增值耗时	总资金变动/万元	动用资金/万元	资金使用状况/万元	每轮最大亏损情况/万元	可亏轮数	剩余资金/万元
半个月	450	450	每个品种投入45×10个品种=总投入450	每个品种亏20%×10品种=总亏损90	3轮	180
半个月	500	500	每个品种投入50×10个品种=总投入500	每个品种亏20%×10品种=总亏损100	3轮	200
半个月	550	550	每个品种投入55×10个品种=总投入550	每个品种亏20%×10品种=总亏损110	3轮	220
半个月	600	600	每个品种投入60×10个品种=总投入600	每个品种亏20%×10品种=总亏损120	3轮	240
半个月	650	650	每个品种投入65×10个品种=总投入650万	每个品种亏20%×10品种=总亏损130	3轮	260
半个月	700	700	每个品种投入70×10个品种=总投入700	每个品种亏20%×10品种=总亏损140	3轮	280
半个月	750	750	每个品种投入75×10个品种=总投入750	每个品种亏20%×10品种=总亏损150	3轮	300
半个月	800	—	—	—	—	—
说明：此表递增速度是按每月盈利20%计算的，预计最终一年盈利率为700%，但考虑到利润增大后的重大回撤会导致资金增速变慢，故年度收益率预测为500%。 1轮全部亏损，意味着10次发生在不同产品和不同时间上的交易，无一次获利且无一次保本，这种概率不到5%，且80%概率是正收益，50%概率可以保本						

注意：清盘线为20%，最快版，与50%清盘线的效果相同，适合以中度风险博取高收益的资金，但或需重新修改清盘线或追加资金投入。

表22　半自动化交易的资金预增与风险控制表（七）

增值耗时	总资金变动/万元	动用资金/万元	资金使用状况/万元	每轮最大亏损情况/万元	可亏轮数	剩余资金/万元
—	100	60	每个品种投入6×10个品种=总投入60	每个品种亏20%×10个品种=总亏损12	2.5轮	70
1个月	110	70	每个品种投入7×10个品种=总投入70	每个品种亏20%×10个品种=总亏损14	3轮	70
1个月	120	85	每个品种投入8×10个品种=总投入85	每个品种亏20%×10个品种=总亏损17	3轮	70
半个月	130	100	每个品种投入10×10个品种=总投入100	每个品种亏20%×10个品种=总亏损20	3轮	70
半个月	140	120	每个品种投入12×10个品种=总投入120	每个品种亏20%×10个品种=总亏损24	3轮	70
半个月	150	140	每个品种投入14×10个品种=总投入140	每个品种亏20%×10个品种=总亏损28	3轮	70
2个月	200	200	每个品种投入20×10个品种=总投入200	每个品种亏20%×10个品种=总亏损40	3轮	80
1个月	250	250	每个品种投入25×10个品种=总投入250	每个品种亏20%×10个品种=总亏损50	3轮	100
1个月	300	300	每个品种投入30×10个品种=总投入300	每个品种亏20%×10个品种=总亏损60	3轮	120
1个月	350	350	每个品种投入35×10个品种=总投入350	每个品种亏20%×10个品种=总亏损70	3轮	140
1个月	400	400	每个品种投入40×10个品种=总投入400	每个品种亏20%×10个品种=总亏损80	3轮	160
半个月	450	450	每个品种投入45×10个品种=总投入450	每个品种亏20%×10个品种=总亏损90	3轮	180
半个月	500	500	每个品种投入50×10个品种=总投入500	每个品种亏20%×10个品种=总亏损100	3轮	200
半个月	550	550	每个品种投入55×10个品种=总投入550	每个品种亏20%×10个品种=总亏损110	3轮	220
半个月	600	600	每个品种投入60×10个品种=总投入600	每个品种亏20%×10个品种=总亏损120	3轮	240
半个月	650	—	—	—	—	—

说明：此表递增速度是按每月盈利20%计算的，预计最终一年盈利率为550%，但考虑到利润增大后的重大回撤会导致资金增速变慢，故年度收益率预测为400%。

1轮全部亏损，意味着10次发生在不同产品和不同时间上的交易，无一次获利且无一次保本，此概率不到5%，即使罕遇第二轮全亏，还有第三轮机会

注意：清盘线为30%，快速版，适合低度厌恶风险的资金、各类分成者使用。

表23　半自动化交易的资金预增与风险控制表（八）

增值耗时	总资金变动/万元	动用资金/万元	资金使用状况/万元	每轮最大亏损情况/万元	可亏轮数	剩余资金/万元
—	100	100	每个品种投入10×10个品种=总投入100	每个品种亏20%×10个品种=总亏损20	2.5轮	50
1个月	120	120	每个品种投入12×10个品种=总投入120	每个品种亏20%×10个品种=总亏损24	3轮	50
1个月	140	140	每个品种投入14×10个品种=总投入140	每个品种亏20%×10个品种=总亏损28	3轮	56
1个月	160	160	每个品种投入16×10个品种=总投入160	每个品种亏20%×10个品种=总亏损32	3轮	64
半个月	180	180	每个品种投入18×10个品种=总投入180	每个品种亏20%×10个品种=总亏损36	3轮	72
半个月	200	200	每个品种投入20×10个品种=总投入200	每个品种亏20%×10个品种=总亏损40	3轮	80
1个月	240	240	每个品种投入24×10个品种=总投入240	每个品种亏20%×10个品种=总亏损48	3轮	96
1个月	280	280	每个品种投入28×10个品种=总投入280	每个品种亏20%×10个品种=总亏损56	3轮	112
1个月	320	320	每个品种投入32×10个品种=总投入320	每个品种亏20%×10个品种=总亏损64	3轮	128
半个月	360	360	每个品种投入36×10个品种=总投入360	每个品种亏20%×10个品种=总亏损72	3轮	144
半个月	400	400	每个品种投入40×10个品种=总投入400	每个品种亏20%×10个品种=总亏损80	3轮	160
半个月	450	450	每个品种投入45×10个品种=总投入450	每个品种亏20%×10个品种=总亏损90	3轮	180

（续表）

增值耗时	总资金变动/万元	动用资金/万元	资金使用状况/万元	每轮最大亏损情况/万元	可亏轮数	剩余资金/万元
半个月	500	500	每个品种投入50×10个品种=总投入500	每个品种亏20%×10品种=总亏损100	3轮	200
半个月	550	550	每个品种投入55×10个品种=总投入550	每个品种亏20%×10品种=总亏损110	3轮	220
半个月	600	600	每个品种投入60×10个品种=总投入600	每个品种亏20%×10品种=总亏损120	3轮	240
半个月	650	650	每个品种投入65×10个品种=总投入650	每个品种亏20%×10品种=总亏损130	3轮	260
半个月	700	700	每个品种投入70×10个品种=总投入700	每个品种亏20%×10品种=总亏损140	3轮	280
半个月	750	750	每个品种投入75×10个品种=总投入750	每个品种亏20%×10品种=总亏损150	3轮	300
半个月	800	—	—	—	—	—

说明：此表递增速度是按每月盈利20%计算的，预计最终一年盈利率为700%，但考虑到利润增大后的重大回撤会导致资金增速变慢，故年度收益率预测为500%。

1轮全部亏损，意味着10次发生在不同产品和不同时间上的交易，无一次获利且无一次保本，此概率不到5%，即使罕遇第二轮全亏，还有第三轮机会。

很多自有资金倾向于该方案。因为与其放1000万元在账户上却只给20%的清盘线，不如放400万元在账户上却给出50%的清盘线；同样的亏损金额，同样的年收益率，但后者占用资金少，暴露风险的资金也少；同样的时段，同样的行情，同样的进出点，与其压抑盈利1倍，不如宽松盈利5倍，但该方案最初的抗风险能力较弱，能否顺利通过就看运气了

注意：清盘线为50%，快速版，适合轻微厌恶风险的资金、各类分成者使用。

二、计算机自动交易的资金匹配和风险控制表

表24　计算机自动化交易的资金匹配和风险控制表（一）

资金规模	清盘线	预计单笔亏损情况	可亏次数	剩余资金	预计年收益率
500万元	10%	每次投入0.5%，每次亏损20%，即每次总资金亏损0.1%	可亏99次	450万元	50%
	20%	每次投入1%，每次亏损20%，即每次总资金亏损0.2%	可亏99次	400万元	200%
		每次投入0.65%，每次亏损20%，即每次总资金亏损0.13%	可亏153次	400万元	150%
		每次投入0.5%，每次亏损20%，即每次总资金亏损0.1%	可亏199次	400万元	100%
	30%	每次投入1.5%，每次亏损20%，即每次总资金亏损0.3%	可亏99次	350万元	250%
		每次投入1%，每次亏损20%，即每次总资金亏损0.2%	可亏149次	350万元	200%
		每次投入0.75%，每次亏损20%，即每次总资金亏损0.15%	可亏199次	350万元	150%
1000万元	10%	每次投入0.5%，每次亏损20%，即每次总资金亏损0.1%	可亏99次	900万元	50%
		每次投入0.3%，每次亏损20%，即每次总资金亏损0.06%	可亏165次	900万元	30%
	20%	每次投入1%，每次亏损20%，即每次总资金亏损0.2%	可亏99次	800万元	200%
		每次投入0.65%，每次亏损20%，即每次总资金亏损0.13%	可亏153次	800万元	150%
		每次投入0.5%，每次亏损20%，即每次总资金亏损0.1%	可亏199次	800万元	100%
	30%	每次投入1.5%，每次亏损20%，即每次总资金亏损0.3%	可亏99次	700万元	250%
		每次投入1%，每次亏损20%，即每次总资金亏损0.2%	可亏149次	700万元	200%
		每次投入0.75%，每次亏损20%，即每次总资金亏损0.15%	可亏199次	700万元	150%
说明：若人工半自动化交易和计算机程序化交易都采取30%的清盘线，则一致的清盘线有利于统一管理资金。 如果两者的清盘线均为30%，那么两者很难同时达标，因为一个是加仓的交易，一个是不加仓的交易。 两者交易所给出的清盘线都是极端值，若是一个出现了极端值，则另一个可腾出多余资金来救济。 人工交易倾向于经验和应变，程序化交易倾向于规律和机械，再错开止损与离场，即是完美的结合体					

注意：清盘线为10%~30%，适合各类资金、各类分成者使用。

期货交易研究十二

CHAPTER 12

期货交易方式总结

（1）对于日内交易，首先要界定交易原则：日K线不是阳线不开多，不是阴线不开空。原因是一旦开盘后日K线为阳线或阴线，则60%的概率当日收阳线或阴线。做交易必须选择大概率的行为，哪怕只是60%的概率。

第一种方法：单边交易法。如：跌过0.5%时开空，之后跌多了或跌急了或只要创新低后又勾起，则平仓；然后等反弹超过10分钟或急反弹较多时，继续开空（所有开仓均是等量开仓）。由于每次都是反弹勾起时止损，然后又是反弹回挫时再开空，所以掐头去尾后再加上滑点和手续费，大致每次继续开空时的价位正好等于前一次平仓的价格，并没有占到便宜；相反，10次平仓中大约有4次会平错，即平仓后行情会继续下跌，导致错失4段更多的利润。由此可见，单边交易法不如单边持有到尾盘。

第二种方法：日内加仓法。如：只要比开盘价低0.5%、1%、1.5%、2%……就依次开空。如果每次开仓量相等，那么这种均等的加仓法会导致开仓成本偏高，一旦反弹稍微多一些，全天就会因为止损无功而返，但大致盈利尚不成问题；如果开仓量是前多后少，那么因前期趋势不明会导致失误成本较高；如果开仓量是前少后多，那么开仓成本会更高，更经不起反弹的冲击。还有一种类似于随机性的加仓法，比如按时间来加仓，这样会导致开仓总成本忽高忽低，但因为大概率下跌的逻辑存在，所以往往在累积很多仓位后，行情依然会下跌，因而程序化统计数据也显示，该加仓法是比上述三种加仓法更优的开仓法。

第三种方法：日内赌多空法。如：只要比开盘价低0.5%就一次性开足仓，后面不再加仓。理论上，这样的开仓法若是后期趋势对己有利，则收益会超过上面所有的开仓法；但若是后期趋势对己不利，则损失同样也会超过上面所有的开仓法。但是，因为一旦开盘后日K线为阳线或阴线，则60%的概率当日收阳线或阴线，所以实际上（也是程序化交易的统计数据），该开仓法的最终总收益会超过之前的所有开仓法。该方法本质上是抓日K线级别上的光头阴线或光脚阳线，这种K线出现的机会最多是平均5日出现1次。如果5日中有3次亏损1次平局1次盈利，而每次亏损0.5%且每次盈利为2%（商品期货的日平均涨跌幅难以超过2%），那么加上滑点后，一周交易无利可图。但是，如果是放在股指期货上，则往往能累积可观的收益，因为股指的日均涨跌幅在3%左右。

以上三种日内交易法都有缺陷：前两种是开的次数越多，则累积的滑点越多；第三种则因为往往是头几秒钟就开仓了，所以瞬间的冲击滑点会更多。从长期来看，由滑点所带来的交易成本是交易的最大敌人。再者，如果行情在一周内连续下跌且平均每日跌2%，若是用波段交易法，则最多可收获10%的收益率，即使掐头去尾，也大致有5%的收益率。反观日内赌多空交易法：行情连跌一周时，大致有2~3天会开盘后先涨后跌，导致每次损失1%（比开盘价高0.5%开仓，比开盘价低0.5%止损），这2~3天会损失2%~3%；如果止损后不继续开空，那么这一周只能获取2~3天的收益，收益率为3%~4.5%（跌0.5%之后才能开空，平均每天利润只有1.5%）；若扣除开盘向下跳空的收益无法获取，则收益率只有2.5%~4%；若是加上每天的开仓滑点，则收益率会降至2%~3.5%，一旦扣除本周内亏损的2%~3%，则一周几乎无收益可言；若是2~3天止损后继续开空，则会增加3%~4.5%的收益率，但是再开空后若价格又反超开盘价0.5%，则又会增加1%的亏损；假使这种反复的状况在这2~3天中只会出现1天，那么不仅会增加额外的1%的损失，而且由于不会再开空，导致当日下跌空间无法得到，所以这3%~4.5%的收益率会降到0.5%~1.5%；然后加上这2~3天增加开仓后的滑点和向下跳空的空间无法获取，则收益几乎没有。由此可见，只要在一周中曾出现过失误，则无论失误后是停止交易还是再开空一次，最终收益率都几乎为零——只有一种情况除外，即若某品种（如股指期货）的日均涨跌幅度超过3%，则日内交易依然可以获利。

——大约70%的商品期货交易者从事日内交易，但从长期来看，几乎没有能够获利者，根本原因如上所述。实际上，上述日内开仓的收益率均不及波段交易，因为波段交易往往能将一波涨/跌趋势从头拿到尾，无论中途行情怎么回转，都只是账面浮亏，而行情终是会大概率地继续前进；但在行情中途回转时，日内交易则往往会连续失误，其累积的亏损甚至会超过一波反向之后的错误持仓的亏损。

（2）对于波段交易，首先要界定交易原则：日K线不连续反弹4%以上不开多，不连续回调4%以上不开空。原因是在连续多日的下跌中，若反弹幅度连4%都没有，则反弹的概率往往连50%都不到，我们是无法依据小概率模式来交易的。

单边交易法。对于日K线级别的波段交易而言，遇到两连阳或两连阴，且此两日内折返幅度超过4%，则可以先平仓，然后等折回行情无法继续时再顺势开仓。此状况下平错的概率较小，因为人们经过了一个交易日的非理性思考以及收盘后的理性思考，若次日继续出阳线或阴线，则行情大概率会回转一段时间。

加仓法。如：在价格从近期高点下跌4%时开空，此后每跌2%就加仓一次，且每次开仓的资金量为总资金的10%。因为有累积的盈利，所以不必每次开仓都设止损线，只需一根总的止损线即可。如此加仓的好处是只要价格下跌，就可使更多的资金参与进来；坏处是因为是线性加仓，所以总的开仓成本会比较高。比如，在价格连跌12%时可开5次仓，开仓平均成本为近期高点下跌8%之处，若在价格连跌12%后反弹至此段跌幅的三分之一时止损，则收益率为零，也可以在跌4%时首次开仓后，再每天开一次5%的资金量（一般连跌12%需要12天的时间，如此，开仓资金量也可达50%了）的仓。但是，若前期跌得快而后期跌得慢，则平均持仓成本大约在近期高点连续下跌9%之处；若前期跌得慢而后期跌得快，则平均持仓成本大约在近期高点连续下跌7%之处；若是匀速下跌，则平均持仓成本大约在近期高点连续下跌8%

之处。可见，此开仓法总的平均持仓成本并不占优势，且因为多数都是在开盘时就开仓并每天都开一次仓，故而滑点大且累积较多。还可以当价格从近期高点下跌4%时开空，且此后每跌1%就加仓一次，这样，当价格连续下跌8%时即可开仓5次，而平均持仓成本在价格连续下跌6%之处。与每跌2%即开仓的方法相比，该方法的开仓次数会增加1倍，但因为很少会在开盘时即开仓，故而滑点现象并不严重。

赌多空法。在价格从近期高点下跌4%时一次开足50%的仓位，显然，如果行情后续向开仓的方向前进，那么此方法无疑是获得最低持仓成本的方法，但如果被确认为失误，那么一次失误大约就要使总资金损失20%（止损位为-4%）。即使价格从近期高点下跌4%后，行情继续走低的概率高过60%，因而从长期来看这样的操作多数都是对的情况下，只要连续出现3次这样的失误，总资金就会损失60%，这是任何交易者都无法承受的风险，因而该方法并不可取（但如果没有杠杆或即使有10倍杠杆但每个品种上只动用10%的资金，那么该方法值得采用，因为即使连续失误4次，也只损失16%的资金）。

可见，凡是高概率的行情或操作，其致命缺陷都是连续的小概率失误。所以说做交易，不仅每次都要顺着大概率的方向做，且在用分批加仓和止损应对无常和失误时，还要预先考虑到连续小概率的事件。对于连续小概率的风险，分批加仓无法解决，因为在系统性风险面前，任何品种都存在这样的问题；止损也无法解决，因为止损只能减少亏损而不能杜绝亏损；唯一的措施只有轻仓交易，只有轻仓才能使高概率的做法得以永生。所以，如果有一种方法从长期来看是可以获利的，那么它就是轻仓交易；若想分配完更多的资金，则需开发更多高概率的方法。但绝大多数人没有更多的交易方法，所以若想安全地重仓某个品种，只有通过连续加仓才能办得到，且应在价格连续前进10%之内，把应投入的资金分批投入进去，使持仓成本保持较有利的局面；若有盈利，则可以在行情调整后又继续前进时分批投入。

——大约有20%的商品交易者从事波段交易，但没有人不被不要借贷成本的杠杆所诱惑，这里面能盈利的少数者，均是通过分批加仓的方法来实现的，而多数人则累积亏损于高杠杆的赌多空交易法上（即使是采用了单边交易法的获利了结方式）。从长期来看，波段交易法的盈利能力并不如趋势交易法，因为当行情连续前进的时候，出现较大但不折返过20日均线的调整是在所难免的，于此期间的反向交易多数是亏损的；且行情若是处于一波三折的状态或是大盘整的状态，则用波段交易法更易累积大额亏损。

（3）对于趋势交易，首先要界定交易原则：日K线不涨过20日均线不开多，不跌过20日均线不开空。原因是对于连续下跌的行情，若没有经过5日以上的反弹且反弹到20日均线，则行情会大概率地继续下跌，即使是偶有上涨，也会时时遭遇到空头的打压，使上涨行情一波三折；对于连续上涨的行情，则正好反过来。

单边交易法。只要价格跌过20日均线就开空。若价格低于250日均线，则证明为熊市，此间只要价格跌过20日均线就开空，且从不开多。若价格回到20日均线上方，则止损。虽然这样止损会赢得更多的下跌空间，但一旦行情反弹到20日均线以上，则会回吐掉一大段利润。

加仓法。当价格跌过20日均线时开空，资金量为20%，然后每跌1%再追加10%的资金，连续追加3次，满足50%持仓量的需求。由于价格跌到20日均线以下时，行情下跌的趋势已比较明显，所以宜采用倒金字塔的加仓方式。

赌多空法。当价格跌过20日均线时开空，且一次性成交50%的资金量。虽然此时行情向下的概率超过60%，但如果开空后的行情偏偏走到剩余的40%的概率里，且在此后的交易或其他品种中接连出现3次，其结果无疑是灾难性的。

——只有大约10%的交易者采用趋势交易法，这些人多数已在市场上捣鼓了5年以上，早已被日内交易和波段交易折磨得伤痕累累。但此中也只有不到一半的人可以长期获利，原因是很多人被患得患失的心态影响了对交易技术的执行。

方法已论证完毕，但该重仓哪个品种呢？答案是：领头羊。如果行业多且品种多，那么如何防止擒错羊了呢？答案是：留一部分资金给其他行业的领头羊。为防止反弹变成反转，又该怎么办呢？答案是：在行情连行且猛行过多时，出现两连阳/两连阴且折返幅度超过4%，用该品种三分之一的资金做反手，此时获利的概率会超过50%（若行情又返过近期高点/低点，则再反）；当行情继续前进且出现明显的二次上攻/下攻时，再用该品种三分之一的资金做反手，此时获利的概率会超过60%（若行情返过近期小支撑线/压力线，则再反）；当行情继续前进且均线呈多头/空头排列状态时，则考虑全部反手，此时获利概率会超过70%，且一般此时行情已折返了15%以上，初步具备了反转架势。而一旦价格又返过20日均线，则应考虑全部平仓且开始轮回趋势加仓法。也就是说，面对熊市的反弹时，是通过3次跨越幅度比较大的反手来实现出局且反手的；而对于熊市里的顺向行情，则是通过短期内的快速加仓来实现低成本与高概率之间的平衡的。反之亦反。

综上所述，做交易必须冷静且不从众，必须避开杂乱不堪的日内交易，必须避开易成为先烈的波段交易，必须在聚焦主要趋势时也关注折回，必须通过加仓的方式等待趋势明显，必须有适度的止损容忍度，必须分散风险，必须抓领头羊，必须看淡得失。

附：文华软件的优势及其使用

一、文华软件的优势

工欲善其事，必先利其器，好的交易软件对于长期盈利至关重要。很多人之所以在交易中长期亏损，其实是因为缺少一种得力的交易工具。而好的交易工具，有助于减少非理性交易，提高交易速度、成交质量，减少精力投入、亏损幅度，增加交易机会、盈利概率……

在国内众多期货交易软件中，我首推文华财经公司的赢顺交易软件。这不仅是因为该软件的几项重要功能来自我的一再提议，而是因为其产品的改良速度有口皆碑，更重要的是软件的实用性和便利性都非常高，几乎能满足大众交易的一切合理需求。

大致来看，目前的文华赢顺软件有如下交易上的优势：

（1）能同时监控N个商品行情，有利于优选交易机会。

（2）能设置超价模式进行委托，几乎确保100%成交。

（3）能设置自动止损线，只要开仓后就会显示且能随意调整。

（4）能设置追踪止损线，只要行情对己不利即可及时离场。

（5）能画线开仓和画线止损，即使夜盘时交易者休息了也能自动交易。

（6）画开仓线或画止损线时，能分阶段开仓，也能分阶段止损。

（7）能将开仓条件或止损条件在关闭软件时传到文华服务器上，即使软件不启动也可正常交易。

（8）能针对不同产品设置默认交易手数，方便管理资金。

（9）能设置风控条件单，方便对产品持仓或账户资金进行管理。

（10）能加入程序化条件，可针对行情走势进行报警提示。

……

关键是，以上功能全免费使用。但交易者需要知道，好的交易思路通常是很简单的，即使没有得力的交易工具也一样可以长期盈利。但是一旦有了得力的交易工具，要么可以节省大量的交易时间和精力，要么可以同时交易更多的品种了。交易工具本身不能创造利润（但可以增加利润），是好的交易思路在创造利润，切勿本末倒置。

二、文华软件的使用

很多交易者尚不知如何使用文华软件，下面就我常用到的一些软件功能做具体解说。

首先，进入文华软件的官网www.wenhua.com.cn，点击“模拟交易”一栏，并选择“交易软件”（切勿进入其他网站下载文华软件，因有的软件是期货公司提供的，故无法进行模拟交易），如图8所示。

图8　步骤1

进入“交易软件”版面后，选择“赢顺云行情交易软件”，再选择“下载模拟交易试用版”，如图9所示。

图9　步骤2

进入“下载模拟交易试用版”后，依据自己所接宽带的公司属性，选择“电信下载”或“联通下载”即可，如图10所示。

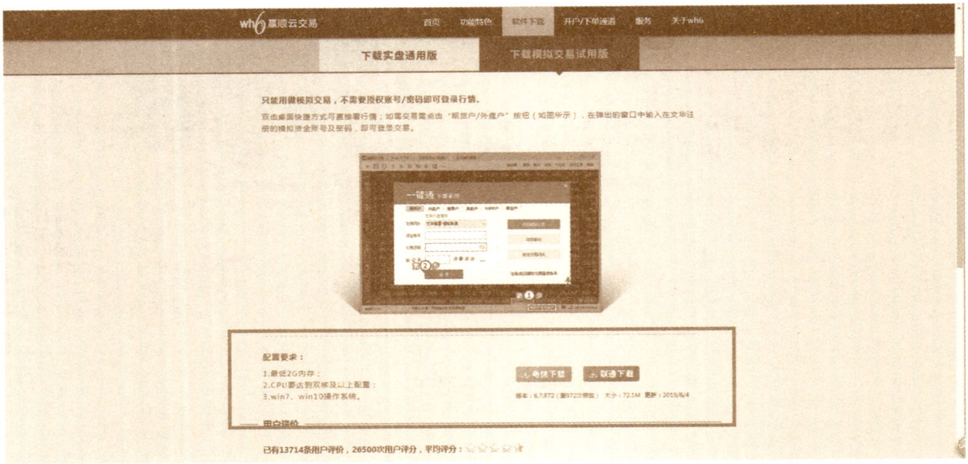

图10　步骤3

在网站“模拟交易”一栏中还有一个“注册账号”，进入后，根据自己的需求注册模拟账号，如图11所示。

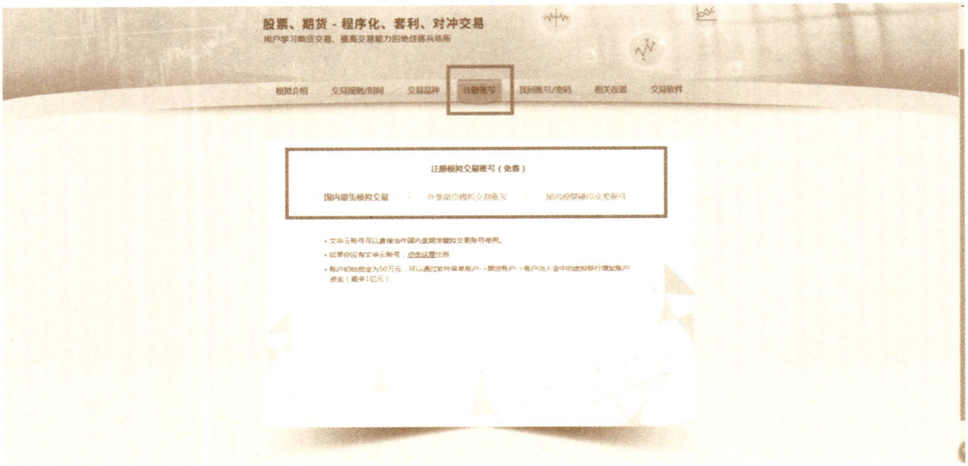

图11　步骤4

在电脑上安装完赢顺软件后，双击其图标，打开赢顺软件，点击软件最右下方的“下单”，然后在跳出的新窗口输入文华公司通过手机发给你的模拟交易账号和登录密码，即可登录交易系统，如图12所示。（注：由于操作软件更新频率较高，软件操作具体方法以实际操作界面为准，本处解说仅做参考。）

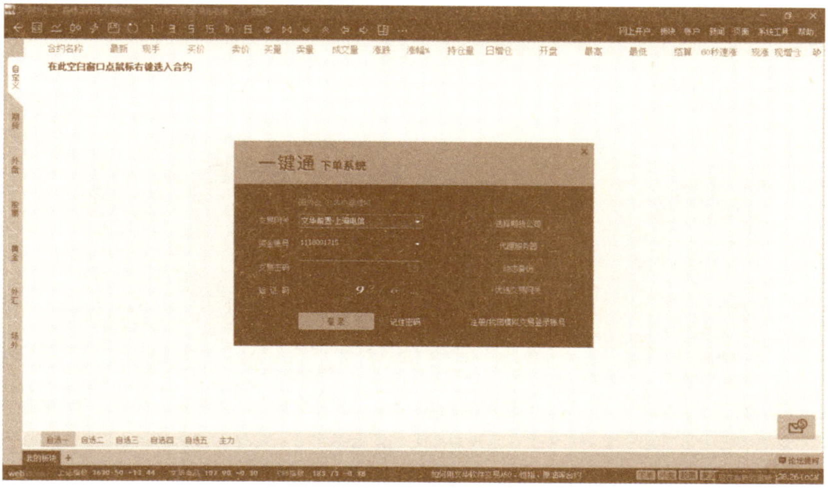

图12　步骤5

在登录交易系统之前，也可以点击右边的“优选交易网关”，进去后点击“ping值检测”，选择数值最小的那个宽带服务商，如图13所示。

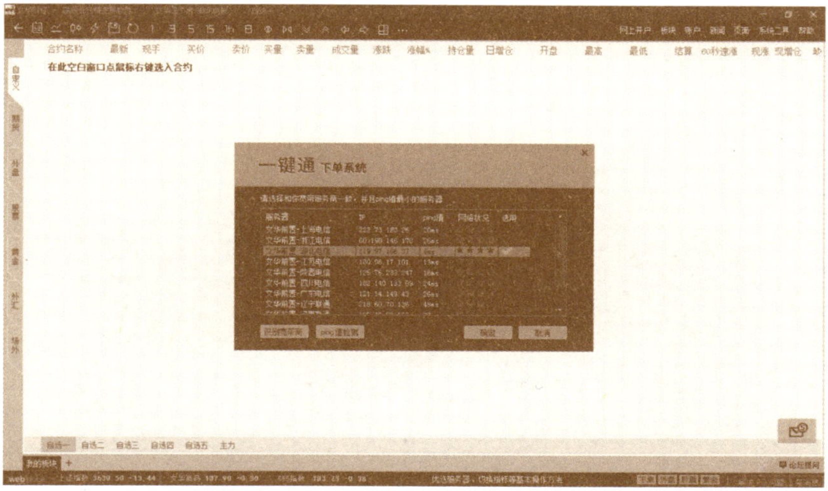

图13　步骤6

登录交易系统后，会出现下单面板，点击最左边“参数设置”里的“选项设置”，按下图进行设置，如图14所示。

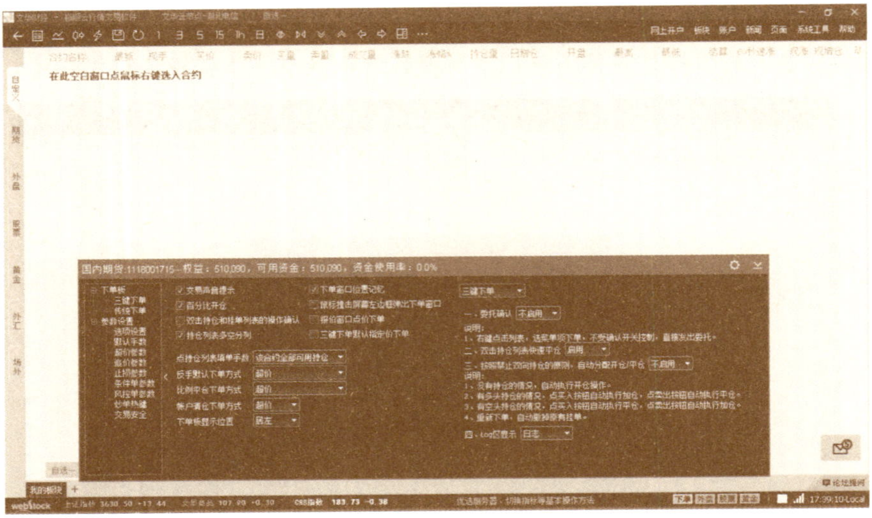

图14 步骤7

若要对某商品设置每次开仓时的固定数量，则可点击最左边的“默认手数”一栏，然后依据下图进行设置，如图15所示。

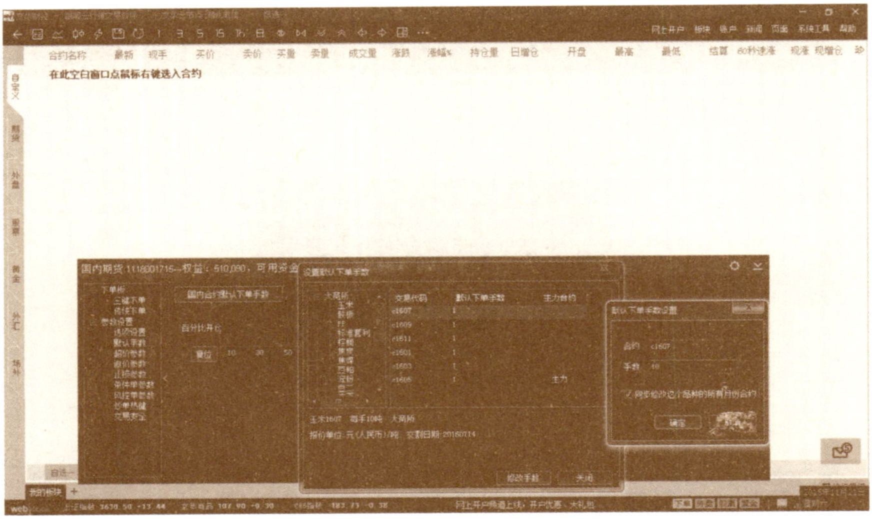

图15 步骤8

点击最左边的“超价参数”，对需要交易的商品进行超价委托设置，这有利于每次交易都可按照对你最有利的价格进行成交。对于波动性不大的商品，一般选10个最小变动价位即可，但对于股指这种波动剧烈的品种，则需要选100~200个最小变动价位才行（即每次以超过刚才最新成交价20~40点的价格去申报委托），如图16所示。

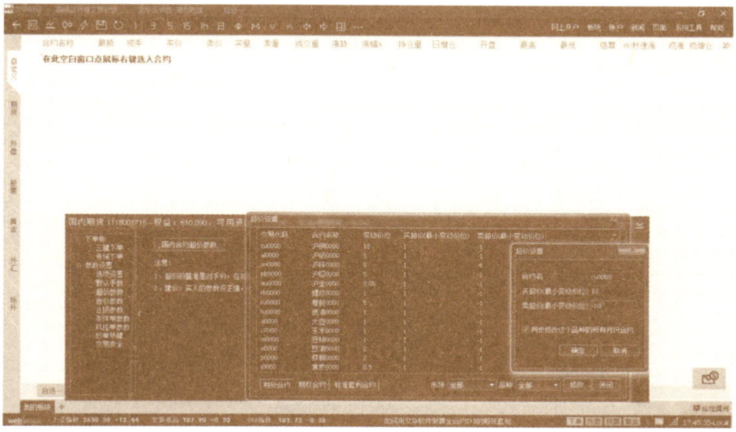

图16　步骤9

在最左边，还有一个“追价参数”栏目，因为一般交易都是以超价模式进行委托，故此栏可以不用理会，但若有人不愿意选择超价模式进行委托，则可按下图设置“追价参数”，如图17所示。

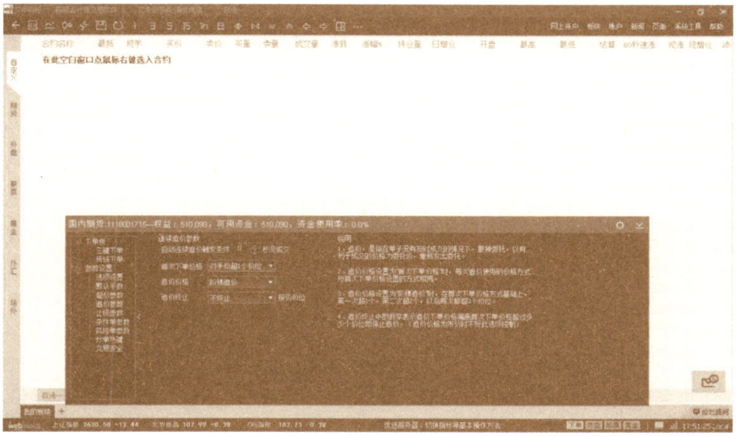

图17　步骤10

点击最左边的“止损参数”，按照下图进行设置。提示1：当选择“交易退出时上传云端”时，你的止损价位和数量都会传到文华的服务器上，此时不能保证文华公司不会在获得这些信息后，进行反向交易以谋取私利。提示2：“默认策略”里有多种止损策略，包括动态追踪止损以及限价止盈等，可以尝试了解。提示3：在填写“止损价差”时，此处的数值不用乘以最小价格变动数，是按照产品的实际价格来扣减的，比如，股指的止损价差若为10，则即是亏损10点时平仓，如图18所示。

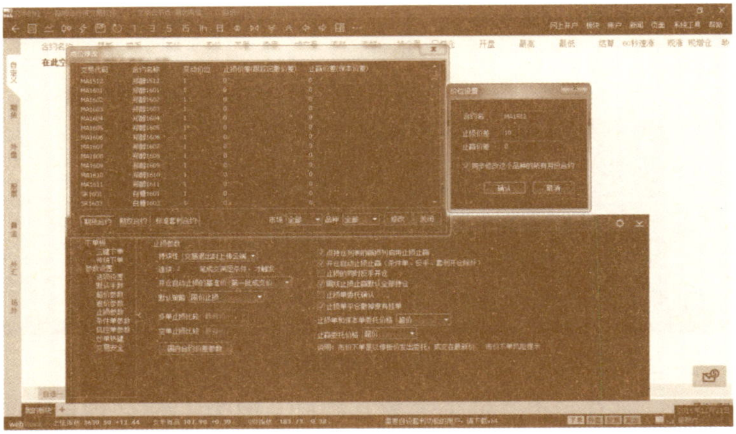

图18　步骤11

点击最左边的“条件单参数”，按下图进行设置，如图19所示。

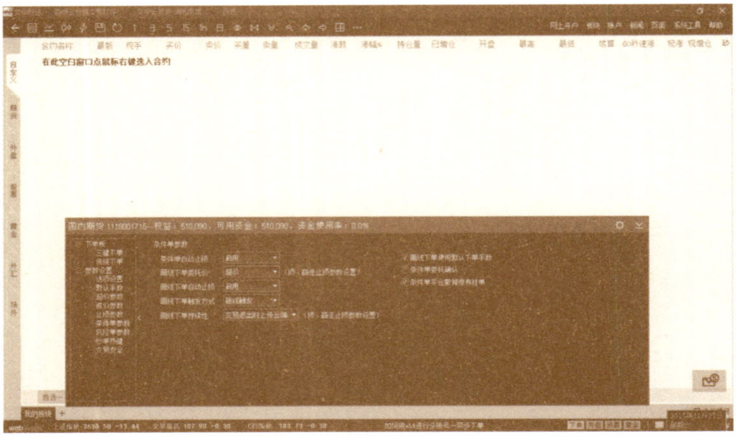

图19　步骤12

最左边的“风控单参数”可以不用设置，如果想使用“邮箱提醒”功能，可以尝试一下，如图20所示。

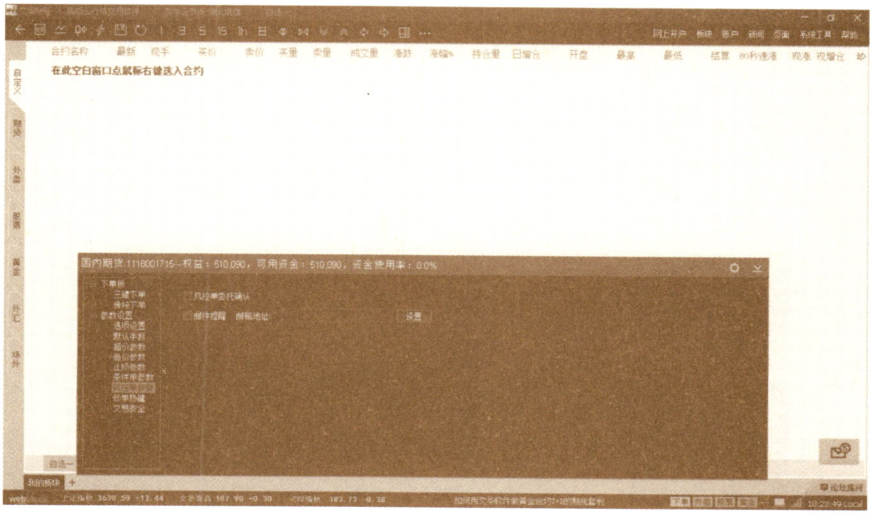

图20　步骤13

最左边的“炒单热键”是针对超短线交易者设计的，对于画线交易者而言，可不用设置。左边最后一项是“交易安全”，为了方便快速登录和快速交易，可按下图进行设置，如图21所示。

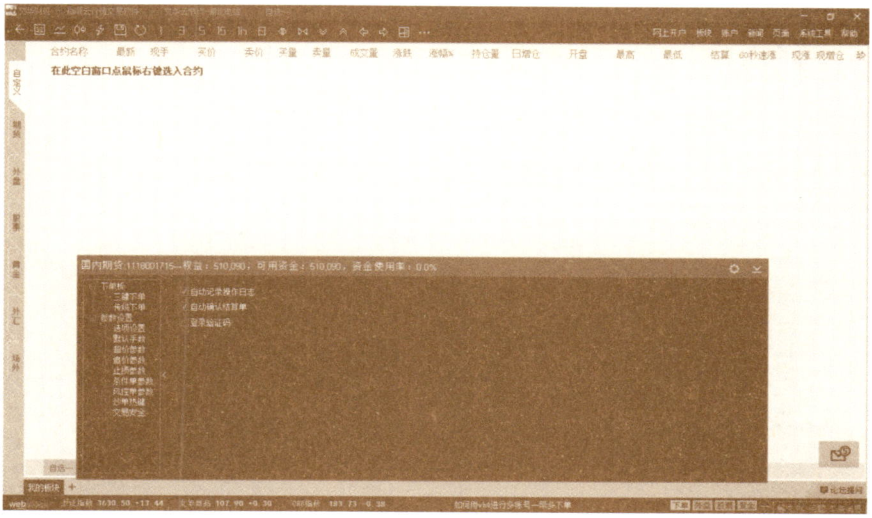

图21　步骤14

点击最左边上方的“三键下单”即可回到下单界面；同时，点击左边的小三角符号，可将左边的设置栏隐藏，如图22所示。

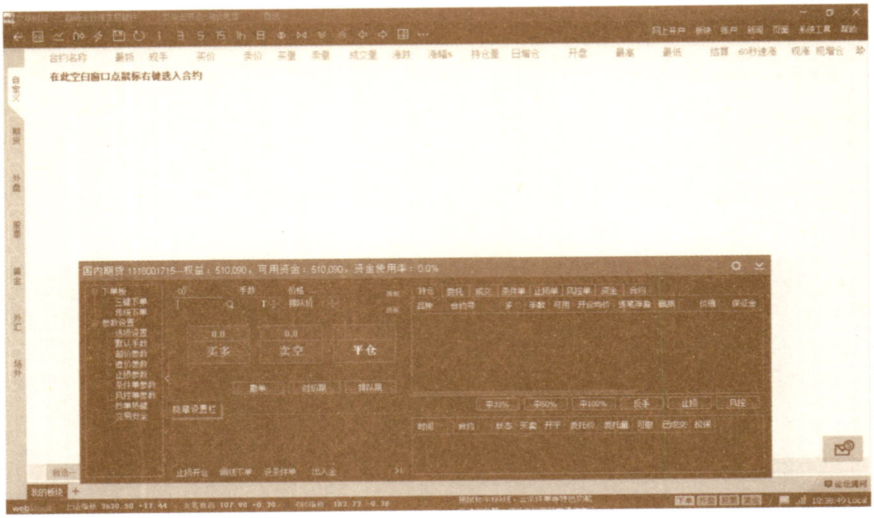

图22　步骤15

如果选中某商品后，下单面板上的“价格”一栏下面不是曾经设置好的“超价”模式，那么点击“价格”栏后，选择“超价”即可，如图23所示。

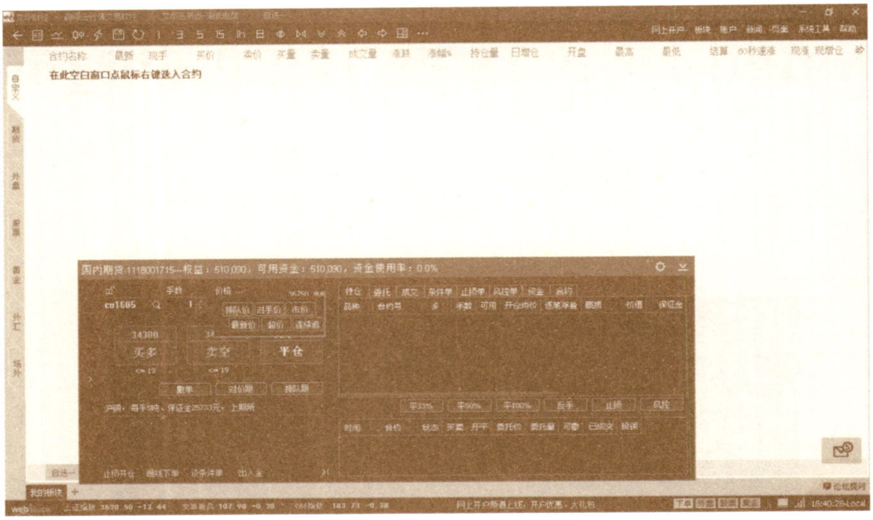

图23　步骤16

点击下单面板最右边的“风控”，进入“风控”窗口，再选择“账户”，即可对资金账户进行风险控制。比如，当总资金亏损达到50万元时，平掉当前所有持仓，如图24所示。

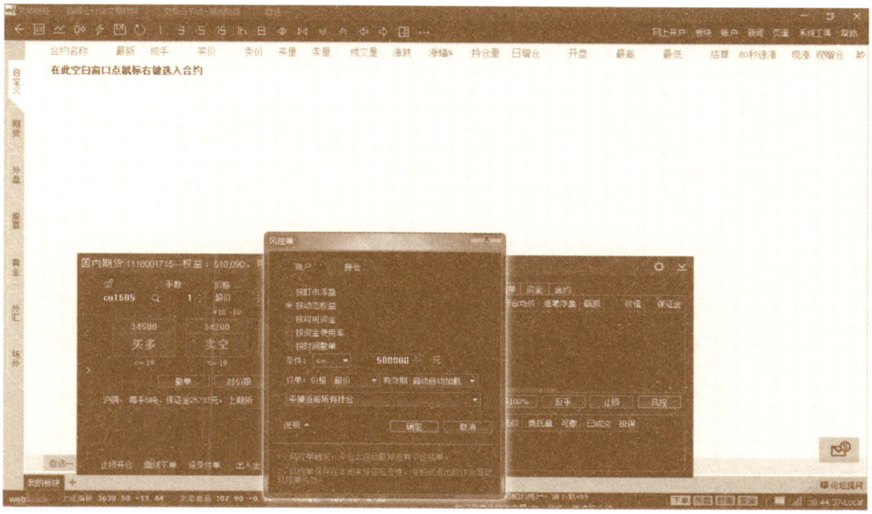

图24　步骤17

当选择“持仓”时，则可对某个商品的持仓风险进行控制。比如，当CU自开仓后亏损5000元时，即平掉CU当前所有持仓，如图25所示。

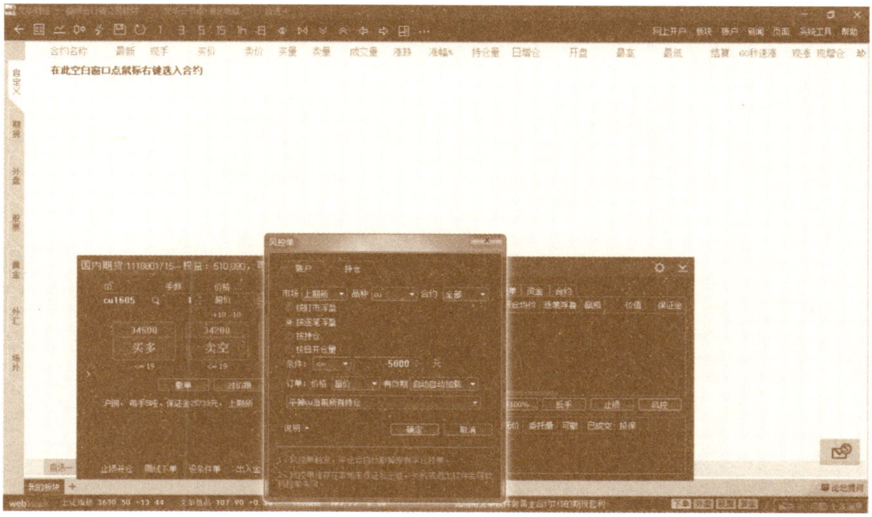

图25　步骤18

下单面板的设置基本完毕，下面进行个性化设置。点击软件大窗口最右上方的“系统工具”一栏，选择“个性化设置”，再点击最左边的“报价常用设置”，按下图进行设置后点击“应用”，如图26所示。

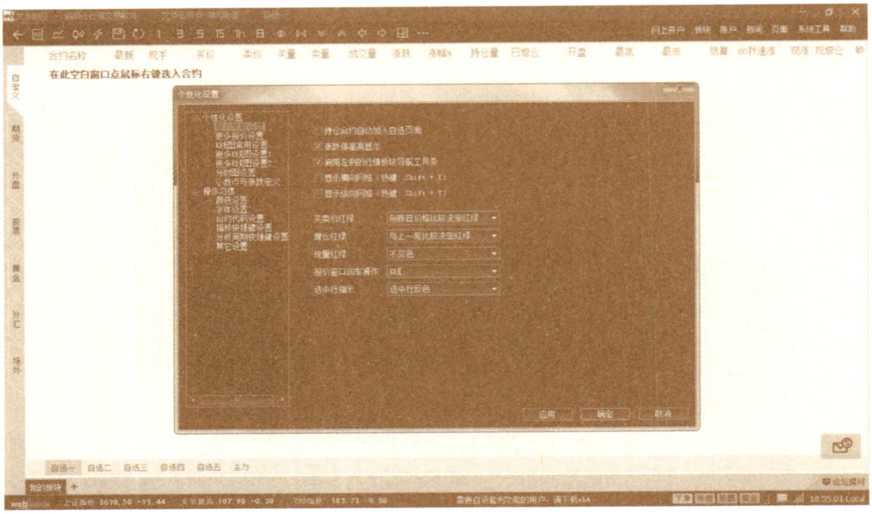

图26　步骤19

点击最左边的“更多报价设置”，按下图进行设置后点击“应用”，如图27所示。

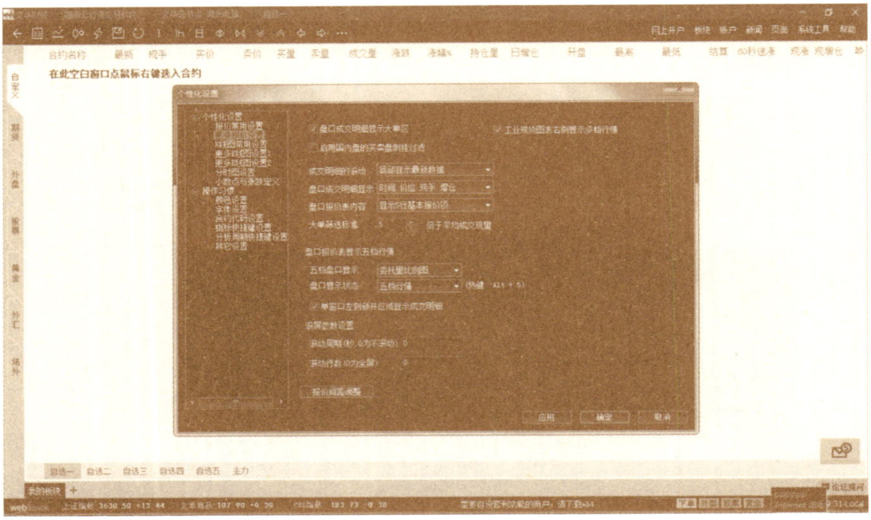

图27　步骤20

点击最左边的“K线图常用设置”，按下图进行设置后点击“应用”（可根据个人爱好，选择是否显示持仓成本线，这里没有选择，是因为在实际应用中，当开仓线、止损线、成本线都出现时，容易混淆视线），如图28所示。

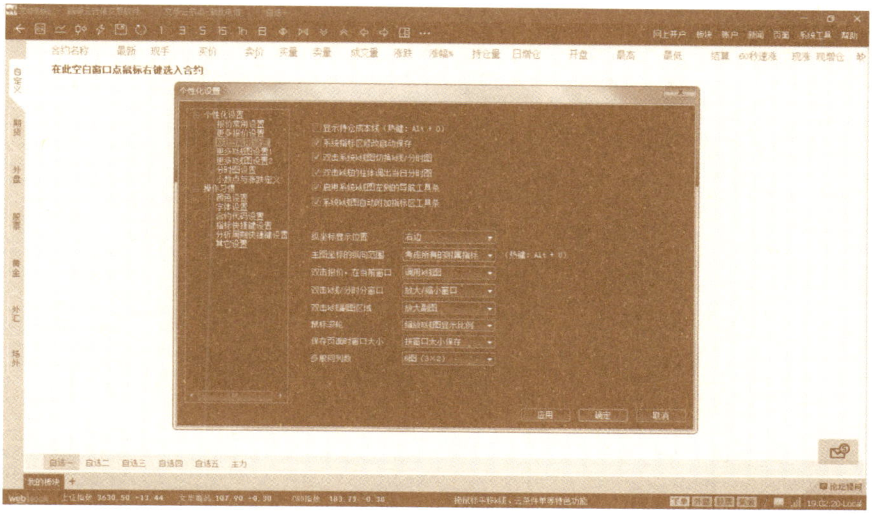

图28　步骤21

点击最左边的“更多K线图设置1”，按下图进行设置后点击“应用”，如图28所示。

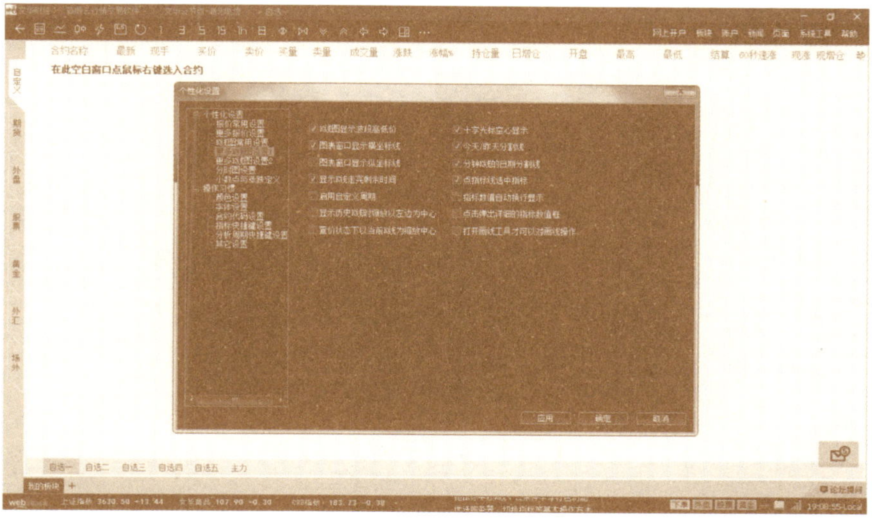

图29　步骤22

点击最左边的“更多K线图设置2”，按下图进行设置后点击“应用”，如图30所示。

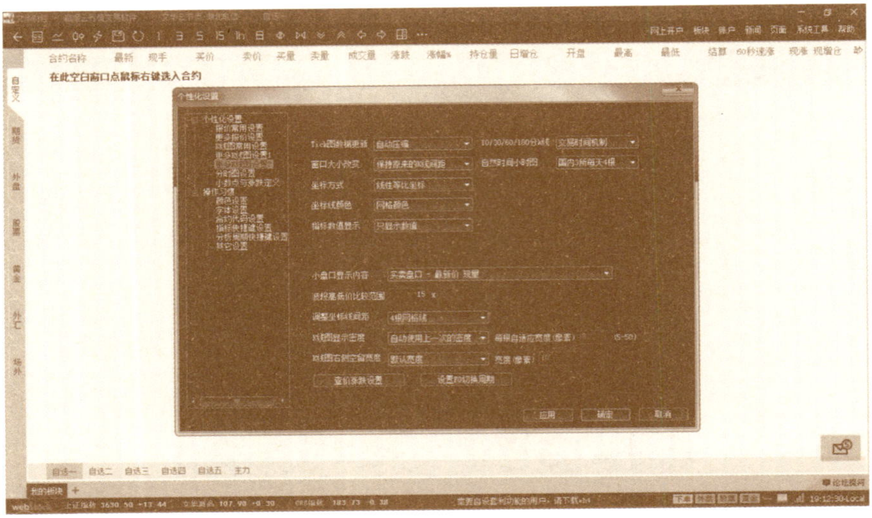

图30 步骤23

其他设置可以不用理会，最后点击最左边的“其他设置”，按下图进行设置后点击“应用”，如图31所示。

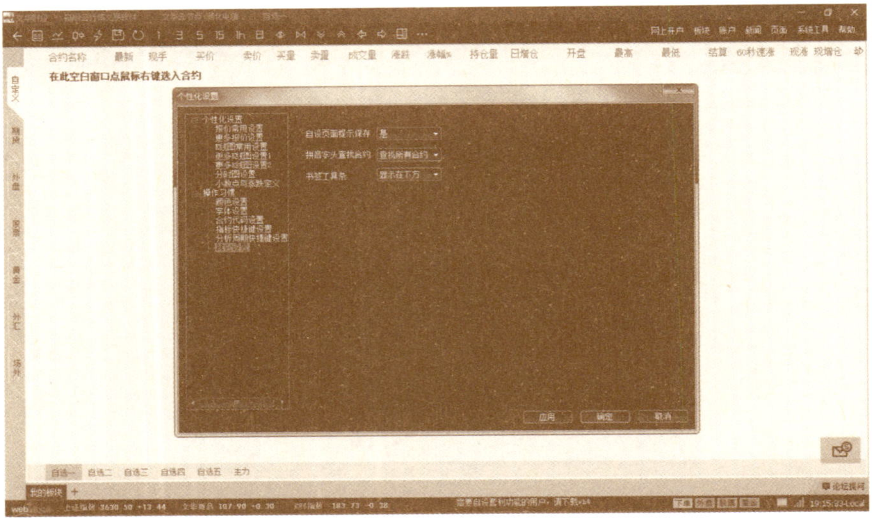

图31 步骤24

然后，点击软件大窗口最上面的“…”，拉出选项菜单，将平时要用到的便捷设置勾选出来，不需要的则去掉，如图32所示。

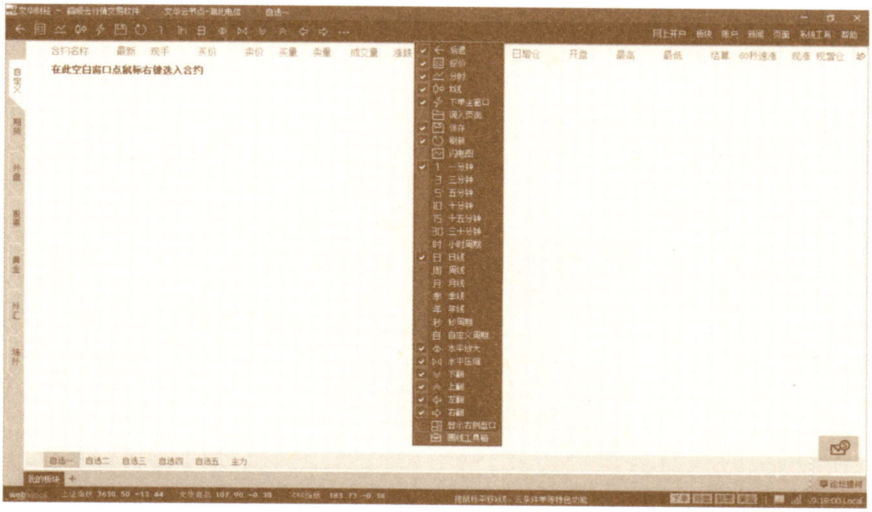

图32　步骤25

再点击选项菜单最下方的“画线工具箱”，将平时要用到的工具勾选出来，如图33所示。

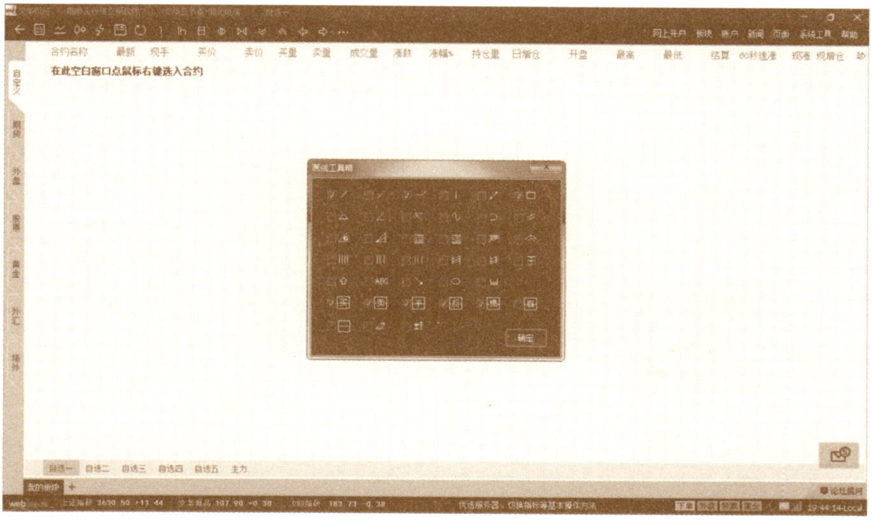

图33　步骤26

接下来进行监控页面的设置。在大窗口中点击右键，选择“插入窗口”，如图34所示。

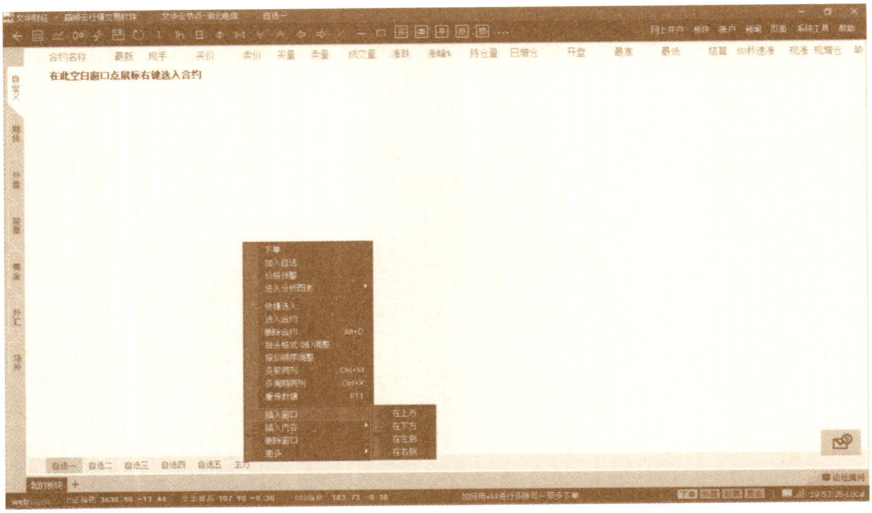

图34　步骤27

将大窗口如此划分为5个小窗口后，再点击右键，选择“插入内容”。其中，最左边的1个小窗口选择“报价列表”，其余4个小窗口选择“K线图表”，如图35所示。

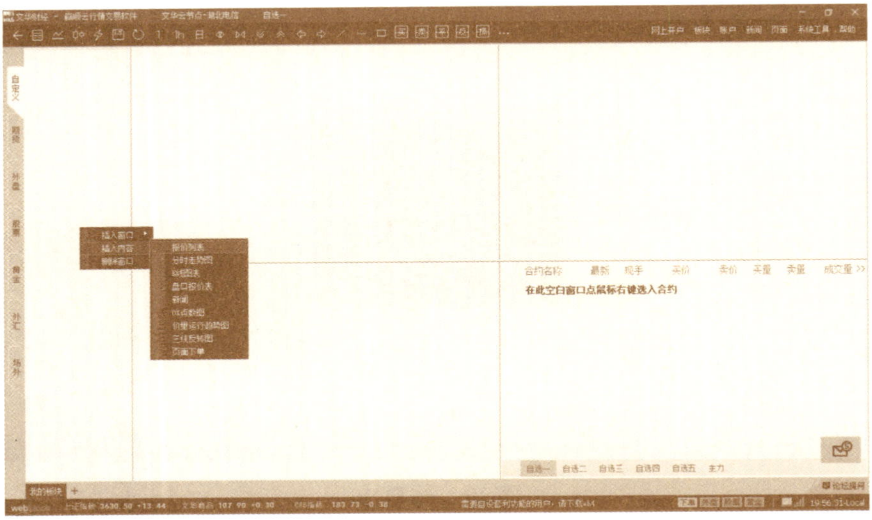

图35　步骤28

在选择“K线图表”后，会先让你选择一个商品合约，此时可以任意选择一个，如图36所示。

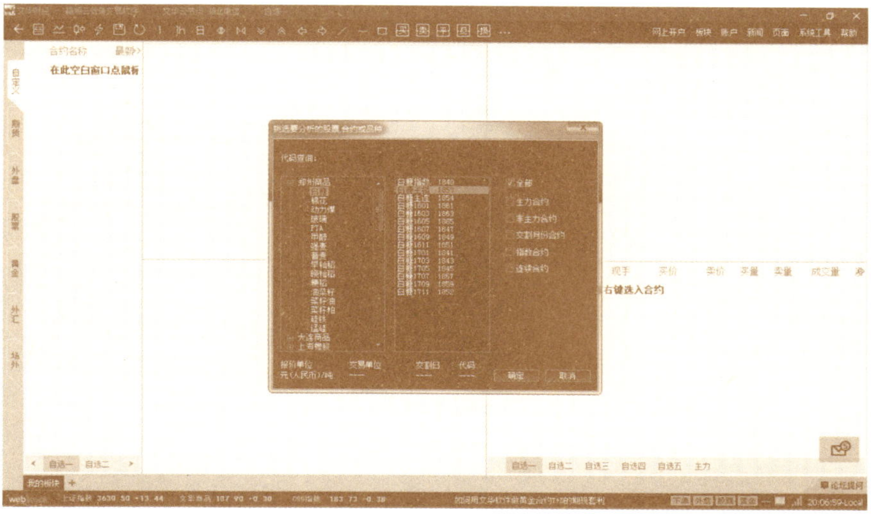

图36　步骤29

然后在其他小窗口继续选择插入“K线图表”后，4个小窗口都会出现同一个商品的行情走势图，如图37所示。

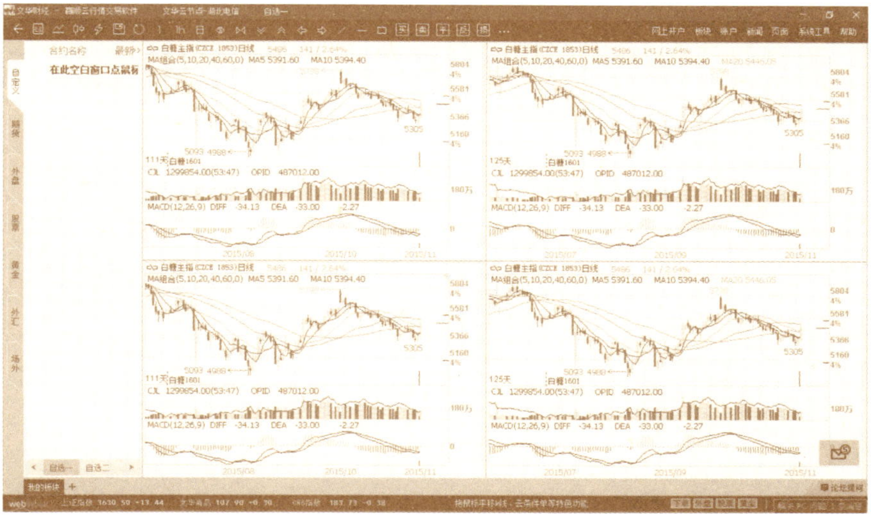

图37　步骤30

分别在这4个小窗口上点击右键，选择“选择合约”，将4个小窗口中的合约换成4个不同的合约，如图38所示。

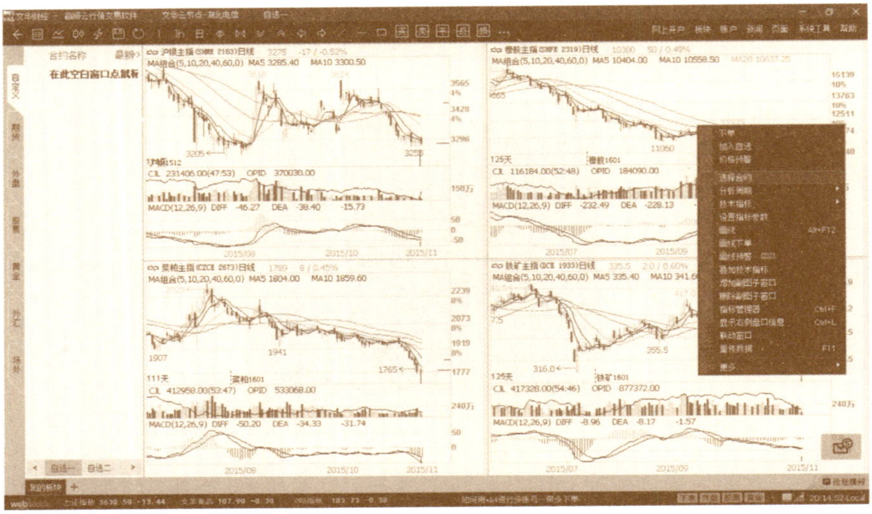

图38　步骤31

再然后，分别在4个小窗口上点击右键，选择“删除附图子窗口”，将多余的指标图删掉，再将成交量图压缩一下，整个看图界面就变得不那么凌乱了，如图39所示。

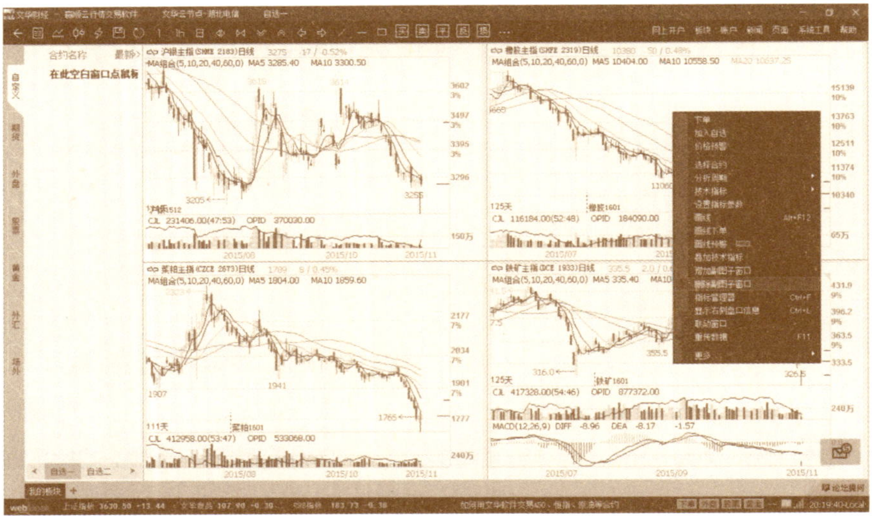

图39　步骤32

再在最左边的小窗口上点击右键，选择“选入合约”，在跳出的新窗口中选择“郑州商品”，再选择“主力合约”；然后继续选择“大连商品”，再选择“主力合约”……如此，五大交易所的主力合约即被囊括进来了，如图40所示。

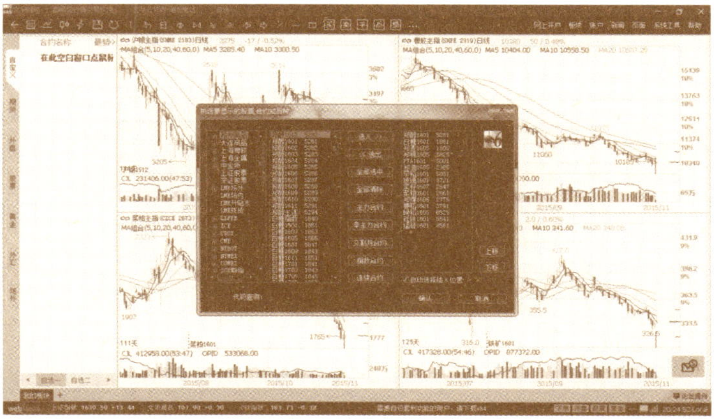

图40　步骤33

然后，在最左边的小窗口上点击右键，选择“抬头格式调整”，在跳出的新窗口中，分别将“文华码、合约名称、涨幅、成交量、持仓量”放置前面即可。这样，就可以在交易中随时查看各商品的即时涨跌状况了，同时也能在收盘后根据成交量来判断主力合约是否要更换了，而在更换合约时，直接输入合约对应的文华码即可，如图41所示。

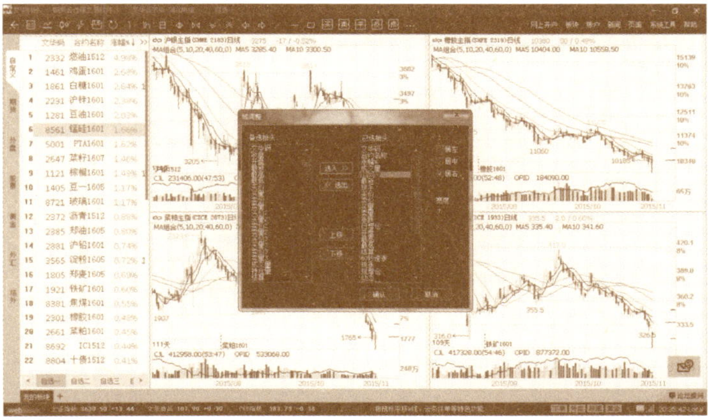

图41　步骤34

现在，选择大窗口最右上方“页面”栏里的“另存为”， 在跳出来的新窗口中给该页面取一个名称，将该页面保存起来，如图42所示。

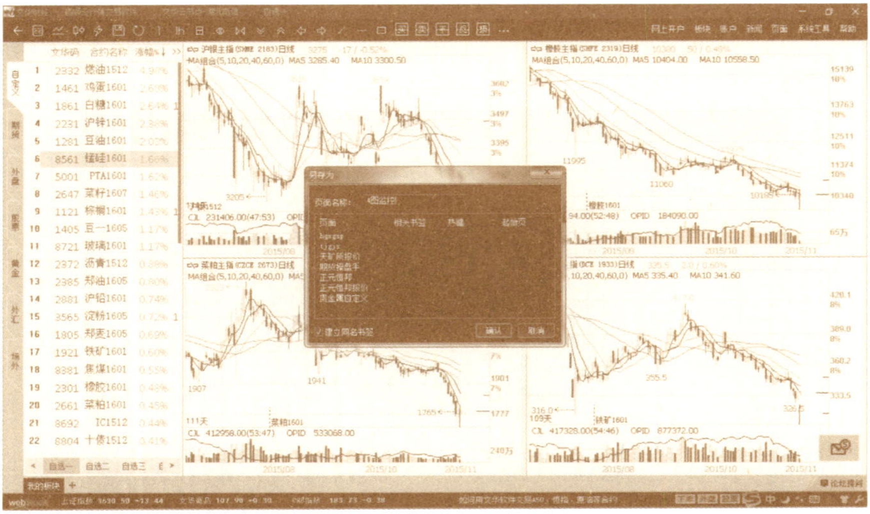

图42　步骤35

然后，再选择大窗口最右上方“页面”栏里的“设置起始页”，在跳出来的新窗口中选上刚才所建立的页面名称，将该页面设置为起始页。以后每次打开软件时，该页面会直接显示在你的屏幕上，如图43所示。

图43　步骤36

如此，“下单面板设置、个性化设置、监控页面设置”这三大常用设置项目就基本上设置完了。然后，选中大窗口最右上方的“系统工具”一栏，再选择“备份个性化设置”，将刚才的设置全部导出来，以后如有需要，只用几十秒即可将上述设置导入到软件中。但是，下单面板中的一些设置是跟随资金账户走的，若在新的软件中使用其他资金账户，那么即使是将刚才的设置全部导入到新的软件中，某些交易上的设置也不会被同步复制，比如，超价设置、止损设置等，如图44所示。

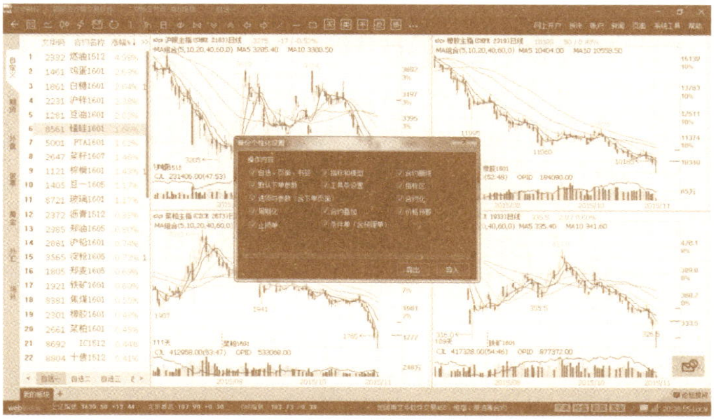

图44　步骤37

在大窗口最右上方的“系统工具”一栏中，还有一个“更新交易所码表”值得关注，当你所看到的合约走势异常时，可选中此项进行更新，如图45所示。

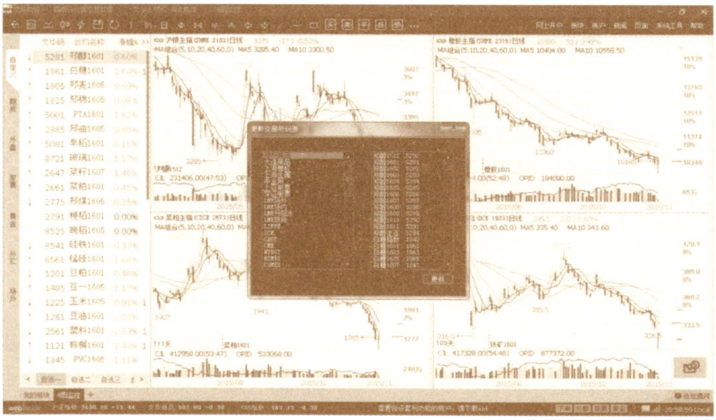

图45　步骤38

如果需要修改密码，可以选中大窗口上方的“账户”一栏，再选中里面的“账户查询及密码修改”，即可对自己的交易密码和资金密码进行修改，如图46所示。

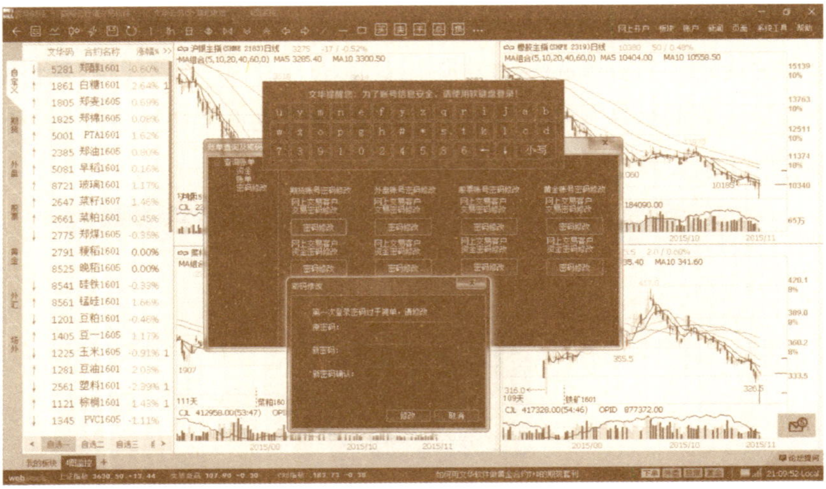

图46　步骤39

如果要进行资金转账，则可选中大窗口上方的“账户”一栏里的“账户出入金”，选择你所对接的银行后，即可对银行卡或期货账户里的资金进行转账了，如图47所示。

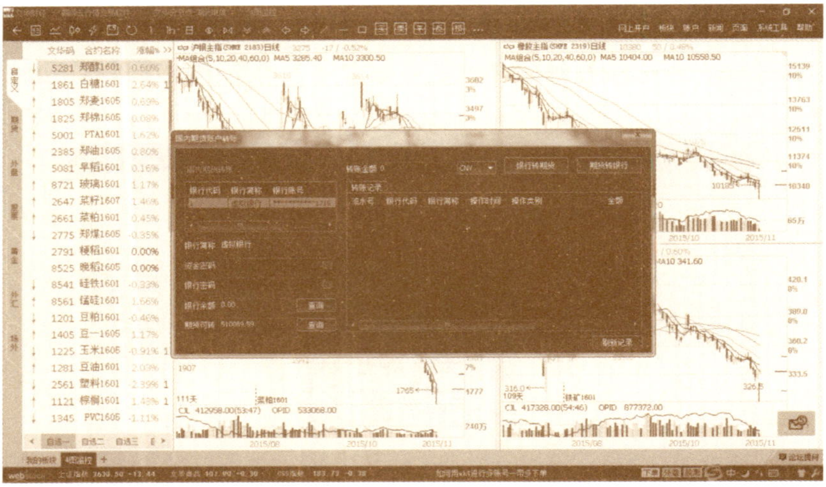

图47　步骤40

当要买卖期货合约时，既可直接点击下单面板上的“买多”或“卖空”，也可点击大窗口最上方的“买”或“卖”，当点中这里的“买”或“卖”后，再把鼠标点在K线图上，即会出现一根线，把这根线放在哪里就会在哪里开仓，且可以随时调整开仓线的位置。选中该线后再点击右键，还可以更改开仓手数或删除该线，如图48所示。

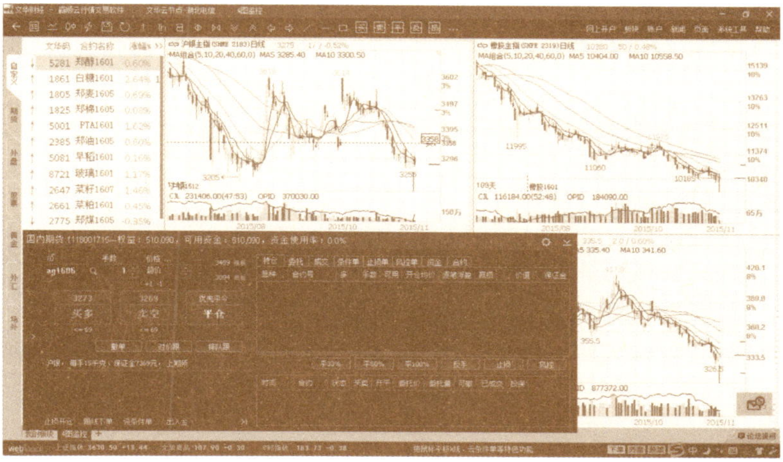

图48　步骤41

选下单面板上的“设条件单”后，在跳出来的新窗口上，还可以根据不同的条件设置预埋单，只要条件到达即可开仓，如图49所示。

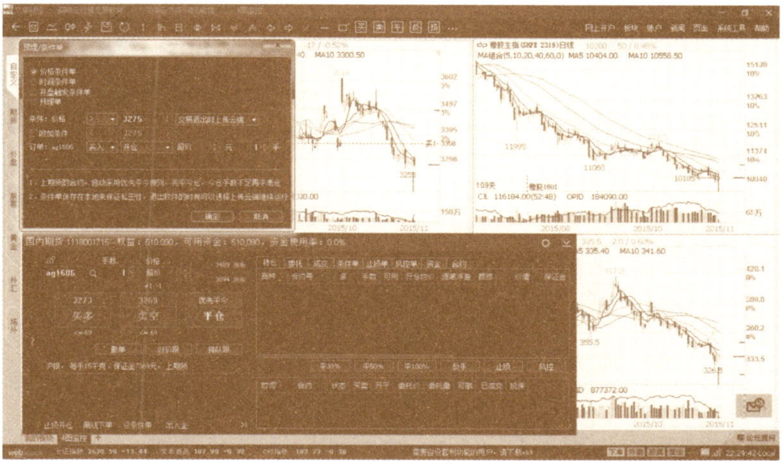

图49　步骤42

若要退出或转登其他交易账户，则用右键点击最右下方的红色“下单”，即会跳出新的窗口供你选择，如图50所示。

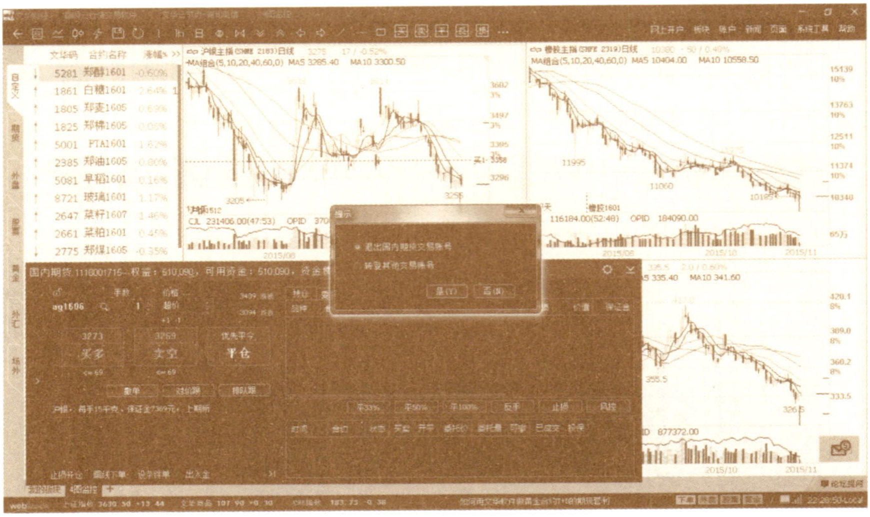

图50　步骤43

若有问题想与文华公司沟通，可选择大窗口最右上方的“帮助”一栏，进入论坛进行提问。一般来说，在正常的上班时间内，文华公司工作人员会在15分钟内就你的问答给出答复，如图51所示。

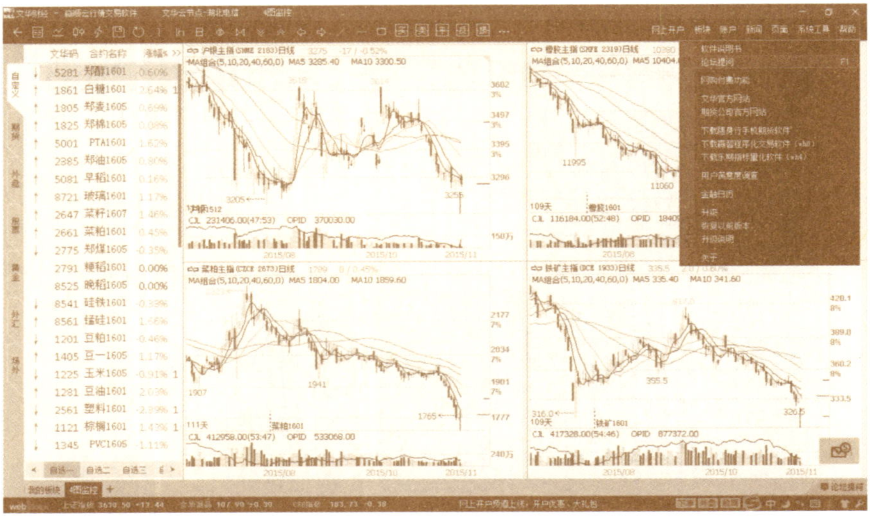

图51　步骤44